谢林著作集

先刚 主编

近代哲学史

Zur Geschichte der neueren Philosophie

〔德〕谢林 著 先刚 译

图书在版编目(CIP)数据

近代哲学史/(德)谢林(Schelling, F.)著；先刚译. —北京：北京大学出版社，2016.3
ISBN 978-7-301-26660-1

Ⅰ.①近… Ⅱ.①谢… ②先… Ⅲ.①近代哲学—哲学史—德国 Ⅳ.①B516.3

中国版本图书馆CIP数据核字(2015)第309353号

书　　　名	近代哲学史 JINDAI ZHEXUESHI
著作责任者	〔德〕谢　林　著　先　刚　译
责任编辑	王晨玉
标准书号	ISBN 978-7-301-26660-1
出版发行	北京大学出版社
地　　　址	北京市海淀区成府路205号　100871
网　　　址	http://www.pup.cn　新浪微博:@北京大学出版社
电子信箱	pkuwsz@126.com
电　　　话	邮购部 62752015　发行部 62750672　编辑部 62752025
印　刷　者	北京中科印刷有限公司
经　销　者	新华书店
	650毫米×980毫米　16开本　23.5印张　234千字 2016年3月第1版　2025年1月第9次印刷
定　　　价	78.00元

未经许可，不得以任何方式复制或抄袭本书之部分或全部内容。
版权所有，侵权必究
举报电话：010-62752024　电子信箱：fd@pup.pku.edu.cn
图书如有印装质量问题，请与出版部联系，电话：010-62756370

中文版《谢林著作集》说明

如果从谢林于1794年发表其第一部哲学著作《一般哲学的形式的可能性》算起,直至其1854年在写作《纯粹唯理论哲学述要》时去世为止,他的紧张曲折的哲学思考和创作毫无间断地整整延续了60年的时间,这在整个哲学史里面都是一个罕见的情形。[①] 按照人们通常的理解,在德国古典哲学的整个"神圣家族"(康德—费希特—谢林—黑格尔)里面,谢林扮演着一个承前启后的关键角色。诚然,这个评价在某种程度上正确地评估了谢林在德国古典哲学的发展过程中的功绩和定位,但另一方面,它也暗含着一个贬低性的判断,即认为谢林哲学尚未达到它应有的完满性,因此仅仅是黑格尔哲学的一种铺垫和准备。这个判断忽略了一个基本事实,即在黑格尔逐渐登上哲学顶峰的过程中,谢林的哲学思考始终都与他处于齐头并进的状态,而且在黑格尔于1831年去世之后继续发展了二十多年。一直以来,虽然爱德华·冯·哈特曼(Eduard von Hartmann)和海德格尔(Mar-

---

① 详参先刚《永恒与时间——谢林哲学研究》第一章"谢林的哲学生涯",北京:商务印书馆2008年版,第4—43页。

tin Heidegger)等哲学家都曾经对"从康德到黑格尔"这个近乎僵化的思维模式提出过质疑,但真正在这个领域里面给人们带来颠覆性认识的,乃是瓦尔特·舒尔茨(Walter Schulz)于1955年发表的里程碑式的巨著《德国唯心主义在谢林后期哲学中的终结》。①从此以后,学界对于谢林的关注度和研究深度整整提高了一个档次,越来越多的学者都趋向于这样一个认识,即在某种意义上来说,谢林才是德国古典哲学或德国唯心主义的完成者和终结者。②

我们在这里无意于对谢林和黑格尔这两位伟大的哲学家的历史地位擅加评判。因为我们深信,公正的评价必须而且只能立足于人们对于谢林哲学和黑格尔哲学乃至整个德国古典哲学的全面而深入的认识。为此我们首先必须全面而深入地研究德国古典哲学的全部经典著作。进而言之,对于一位研究德国古典哲学的学者来说,无论他的重心是放在四大家里面的哪一位身上,如果他对于另外几位没有深入的了解,那么很难说他的研究能够获得多少准确而透彻的认识。在这种情况下,对于中国学界来说,谢林著作的译介尤其是一项亟待补强的工作,因为

---

① Walter Schulz, *Die Vollendung des deutschen Idealismus in der Spätphilosophie Schellings*. Stuttgart 1955; zweite Auflage, Pfullingen 1975.

② 作为例子,我们在这里仅仅列出如下几部著作:Axel Hutter, *Geschichtliche Vernunft: Die Weiterführung der Kantischen Vernunftkritik in der Spätphilosophie Schellings*. Frankfurt am Main 1996; Christian Iber, *Subjektivität, Vernunft und ihre Kritik. Prager Vorlesungen über den Deutschen Idealismus*. Frankfurt am Main 1999; Walter Jaeschke und Andreas Arndt, *Die Klassische Deutsche Philosophie nach Kant: Systeme der reinen Vernunft und ihre Kritik (1785-1845)*. München 2012.

无论对于康德、黑格尔还是对于费希特而言,我们都已经拥有其相对完备的中译著作,而相比之下,谢林著作的中译仍然处于一种非常匮乏的局面。有鉴于此,我们提出了中文版《谢林著作集》的翻译出版规划,希望以此推进我国学界对于谢林哲学乃至整个德国古典哲学的研究工作。

中文版《谢林著作集》所依据的德文底本是谢林去世之后不久,由他的儿子(K. F. A. Schelling)编辑整理,并由科塔出版社出版的十四卷本《谢林全集》(以下简称为"经典版")。①"经典版"《谢林全集》分为两个部分,第二部分(第 11—14 卷)首先出版,其内容是晚年谢林关于"神话哲学"和"天启哲学"的授课手稿,第一部分(第 1—10 卷)的内容则是谢林生前发表的全部著作及后期的一些手稿。自从这套全集出版以来,它一直都是谢林研究最为倚重的一个经典版本,目前学界在引用谢林原文的时候所遵循的规则也以这套全集为准,比如"VI, 60"就是指所引文字出自"经典版"《谢林全集》第六卷第 60 页。20 世纪上半叶,曼弗雷德·施罗特(Manfred Schröter)为纪念谢林去世 100 周年,重新整理出版了"百周年纪念版"《谢林全集》。②但从内容上来看,"百周年纪念版"其实是"经典版"的原版影印,只不过在篇章的编排顺序方面进行了重新调整而已,而且"百周年纪念版"的每一页都标注了"经典版"的对应页码。就此而言,无论人们是

---

① F. W. J. Schelling, *Sämtliche Werke*. Hrsg. von K. F. A. Schelling. Stuttgart und Augsburg: Cotta'sche Buchhandlung, 1856-1861.
② *Schellings Werke. Münchner Jubiläumsdruck, nach der Originalausgabe (1856-1861) in neuer Anordnung*. Hrsg. von Manfred Schröter. München 1927-1954.

使用"百周年纪念版"还是继续使用"经典版",本质上都没有任何差别。唯一需要指出的是,"百周年纪念版"相比"经典版"还是增加了新的一卷,即所谓的《遗著卷》(Nachlaßband)①,其中收录了谢林的《世界时代》的1811年排印稿和1813年排印稿,以及另外一些相关的手稿片断。1985年,曼弗雷德·弗兰克(Manfred Frank)又编辑出版了一套六卷本《谢林选集》②,其选取的内容仍然是"经典版"的原版影印。这套《谢林选集》因为价格实惠,而且基本上把谢林的最重要的著作都收录其中,所以广受欢迎。虽然自1976年起,德国巴伐利亚科学院启动了四十卷本"历史—考据版"《谢林全集》③的编辑工作,但由于这项工作的进展非常缓慢(目前仅仅出版了谢林1801年之前的著作),而且其重心是放在版本考据等方面,所以对于严格意义上的哲学研究来说暂时没有很大的影响。总的说来,"经典版"《谢林全集》直到今天都仍然是谢林著作的最权威和最重要的版本,在谢林研究中占据着不可取代的地位,因此我们把它当作中文版《谢林著作集》的底本,这是一个稳妥可靠的做法。

目前我国学界已经有许多"全集"翻译项目,相比这些项

---

① F. W. J. von Schelling, *Die Weltalter. Fragmente. In den Urfassungen von 1811 und 1813.* Hrsg. von Manfred Schröter. München: Biederstein Verlag und Leibniz Verlag 1946.

② F. W. J. Schelling, *Ausgewählte Schriften in 6 Bänden.* Hrsg. von Manfred Frank. Frankfurt am Main: Suhrkamp 1985.

③ F. W. J. Schelling, *Historisch-kritische Ausgabe.* Im Auftrag der Schelling-Kommission der Bayerischen Akademie der Wissenschaften herausgegeben von Jörg Jantzen, Thomas Buchheim, Jochem Hennigfeld, Wilhelm G. Jacobs und Siegbert Peetz. Stuttgart- Band Cannstatt: Frommann-Holzboog, 1976 ff.

目,我们的中文版《谢林著作集》的主要宗旨不在于追求大而全,而是希望在基本覆盖谢林的各个时期的著述的前提下,挑选其中最重要的和最具有代表性的著作,陆续翻译出版,力争成为一套兼具完备性的精品集。实际上,即使从我们的初步规划来看,中文版《谢林著作集》也已经有十六卷的规模,而如果这项工作进展顺利的话,我们还会在这个基础上陆续推出更多的卷册(尤其是最近几十年来整理出版的晚年谢林的各种手稿)。也就是说,中文版《谢林著作集》将是一项开放性的长期工作,在这个过程中,我们也希望得到学界同仁的更多支持。

  本丛书得到了教育部人义社会科学重点研究基地项目"《谢林著作集》的翻译和研究"(项目批准号15JJD720002)的资助,在此表示感谢。

先 刚
北京大学外国哲学研究所
北京大学美学与美育研究中心

目 录

中文版《谢林著作集》说明 …………………………………… 1

译者前言 ……………………………………………………… 1

近代哲学史(1833/1834) ……………………………………… 1

为维克多·库桑先生哲学著作所作序(1834) ……………… 245

哲学经验论述要(1834) ……………………………………… 275

人名索引 ……………………………………………………… 357

译者前言

本卷收录的《近代哲学史》(Zur Geschichte der neueren Philosophie)、《为维克多·库桑先生哲学著作所作序》(Vorrede zu einer philosophischen Schrift des Herrn Victor Cousin)以及《哲学经验论述要》(Darstellung des philosophischen Empirismus)是谢林写作于1833—1834年间的作品,其中的哲学思想形成了一个相对完整的整体。从时间年代来说,这几篇著作属于谢林的后期哲学著作。我们知道,谢林的后期哲学在形态上表现为"神话哲学"和"天启哲学",而在内容实质上则是表现为"否定哲学"和"肯定哲学"。这里有必要指出,晚年谢林并不是像很多人误解的那样,以一种非此即彼的态度来对待"否定哲学"和"肯定哲学",仿佛他的宗旨就在于贬低前者而抬高后者。因为真正说来,这两种哲学都是谢林的后期哲学体系的同等重要的组成部分,二者的区分与柏拉图的本原学说的精神完全一致,即分别代表着"走向本原的道路"和"从本原出发的道路"。①从哲学思考的本性来说,"走向本原的道路"或"否定哲学"必然先行于"从本

---

① 详参先刚《永恒与时间——谢林哲学研究》附录一"谢林哲学之走向本原和从本原出发的道路",北京:商务印书馆2008年版,第310—347页。

原出发的道路"或"肯定哲学",因此前者在某种意义上乃是后者的一个导论。另一方面,为了理解把握谢林的由"否定哲学"和"肯定哲学"组成的后期哲学体系,这本身又需要一个导论,而在谢林看来,对于哲学史的回顾就是这个意义上的最好的一个导论。

哲学史是最好的哲学导论——这是谢林和黑格尔的共识。而且谢林比黑格尔更早地实施了这个计划。其实谢林于1804年写作的《哲学导论》(*Propädeutik der Philosophie*)就是一部不折不扣的"近代哲学史",谢林在其中首先把之前的哲学区分为"有限者的层面"和"绝对者的层面"这两个阶段,然后依次讨论了1)唯物主义,2)笛卡尔的精神和物质(或心灵与身体)二元论,3)斯宾诺莎的实在一元论,4)莱布尼茨的精神原子论,5)形而上学的独断论,6)康德的不完满的"无限—有限"二元论唯心主义,7)费希特的完满的"无限—有限"二元论唯心主义,最后把他自己的哲学定位为8)"唯心主义的斯宾诺莎主义"或"完满的唯心主义"(VI, 130)。类似的"近代哲学史述要"也出现在谢林1810年的《斯图加特私人讲授录》(*Stuttgarter Privatvorlesungen*)里面(VII, 443—446)。在此期间,黑格尔登上了哲学舞台,明里暗里对谢林哲学提出了尖锐批评,而以雅各比、巴阿德尔为代表的神秘主义则从未停止对于谢林哲学的攻击,这些情况促使谢林一方面把这些理论对手的哲学思想纳入到近代哲学史的发展过程中,予以回应,另一方面继续深化发展他自己的哲学思想,并对其进行重新定位,而这些反思的结果,就是当前的这部《近代哲学史》(1833/1834)。

其实早在谢林于1832年在慕尼黑大学正式讲授"近代哲学史"这门课程之前,他的相关思想已经在1827年的"世界时代体系"讲授录中有所表述。^①作为德国古典哲学大师,谢林在讲授哲学史的时候,从来都不是像通常的哲学史家那样采取平铺直叙的方法(比如先讲哲学家的生平和著作,然后介绍其主要思想等等),而总是一针见血地从哲学家的核心思想和关键命题出发,揭示出思想本身的内在逻辑和演进过程。在这部《近代哲学史》里,谢林以高屋建瓴的方式阐述了近代哲学从笛卡尔出发直到谢林本人的后期哲学的演进过程,其重点在于考察近代哲学的"主体""存在""思维""经验""上帝""自由""本原"等核心概念在各位哲学家那里的关键意义,并最终揭示出他所强调的"否定哲学"和"肯定哲学"之间的区分和联系。在这个过程中,谢林不但对于他自己的早期哲学作出了自我检讨,更用整整一章对黑格尔哲学进行了详细的批判分析——后面这一部分尤其是一份具有重大哲学意义的珍贵文献,因为长久以来,人们已经习惯了黑格尔及其学生对于谢林哲学的各种批评,仿佛谢林仅仅处于一种只有招架之功,毫无还手之力的地位,已经被完全驳倒了,但实际上,谢林不但明确回应了黑格尔对他的某些具体指责(比如绝对者作为"前提"或是"结果"的问题,又比如"理智直观"的问题等等),而且反过来敏锐地揭示了黑格尔哲学在"现实性"乃

---

① Vgl. F. W. J. Schelling, *System der Weltalter. Munchner Vorlesungen 1827/28 in einer Nachschrift von Ernst von Lasaulx*. Hrsg. von Siegbert Peetz. Frankfurt am Main: Vittorio Klostermann, 1990. S. 23—85.

至"历史性"(或"时间性")方面的重大缺陷①,进而指出黑格尔哲学在整个近代哲学的发展过程中只能算是一段"插曲"(Episode)(X, 125, 128, 213)。最重要的是,谢林对于黑格尔的"反批评"是一种纯粹"内在性的"(immanente)批判,也就是说,他和后黑格尔时期的那些完全站在外围反对黑格尔的哲学家(比如叔本华、克尔凯郭尔和尼采)有着根本的不同,因为他的目标不是要简单地拒斥甚至打倒黑格尔,而是要让黑格尔哲学、他自己的哲学、还有德国唯心主义哲学达到真正的完满。今天的我们尤其深刻地认识到,不管谢林哲学和黑格尔哲学有着多大的分歧和争论,它们在本质上仍然具有一种最为亲密的"家族相似性",这就是德国古典哲学的高举理性、科学和辩证法旗帜的"大全一体"精神。无论如何,谢林的这些深刻思想使得他的《近代哲学史》不仅成为一部哲学史名著,而且也成为一部经典的哲学著作。

此外需要说明的是,虽然谢林对于哲学史的关注和阐述最主要是体现在近代哲学这一块,而不是像黑格尔那样对于整个哲学史都有着完整的阐述,但这绝不意味着他的历史视野存在着局限。且不说谢林哲学本身与柏拉图以及新柏拉图主义的密切关系早就是一件众所周知的事情,实际上本卷收录的《哲学经

---

① 曼弗雷德·弗兰克正是从这些观点出发,提出费尔巴哈和马克思的真正的出发点不是黑格尔,而是后期谢林。这个观点曾经在西方学界引发巨大的反响和争议。Vgl. Manfred Frank, *Der unendliche Mangel an Sein. Schellings Hegelkritik und die Anfänge der Marxschen Dialektik*. Frankfurt am Main 1975; zweite stark erweiterte und überarbeitete Auflage, München 1992.

验论述要》已经多次谈到柏拉图和毕达哥拉斯学派的观点。最重要的是,晚年谢林的《神话哲学之哲学导论,或纯粹唯理论哲学述要》(*Philosophische Einleitung in die Philosophie der Mythologie oder Darstellung der reinrationalen Philosophie*)就是一部类似于"古希腊哲学史"或"柏拉图哲学和亚里士多德哲学研究"的著作,在这部篇幅达到三百多页,以"神话哲学"为目标的"哲学导论"里,谢林几乎只字不提"神话",相反却是对柏拉图和亚里士多德的哲学进行了全面深入的探讨,以表明,正如黑格尔的思辨哲学是近代"否定哲学"的顶峰,亚里士多德的"第一哲学"同样也是古代"否定哲学"的顶峰。我们希望,能在不久的将来尽快推出谢林的这部《神话哲学之哲学导论》,以便最终呈现出作为哲学史家的谢林的完整面貌。

先　刚

北京大学外国哲学研究所

北京大学美学与美育研究中心

近代哲学史

慕尼黑大学讲授录

1833/1834

F. W. J. Schelling, *Zur Geschichte der neueren Philosophie. Münchener Vorlesungen*, in ders. *Sämtliche Werke*, Band X, S. 1-200. Stuttgart und Augsburg 1856-1861.

目录

前　言	3
笛卡尔	5
斯宾诺莎　莱布尼茨　沃尔夫	39
康德　费希特　《先验唯心论体系》	88
自然哲学	117
黑格尔	151
雅各比　神智学	198
论哲学里面的民族对立	234

前　言

　　基于各种理由，人们可以发现，对于早先的各种体系进行一番回顾——或至少把这种回顾当作是哲学导论自身的一个附属品——乃是一个合适的做法。科学也是时代的一个作品，并且是在一个持续的发展过程中得到理解把握。任何一个人，如果他相信自己有能力帮助科学迈出或大或小的一个步伐，那么他会很自然地想要揭示出他和之前发生的事情的关系，以便通过这个方式清楚地表明，他是在发展过程或停滞状态的哪一个阶段接手科学，并且打算帮助科学达到随后的哪一个目标。如果他表明，经过从一个层次到另一个层次的发展，那个最高目标至今仍然处于迷失的状态，那么他将会在更高的程度上激励人们参与到他的研究活动之中。通过这个方式，哲学里面的初学者虽然暂时只是获得一些历史知识，但已经接触到了哲学的对象，尤其是近几百年来那些伟大的哲学家所研究的对象。最终说来，如果人们要赏识真理和评判真理，那么他们也必须要认识到什么是谬误，就此而言，哲学史的阐述就是一种最好的和最温和的方式，向初学者指出那些应当得到纠正的谬误。再者，如果这里的工作不是仅仅涉及处理具体材料的新方法和新观点，而是涉及"哲学"这一概念自身所蕴含着的变化,那么上述所有理由的分量还会加重。在这种情况下,我们希望表明,虽然"哲学"概念自在地或原本就具有真理,但它同时也是早先各种失败尝试的一个自然而然的、历史的结果,也就是说,这个概念不再是一个单纯的普遍者,而恰恰是**这个**时代的一个必然的结局。

笛卡尔

[X, 4]

  近代欧洲哲学史开始于经院哲学之崩溃，一直延续到当前这个时代。雷内·笛卡尔（雷纳图斯·卡特修斯）生于1596年，作为近代哲学之父，他具有他们法国民族的革命精神。笛卡尔的初始工作是打破一切与早先哲学的联系，把前人在这门科学里面取得的全部成就一笔勾销，重头开始施工，仿佛在他之前从来没有人进行过哲学思考似的。诸如这样一种完全的决裂，其必然的后果就是，哲学仿佛回到了第二个童年，回到了另一种幼稚，而古希腊哲学几乎在它的起步阶段就已经克服了这种幼稚。但从另一方面来看，这种回归幼稚的做法对于科学自身来说可能是有利的，因为通过这个方式，科学摆脱了它在古代和中世纪已经陷身其中的那种散漫铺陈状态，只需要关注唯一的一个问题，而这个问题通过持续的发展，直到一切具体的条件准备停当，终于扩展成为近代哲学所面临的一个巨大的、无所不包的任务。

  人们说，"哲学是一门彻底地从头开始的科学"——这几乎可以看作是哲学的第一个通过自身而呈现出来的定义。这必然会导致这样一个结果，即只要人们打算从头开始，那么就不应当从早先的哲学那里取得任何前提,不应当把任何东西当作已经被早先的哲学加以证明了的。希腊人泰勒士曾经问道:"什么是第一位的东西或整个自然事物里面最古老的东西?"这个提问从一开始就具有客观的意味。而笛卡尔仅仅问道:"什么是**对我而言**第一位的东西?"对于这个提问,他自然没有别的答案,只能是:"是我自己,而且哪怕就**存在**而言,我自己也是最高的。"他认为,所有别的确定的东西都应当与这个最初的、直接确定的东西相结合,而且只有在这种情况下,它们才是真实的。但很显然,"**我存在**"这个命题至多对我而言——而且**只有**对我而言——是一个出发点,至于那通过与这个命题或与关于自己的存在的直接意识相结合而产生出来的关系,始终只能是一种主观的逻辑关系,也就是说,始终只能这样来进行推论:既然我以一种如此确定的方式存在着,同样我也必须以一种如此确定的方式**断定**,A、B、C等等也存在着。但是,A、B和C相互之间究竟是什么关系,它们和它们的**真实的**本原是什么关系,或者说它们如何与"我存在"发生关系等等,这些都完全没有得到揭示。因此在这里,哲学取得的成就仅仅是达到一种单纯主观的确定性,准确地说,这种确定性还没有认识到存在的方式(真正说来,这恰恰是唯一成疑的地方),而仅仅认识到,一切位于主体之外的东西都存在着。以上是一些一般的评论。 [X, 5]

现在我们仔细地考察笛卡尔的推理过程。笛卡尔为自己确立了一条原理:暂时怀疑一切,是的,为了相当稳固地前进,为了完全确定自己已经摆脱了任何成见,必须暂时认为他之前信以为真的一切东西都是**虚假的**。这个原理尤其遭到了神学家们的激烈反对,他们认为,笛卡尔通过这个方式成了一个**临时性**的无神论者;因为,如果一个人在读到或找到关于上帝的存在的证明之前就死去,那么他是作为一个无神论者而死去;通过这个方式,笛卡尔至少暂时在教导一种败坏人心的学说;但是人们不应当为了让善产生出来而去作恶,如此等等。然而笛卡尔真正的意思仅仅是,那些从事哲学思考的人们在认识到事情的关系之前,不应当把任何东西信以为真。当我开始进行哲学思考的时候,我在哲学里面其实还不知道任何东西。这是不言而喻的。反之,我们不应当同意笛卡尔的那条原理,如果它进而得出一个结论,即只承认那**对我而言**直接确定的东西是基础,而由于只有**我自己**对我而言是直接确定的,所以就是只愿意承认**我自己**是基础。因为这个所谓的直接确定的东西,我自己的存在,实际上对我而言同样是不可理解的——甚至可以说,它比所有我暂时断定为虚假的或可疑的东西更为不可理解。如果我正确无误地理解了对于事物的怀疑,那么我同样也必须怀疑我自己的存在。

[X, 6]

笛卡尔的怀疑首先只是针对那些通过感性方式而被认识到的事物,而不可能针对事物之一般意义上的或任何意义上的**实在性**——因为不管怎样,我都得承认事物具有某种意义上的实在性。我的怀疑的真实意义只能是这样的,即我不能相信,这些通过感性方式而被认识到的事物,和那个**原初存在者**或**依据自身而存在者**是在同样的意义上存在着;因为那些事物的存在不是一种原初的**存在**,我们在它们那里看到了某种转变生成的东西;就此而言,一切转变生成的东西都是具有一种**纯粹有所依赖**

的、**因此值得怀疑**的实在性,在这个意义上人们可以说,它们**就其自身而言**具有一种可疑的存在,或者说它们的本性就在于飘移在存在和非存在之间。然而我恰恰必须承认,我的内部也有这种可疑的存在;我既然怀疑事物,那么出于同样的理由,我也必须怀疑我自己。但实际上,笛卡尔对于事物的实在性的怀疑并不具备我们前面所说的那种思辨的意义;他之所以进行怀疑,其理由是一种纯粹经验性的理由,就像他自己所说的那样,因为他有些时候在梦中说服自己,这个或那个东西在他之外,但随后醒来却发现事情正好相反;他甚至补充道,他认识一些人,这些人还能感觉到那早已因伤截去的肢体的疼痛——通过这个论证,人们发现笛卡尔曾经是一名军人,除此之外,我们很容易想到,诸如军人等等无论如何也只能在他们曾经具有的肢体那里感受到疼痛,但却没有任何例子表明,某些人会在他们从未具有的肢体那里感到疼痛。通过最后这个经验,笛卡尔尤其觉得,对自己的身体的存在进行怀疑也是一个合理的做法。

从这里出发,笛卡尔走向了那些**不是**汲取自感官的知识,亦即那些带有必然性和普遍性特征的知识,特别是那些数学真理。笛卡尔认为数学真理也是可以怀疑的,对此他提出了一个极为罕见的理由,这个理由不是像在古代的怀疑主义者那里一样,出自这些对象的内核或前提,而是来自于某种外在的东西。他是这样解释的:尽管我对于自己的生命确信无疑,而且必然会立即认识到,三角形的三个内角之和等于两个直角,但这毕竟只是我的灵魂的一个看法——我搞不清楚,究竟是由于道听途说

[X, 7]

还是由于被灌输的观念,认为存在着一个上帝,据说这个上帝无所不能,而我(这个怀疑着的人),还有我所是和所知的一切,都完完全全地是他所创造的东西。笛卡尔接着说道,这个上帝毕竟能够做到,让我在**那些**我觉得千真万确的事物上面产生错觉。笛卡尔说得如此之斩钉截铁,仿佛人们不需要对他的怀疑提出怀疑。但是,在笛卡尔提出他的那个怀疑之前,必须得说明,造物主究竟出于什么旨趣,要让我们在这些必然真理上面产生错觉?当哲学在它的开端反对一切,同时也反对数学真理的时候,它所处的真实关系是这样的,即不是去怀疑数学真理(哲学凭什么现在就已经把数学真理当作它的思考对象了呢?),而是简单地把它们放在一边,绝对地从头开始进行研究,直到它在这个过程中能够从自身出发推演出数学真理所依赖的那些前提。①

笛卡尔就是以这种不怎么深刻的方式怀疑一切出现在他的意识面前的东西,在这之后他问道,是否还剩余下什么东西,可以从之前交代的理由或其他理由出发同样加以怀疑。现在,尽管他看起来已经怀疑了一切,但其实还是剩余下了某种东西,亦即**他自己**,这个怀疑着的人,这个不是由头、手、脚和其他身体器官构成——他已经怀疑过这些身体器官的实在性——而是仅仅怀疑着、**思考着**②的人。当他仔细研究这个情况,就发现,尽管他

---

① 参阅《神话哲学导论》(收录于《谢林全集》第十一卷),第270页(XI, 270)。——原编者注
② 为了适应中文的表述习惯,本书把 Denken (cogitare) 有时翻译为"思考"(在动词的意义上使用),有时翻译为"思维"(在名词的意义上使用)。——译者注

曾经出于各种理由怀疑其他事物,但就他**思考着**而言,这些理由里面**没有一个**能促使他去怀疑**他自己**。他说,不管我是清醒的还是在做梦,我毕竟**思考着**、**存在着**,即使我在一切别的事情上面都有犯错,但那个犯错的我毕竟**存在着**,eram quia errabam [我犯错,所以我存在],即使我可以设想,自然的创造者无比强大,他也不可能在这件事情上面欺骗我,因为我必须**存在着**,才有可能被欺骗。是的,怀疑的理由愈是充分,我愈是有充分的理由确信我存在着,因为我愈是经常进行怀疑,我就愈是确保了我的存在——因此,不管我如何挣扎,我总是被迫作出这个宣言:我怀疑,我思考,因此我存在!

这就是笛卡尔的名言"Cogito ergo sum"[我思故我在]。不可否认,长久以来,这个名言仿佛已经确立了近代哲学的基调,它就像施了魔法一样,把哲学驱赶到主观性和单纯主观意识所认可的事实这个范围里面。但在一种更高的意义上,"我思故我在"或那个决断——首先认为一切东西都是可疑的,直到发现它们能够以某种方式与那个唯一直接确定的东西建立联系——意味着笛卡尔斩钉截铁地摆脱了一切权威,使哲学获得自由,而从这一瞬间起,哲学再也不会失去她的自由。①

---

① 对我们来说有一个特别的地方值得注意,即从各种迹象来看,完全自由的哲学的这个开端是在巴伐利亚作出的,因此近代哲学的基石是在这里[巴伐利亚]奠定的。正如笛卡尔本人在他的《谈方法》——趁这个机会,我要向每一个人推荐这本书,把它当作一个卓越的训练——中所说,他来到德国,是为了考察三十年战争的爆发;在马克西米连一世的率领下,他经历了白山战役以及收服布拉格的战役,但在布拉格,他主要是想打探布拉赫的第谷(Tycho de Brahe, 1546-1601,丹麦著名天文学家)及其遗著的情况。1619年,他见证了斐迪南二世(Ferdinand II.)在法兰克福的加冕,(转下页)

[X, 9]　　至于笛卡尔如何走向"我思故我在",这是无比清楚的。他的主要怀疑之点在于,人们如何能够确信某个东西存在着。在他看来,当这个怀疑针对着外部事物的时候,它是不可克服的。事物是我们的表象——这是不能否认的,甚至可以说,我们不得不把事物当作我们的表象——但那些作为我们的表象的事物,像这个样子,是否**在我们之外**、独立于我们而**存在着**,这却是一个没有直接答案的问题。笛卡尔希望找到一个点,在那里,思维或表象(他没有区分这二者)与存在直接融为一体——他相信通过"我思故我在"已经找到这个点,而由于在他看来一切怀疑都仅仅与存在相关,所以他相信,通过这个命题也就克服了**一切**怀疑。通过"我思故我在",笛卡尔相信,他已经认识到思维和存在是**直接**同一的。因为在随后的解释中,他断然否定"我思故我在"是一个推论(一个三段论)。假若那是一个完整的推论,那么首先需要一个大前提: Omne, quod cogitat, est [一切思考着的东西都存在],其次需要一个小前提: Atqui cogito [而我思考着],然后才能得出结论: Ergo sum [因此我存在]。但这当然不是笛卡

(接上页)然后回到军营,而他的冬营地是在巴伐利亚边境处的一个地方。在那里,如他所说的那样,他找不到一个愿意与之进行交谈的人,也正是在那里,年仅23岁的他掌握了他的哲学的最初理念,尽管他过了很久才把这些理念公之于世。笛卡尔在巴伐利亚开始了他的哲学思考,同样,后来他又赢得了一位伟大的、对他忠贞不二的崇拜者,即普法尔茨的伊丽莎白公主,那位不幸的普法尔茨选帝侯卡尔·弗里德利希(所谓的"冬天国王")的女儿。而在更晚的时期,普法尔茨家族又出来一位侯爵,成为斯宾诺莎的庇护者。——谢林原注。译者按,这里所说的伊丽莎白公主(1618-1680),和后文提到的索菲公主及卡尔·路德维希亲王是亲生兄妹(X, 55)。而卡尔·弗里德利希(1596—1632)之所以被称为"冬天国王",是因为他作为波希米亚的国王(1619—1620)仅仅维持了一个冬天的统治,就被迫退位。

尔的意思,因为在那种情况下,"我存在"就成了一个以全称命题为中介的命题,而在这种三段论的形式下,就失去了直接的确定性。因此笛卡尔真正的意思是,Sum [我存在]本身就已经包含或蕴含在 Cogito [我思考]之内,已经伴随着后者而同时被给定, [X, 10] 不需要任何别的中介。由此可知, cogito [我思考]和 cogitans sum [我思考着而存在]真正说来表达出的是同样的意思,正如一般说来,动词没有别的意思,而仅仅是指谓词和系词之间的联系,比如 lego [我阅读]的意思无非就是 sum legens [我阅读着而存在],或我作为一个读者而存在着。除此之外,Sum cogitans [我思考着而存在]的意思无非是指,我**除非**思考着,否则就不存在,或者说我仅仅通过思维而存在着,或思维是我的存在的实体等等。因为**只有当**笛卡尔思考着或怀疑着,**只有当**他进行着怀疑活动的时候,他才能够说:"我思考。"因此思维仅仅是存在的一个规定或一个样式,甚至可以说, cogitans [思考着]只有这样一个意思:我在思考的**状态**下存在着。众所周知,对于绝大多数人而言,真正的思考状态是一个极为罕见的、转瞬即逝的、甚至非自然的状态,是人们倾向于尽快摆脱的一个状态。对此席勒有一句名言:"我经常处于这样一种状态,完全没有思考任何东西。"正如我们已经指出的那样,笛卡尔是在一种非常宽泛的意义上使用"**思维**"这个词语,把感觉和知觉都算了进去。然而我也不是始终处于感性知觉的状态。人们可能会说,即使在睡眠的时候,思维也没有停止,因为我至少还在做梦,同样,虽然当我处于昏厥或睡眠状态的时候,甚至当我处于通常所谓的清醒生活状态的时候,没有说"我存在",但我仍然毫无疑问**存在着**。因此那蕴含在cogito [我思考]之内的sum [我存在]仅仅意味着：sum qua cogitans [我作为思考者而存在着]，也就是说，我处于人们所称的"思维"这一特定的样式之下，而这个样式仅仅是存在的**另一个**样式，正如身体的存在的样式在于**填充**空间，亦即把其他身体从它所占据的那个空间那里排挤开。因此那蕴含在cogito [我思考]之内的sum [我存在]并不是意味着"我无条件地存在着"，而是仅仅意味着"我**以某种方式**存在着"，也就是说，作为思考者，在这个样式（即人们所称的"思维"）之下存在着。就此而言，Ergo sum [因此我存在]也不可能意味着"我以无条件的方式存在着"，而只能意味着"我以某种方式存在着"。

[X, 11]

正如我们已经指出的，关于事物，人们只能怀疑它们是否无条件地**存在着**；但按照笛卡尔得出Sum [我存在]的办法，同样也可以得出，它们毕竟**以某种方式**存在着。因此这同样也是一个正确的推论：我怀疑事物的实在性，因此它们存在着——或至少是，因此它们**绝不是不**存在着。因为对于那种无论如何绝对不存在的东西，我也**不可能**加以怀疑。因此从我的怀疑本身就得出了事物的实在性——这不是说它们是无可怀疑的或无条件地存在着的，而是说它们毕竟以某种方式存在着；而正如我们已经指出的那样，从"我思考"也只能得出"我以某种方式存在着"，此外无他。然而一切仅仅以某种方式存在着的东西，正因如此是一种可疑的存在者。按照那种并非单纯经验意义上的和主观的，而是客观的和哲学意义上的怀疑，真正说来，我赋了我自己的存在和我赋予事物的存在一样，都是可疑的。

然而我们还可以更进一步，甚至对"**我思考**"本身进行怀疑——至少是在笛卡尔认为无可辩驳的那个意义上进行怀疑。也就是说,"我思考"这个宣言已经预设了两个东西:1)一个在我之内进行思考的东西,比如现在正进行着怀疑的东西;2)一个反思着这个思考或怀疑的东西;只有当**后者**认识到前者与它是同一的,我才说:"我思考。"就此而言,"我思考"真正说来根本不是某种直接的东西,它只有通过一种指向我之内的思考的反思才产生出来,而我之内的思考又是独立于那个反思着它的东西而进行的,因为通常说来,我用不着告诉我自己"我在思考"**这件事**,用不着反过来思考这个思考本身,就已经在进行思考,甚至可以说,真正的思考必然是客观地独立于那个对其进行反思的主体,换言之,主体愈是不怎么介入思维,思维就愈是真实。这里有两个东西,一个是思考者,另一个是对这个思考者进行反思、把自己与思考者设定为一体的东西,换言之,存在着一种客观的、独立于我的思维,在这种情况下,那个反思者以为自己与那种思维是一个统一体(即是说他赋予自己以一种**原初的**思维),并恰恰因此犯下错误,而且,相比我使用的别的一些表述(比如"我消化""我榨果汁""我走路""我骑马"等等),"我思考"具有完全不同的意思;因为真正说来,那正在走路或正在骑马的,并不是一个思考着的本质。它在我之内思考着,它在我之内被思考,它是一个纯粹的事实,好比我既可以说"我做梦"(Ich träumte),同样也可以说"它在我之内做梦"(Es träumte mir)。 [X, 12]

就此而言,笛卡尔赋予"我思故我在"的那种确定性,本身并没有确保思维的稳固地位;即使这是一种确定性,那么它也只是一种盲目的和无思想的确定性。尽管如此,笛卡尔却把一切东西和这种确定性联系在一起。他的原则是:一切和"我思考"同样清楚和同样确定的东西,必然也是真实的。然而更准确地说,他的原则仅仅是说:一切与那个盲目的、经验意义上的确定性(我是从我自己的存在那里得到这种确定性)联系在一起的东西,换言之,一切以内在的方式通过"我存在"而被设定下来的东西,或可以被证明为属于这个完整表象的东西,都必须被看作是和"我存在"一样真实的,仅此而已——也就是说,由此不能进一步得出,那些东西是客观的,是独立于我的。即使我不得不表象一切别的东西(比如我的身体以及其他似乎影响着它的东西),"我存在"这一真理也是站得住脚的。如果我想要把一切东西都与"我存在"联系在一起,那么我除了只能说"对于一切别的东西的表象是必然的"之外,不能得出更多的结论。我认为我自己是一切知识的核心;至于我不得不表象的那些东西,究竟是独立于这个表象而存在着呢,还是相反,这对我来说只能是无所谓的,正如对于一个做梦的人来说(借用笛卡尔自己举的一个例子),当他做梦的时候,那些表象是否独立于他而存在着,这是完全无所谓的。

笛卡尔所关心的事情,不是去理解把握事物,而是仅仅去怀疑,它们是否**存在着**——而这是人们关于事物的最低限度的知识。通过他的工作,笛卡尔使得那个问题,"是否有某些东西与我们关于外部事物的表象相契合",长期以来成为哲学主要考察的一个问题。笛卡尔本来极有可能走向彻底的唯心主义,即走向这样一个体系,它主张,事物不是客观地在我们之外存在着,而是仅仅在我们之内(亦即在一些必然的表象之内)存在着。但

[X, 13]

他不愿意走到这一步,因此为了回避那个必然的结局,他逃进另一个概念。也就是说,因为表象自身并不提供任何担保,所以笛卡尔需要一个**担保人**来保障他关于外物的表象是真的——他在这里尝试从主观走向客观,尝试一个过渡(μετάβασις)——于是他在上帝那里找到了担保人,既然如此,上帝的存在就必须首先得到证明。

这个任务被笛卡尔以如下方式轻易完成了:我的内心里有一个关于最完满的本质的概念(这是一个作为经验事实而被设定的前提,正如"我思考"同样只是一个经验事实)。这个最完满的本质并不是后来人们所说的一般意义上的存在,因为笛卡尔——人们在指出他的局限性的同时,也必须承认他具有他那个民族的敏锐洞察力、机智才能和灵活思维——并不是像康德处理这个概念的证明那样,笨拙地进行推论,而是清楚地认识到,"**一般意义上的存在**"根本无所谓是完满的还是不完满的,因此它和"**最完满的本质**"是两回事,而后者的概念还包含着"**必然的存在**"这一概念。因此,我只需思考上帝,就必然会认识到,他存在着。这种证明上帝存在的方式,就是众所周知的本体论论证。从"最完满的本质"这一单纯的概念得出,假若它不是一个最真诚的本质(这里发生了一个过渡,即从迄今一直谈论的形而上学概念过渡到它的道德属性),那么它就不会是一个最完满的本质了。因此,这样一个最完满的本质必然不可能欺骗我们:1)无论是就数学真理而言(很奇怪,笛卡尔始终只是怀疑数学真理,而不是也去怀疑其他普遍的概念,也不去怀疑思维、判断、推论的法则),2)还是就感性事物而言(因为唯有上帝才有能力 [X, 14]

在这方面欺骗我们),都是如此。于是在这里,在**一个完全不同的 principium cognoscendi [认识原则]**已经被确立下来之后,上帝却又被看作是**真正的**认识原则,也就是说,唯有上帝才赋予一切认识以真理。除此之外,笛卡尔求助于上帝的真诚,而这个做法在他的后继者法国人**马勒布朗士**那里毫无影响,后者认为这个论证充其量只具有一种或然性,同时指出,假若上帝觉得这是一件好事,觉得有必要,他也可以把一个根本不存在的物体呈现在我们面前。

尽管如此,那在我们看来必然最重要的东西(我也是因此才尝试首先给笛卡尔哲学归结出一个概念)恰恰是那个由他提出的**本体论论证**。笛卡尔之所以规定着近代哲学的整个演进过程,其实主要不是由于他对于哲学的开端的讨论,而毋宁是由于他所确立的本体论论证。人们可以说:哲学直到现在都还在忙于澄清和讨论这个论证所导致的各种误解。此外值得注意的是,直到在康德那里,在通常的形而上学关于上帝的存在提出的各种哲学证明里面,本体论论证都始终占据着最高的位置。这里需要指出的是,本体论论证从未得到经院哲学家们的认可。尽管坎特伯雷的安瑟尔谟早已提出一个类似的证明,但托马斯·阿奎那却无比坚决地对此加以拒斥。所谓的本体论论证也是康德的主要批判对象,然而无论是康德本人还是他的任何后继者都没有切中要害。对于笛卡尔的证明的最重要的反驳主要是由康德提出的,但这个反驳却是基于之前已经提到的一些错误观念,因为康德所理解的论证是这样的:我在我的内心里发现了最完满的本质的理念,而既然存在本身是一种完满性,所以最完满的本质的理念本身也包含着存在。现在,这个推论的小前提遭到否定;也就是说,存在不是一种完满性。比如,一个三角形不会因为其存在而变得更完满,否则的话,我同样有权利推论道,完满的三角形必然存在。人们说,那不存在的东西,既不是完满的,也不是不完满的。"存在"(Existenz)的意思仅仅是,某物(即是说它的各种完满性)**存在着**(sind)。因此存在并不是众多完满性之一,毋宁说它是这样一种东西,如果没有它,那么无论是物还是物的各种完满性都不存在。

  然而我已经指出,笛卡尔并不是以**这个方式**进行推论的。毋宁说他的论证是这样的:对于最完满的本质而言,纯粹**偶然的**存在是与它的本性相悖的(比如我自己的存在就是一种纯粹偶然的、棘手的存在,因此是一种本身就可疑的存在),因此最完满的本质只能是一种必然的存在。如果人们理解了"必然的存在"这一概念的意思,亦即仅仅把它理解为"偶然的存在"的反面,那么我敢说,对于笛卡尔的这个论证是没有什么可以反驳的。然而笛卡尔的结论听起来有着另外的意思。让我们再次回顾一下这整个三段论。最完满的本质不可能是一种偶然的存在,因此**只能**是一种必然的存在(大前提);上帝是最完满的本质;因此上帝**只能**是一种必然的存在——这是正确的推论,因为只有这个结论才包含在前提里面。然而笛卡尔却是这样推论的:"因此上帝必然存在着。"通过这个方式,笛卡尔看起来确实证明了上帝存在着,似乎已经证明了上帝的**存在**。但是,说"上帝只能是一种**必然的**存在"(Gott kann nur notwendig existieren),和说"上帝必然存在着"(Er existiert notwendig),这是完全不同的两码事。

[X, 15]

从前面那个说法只能得出,"**如果上帝存在着**,那么他是一种必然的存在",但却根本不能得出,"**上帝存在着**"。笛卡尔的推论的错误就在这里。我们也可以这样表述这个错误:在大前提("最完满的本质只能是一种**必然的**存在")里面仅仅谈到了存在的**样式**,即仅仅指出,最完满的本质不可能以一种偶然的**方式**存在,但在结论里面,谈论的却不再是存在的**样式**(否则这个推论就是正确的了),而是一般意义上的存在,因此这是 plus in conclusione quam fuerat in praemissis [在结论中包含着比在前提中更多的东西],也就是说,它的错误在于违背了逻辑法则,或者说这个推论在形式上是个不正确的。

[X, 16]

  这是笛卡尔真正犯错的地方。对此我还有别的证据,比如笛卡尔在许多地方都是**直接地**——或至少是**完全**按照我揭示出来的那个方式——进行推论。在一篇标题为 Rationes Dei existentiam etc. probantes ordine geometrico dispositae[以几何学方式正确加以证明的关于上帝的存在等等的理由]的文章里,其结论是这样的:"因此这是 个真理,即上帝之内的存在是一种必然的存在,**换言之**(笛卡尔补充道),**上帝存在着**。"然而后面这种情况和前面那种情况是完全不同的,二者不可能像"换言之"(oder)这个说法所暗示的那样,被认为具有同样的意思。笛卡尔本人其实已经意识到,在他的"最完满的本质"这个概念里面,真正说来仅仅规定了存在的**样式**。因此他在同一句话里面说道:"在一个受限的、有限的物的概念里面,包含着纯粹可能的或纯粹偶然的存在,而在最完满者的概念里面,则是包含着必然的和完满的存在的概念。"而在另一个地方,即在他的第五沉思里面,他是这样得出结论的:"我在我的内心里发现了上帝的理念,这和我发现一个几何图形或一个数的理念的方式没有什么差别,或者说干脆就是同样的。"然后他接着说道:nec minus clare et distincte intelligo, ad ejus naturam pertinere, ut semper existat. [我同样清楚而明白地认识到,坚持属于他的本性,因此他永远存在着。]——请你们注意 semper [永远]这个词,笛卡尔在这里不是说,ad ejus naturam pertinere, ut existat [坚持属于他的本性,因此他存在着],而仅仅是说,ut semper existat [因此他永远存在着]。——于是从这里只能得出:如果上帝存在着,那么他只能**永远**存在着;但却不能得出:上帝存在着。这个推论的真实意义始终只能是:**或者**上帝根本不存在,**或者**如果上帝存在着,那么他是**永远**或必然地存在着,亦即不是偶然地存在着。而这就清楚地表明,上帝的存在并没有得到证明。

在批评笛卡尔的证明的同时,我们也承认,虽然上帝的存在并没有得到证明,但是上帝的**必然的**存在却得到了证明——恰恰是这个**概念**,最为决定性地影响了整个后世的哲学。 [X, 17]

那么上帝的这种必然的存在意味着什么呢?

之前我们仅仅承认如下这个推论命题是**正确的**:"**如果上帝存在着**,那么他是必然地存在着。"我们在这样说的时候,就已经表明,"**上帝**"概念和"必然存在着的本质"概念并不是绝对**等同的**,否则的话,二者就可以完全相互替换,上帝就不会比一个纯粹必然存在着的本质**更丰富**了。假若上帝**仅仅**是这样一个东西,那么"**他存在着**"就确实是一个不言而喻的命题了。但这里首先有几个问题:

1）应当如何理解"必然存在着的本质"？

2）上帝在什么意义上是一个必然存在着的本质？

3）如果"上帝"和"必然存在着的本质"是等同的概念，在什么意义上可以说前者比单纯的后者**更丰富**？

要回答第一个问题，就我们现阶段能够做的而言（因为我们在后面还会多次追溯到这个概念），就得把**一切**存在区分为：

a) **存在者**（das was Ist），即存在的主体，或人们通常所说的本质（Wesen）；

b) **存在本身**（das Seyn selbst），它是**存在者**的谓词。我可以一般地明确指出，存在是一个绝对的谓词，是这样一个东西，在每一个谓词里面，唯有它才真正被陈述出来。无论在什么场合，在每一个可能的命题里面，被陈述出来的都不是别的，而仅仅是存在。比如当我说"斐多是健康的"，那么这里陈述出来的是一个有机的、物理的、乃至普遍的存在；或者当我说"斐多是一个情人"，这里陈述出来的仍然是一种心灵气质的存在。那被陈述出来的，永远都是存在。现在，我也有一个自由，即单纯只是去思考**存在者**，而**不去**思考存在，尽管我本来应当通过存在者而把存在陈述出来——当我们这样去思考存在者，我就思考了**纯粹概念**，这个东西尚且与一个命题或一个判断无关，而确确实实是一个单纯的概念。——那种把纯粹概念置于存在之内的做法是愚蠢的，因为那超越了概念的东西，恰恰是谓词。然而主体必然是先于谓词的，正如在古代的普通逻辑学里面，主体被称作前提（Antecedens），谓词被称作后果（Consequens）。——**存在者**是真正意义上的概念（Begriff κατ' ἐξοχήν），它是一切概念之概念，

[X, 18]

因为在**每一个**概念里面,我所思考的都仅仅是存在者,而不是存在。现在,当我**纯粹地思考存在者**,这里并没有什么超越于单纯概念之外的东西,我的思维尚且包裹在纯粹概念里面,我还不能给**存在者**添附或指派任何存在;我不能说,它**具有**一种存在,但它毕竟又不是无,而无论如何也是某种东西,它恰恰就是存在本身(αὐτὸ τὸ ὌΝ, ipsum Ens)——对它而言,存在尚且蕴含在单纯的本质或单纯的概念里面,它是概念自身的存在,或者说它是一个点,在那里存在和思维合为一体。至少有一个瞬间,我**必须**在这种纯粹状态下进行思考。然而我不可能保持在这个抽象状态中;也就是说,**存在者**(对此我还不知道更多的东西)既然是开端,是一切后来者的头领,那么它本身不可能还不是任何东西——一切存在的头领、前提和开端,不可能**不存**在——这里的"存在"(Seyn)和"实存"(Existenz)是同样的意思,即指一种外在于**概念**的存在。

这样一来,对我们而言,概念就直接转化为它的反面——我们发现,我们曾经规定为"**存在者自身**"的那个东西,如今虽然**也**还是存在者,但却是完全另一种意义上的存在者——也就是说,仅仅是谓词意义上的、或通常所说的**对象意义上的**存在者,而在这之前,我们所思考的它乃是**原初状态的**存在者。在这里,主体完全彻底地转化为客体。"存在者"这一纯粹概念原本是指单纯的、纯粹的主体(亦即"载体",这两个说法是同样的意思)或存在的纯粹原初状态,但是伴随着这个概念的直接**后果**——恰恰是按照它的概念,即"作为存在者自身而存在"——它在我们还没有搞清楚怎么回事的情况下,直接转化为一个客观的、对象意义 [X, 19]

上的存在者。

现在，存在者自身成了一个对象意义上的存在者，让我们来看看，它将会如何呈现在我们的面前。很显然，它呈现为一个不可能不存在、因而必然的和**盲目的**存在者。**盲目的**存在者尤其指这样的东西，它自身的可能性未曾先行于它自己。比如，如果我去做某件事情，事先却没有设想这件事情的可能性，那么我就是盲目地行动。如果行动先于行动的**概念**，那么这就是一个盲目的行动，同样，如果没有一个先于存在的可能性，那么这个存在就是一个绝不会**不存在**、其自身先于它自己的可能性、因而盲目的存在，而不是真正意义上的**存在**。人们可能会反驳道，难道不是我们自己首先谈论存在者，并且把它规定为第一位的东西、原初状态，亦即存在的可能性？这是完全正确的；但是我们也立即补充道，它不可能停留在这个最先的状态，也就是说，尽管它是第一位的东西，但却绝不会**保持为**第一位的东西，因为过渡是不可阻挡的，**自在地看来，存在者**不可能哪怕有**一瞬间**没有存在着，不可能哪怕有**一瞬间**被认为没有存在着。那**不可能**不存在的东西（quod non potest non-existere），绝不会**有可能**存在——因为任何存在的**可能性**在自身内也包含着**不存在**的可能性——因此那不可能**不存在**的东西，也绝不会具有存在的可能性，而存在或现实性是先于可能性的。现在，对于那个必然存在着的、必然实存着的本质，你们有了一个概念；随着这个概念的衍生，你们同时也理解了，它是如何粗暴地降落到意识里面，剥夺了意识的任何自由。面对这个概念，思维失去了自己的全部自由。

那么问题来了，上帝**如何**能够被称作一个必然存在着或必

然实存着的本质呢?对此笛卡尔满足于一个通俗的论证:因为 [X, 20]
那种并非必然的、亦即偶然的存在(这是笛卡尔规定的概念)是
一种不完满,而上帝是最完满的本质,[所以上帝是一个必然存
在着的本质]。笛卡尔并没有说他所思考的"最完满的本质"是
怎样一个东西,但人们可以看出,他所思考的那个东西是一切存
在之本质,它不是在自身之外具有一个存在,然后它自己的存在
作为**一个**存在而去对待那个存在,或者说简单点,它不是一个与
自身之外的别的存在者相对立的存在者,而是绝对的存在者,因
此按照它的最高概念而言,它只能是我们之前所说的**存在者自
身**(das Seyende selbst, ipsum Ens)。现在,如果上帝仅仅是存在
者自身,如果**存在者自身**只能被规定为不能**不**存在者,被规定为
一个不可能不存在的东西,那么上帝明显而且毫无疑问就是一
个必然的存在者——这才是**真正的**本体论论证所应当具有的**最
高**意义;安瑟尔谟的那个所谓的证明其实可以回溯到**这个**真正
的本体论论证。但在这里人们也立即可以看出,针对安瑟尔谟
的那个证明的疑虑是从何而来的,以及为什么尤其是那些经院
哲学家反而认为有必要对其进行反驳,不是接纳,而是拒绝那个
证明。

现在我们面临着这样一个问题:"必然存在着的本质"概念
等同于"上帝"概念吗?

刚才我们已经证明,必然存在者同时也是盲目存在者。然
而没有什么比盲目的存在更不符合人们在普遍信仰里所思考的
上帝的本性的了——笛卡尔仅仅是从那个普遍信仰那里取来
"上帝"概念,因此迄今为止我们也是这么做的。而在"盲目存在

者"这个概念里,第一重要的是,它对于它自己的存在没有任何自由,既不能扬弃存在,也不能改变或改造存在。但如果一个东西对于它自己的存在没有任何自由,那么它就根本不具有任何自由——是**绝对地**不自由。假若上帝是必然存在着的本质,那么他同时只能被规定为一个僵化的、不动的、绝对不自由的、不能进行任何自由行动、不能前进、不能以自身为开端的东西。

[X, 21]

现在,要么我们不得不停留在这个盲目存在者这里——我们**根本**不能超出盲目存在者半步——要么如果我们从它出发,如果我们希望从它出发得出一个世界,那么这只有在如下情况下才能发生,即我们能够证明,在它的盲目的存在里面大概有一种流溢性的力量,借助这种力量,另外的存在,比如事物的存在,从这个盲目的存在那里**流溢出来**(ausströmte)——我说的是"流溢出来",而不是"产生出来",因为后面这种情况始终得与一个关于"创造"的思想联系起来,而这个思想恰恰完全没法和一个盲目的存在结合在一起。盲目的存在者至多只能被设想为一种流溢性的原因,而且即使这样仍然面临着无比巨大的困难。

在这里,借用康德的一个说法,我们遭遇到了一个二律背反:一方是从理性那里必然得出的东西,另一方是当我们意愿上帝时,我们所真正**意愿**的东西。因为迄今为止,上帝显然是我们所意愿的一个单纯的对象——没有什么东西强迫我们去使用"上帝"这个说法,而从绝对的理性概念出发,从"存在者"概念出发,我们仅仅得出了"必然**存**在着的本质"这一概念,而不是得出"上帝"概念。甚至即使从"**上帝**"概念出发,我们也不得不说,不管上帝具有什么规定,他都是一切存在的本质,是绝对意义上的

存在者，亦即"τò 'ON"；但如果上帝是这样的东西，那么他也就是一个必然而盲目的存在者。但是，如果他是一个盲目存在者，那么他恰恰就不是上帝——不是**这种意义**上的上帝，即普遍的意识在这个词语和概念下面想到的上帝。在这里，有什么东西能帮上忙呢？换句话说，我们如何摆脱我们身陷其中的困境和禁锢呢？如果人们只是想反驳"上帝是必然存在着的本质"这一观点，那么这不过是一个糟糕的帮忙。因为假若那是可以反驳的，那么真正的原初概念就会被扬弃了，而这个概念是我们绝不能放弃的，否则我们的思维在任何地方都会失去一个稳固的出发点。

无论如何，上帝**就其自身而言**不仅仅是一个必然地或盲目地存在着的本质，他虽然确实也**是**这样一个东西，但他**作为**上帝同时能够扬弃他自己的这个存在，扬弃这个不依赖于他的存在，把他的必然的存在转化为一种偶然的存在，亦即一种亲自设定的（selbst-gesetztes）存在，这样一来，这种亲自设定的存在虽然始终是立足于一个**根据**（在根基的意义上），但却是一种实际的存在，或者说事实上已经转化为另一种存在。换言之，那种亲自设定的存在虽然始终以必然的存在为根据，但上帝的实际的、现实的存在却不再仅仅是一种必然的存在。 [X, 22]

生命恰恰在于这样一种自由，即能够把它自己的存在当作一种直接的、独立于它自己而被设定的存在加以扬弃，并且将其转化为一种亲自设定的存在。反之，自然界里面的死物就没有自由，不能改变自己的存在，它怎样**存在着**，始终就这样存在着——在它的整个存在里，它的存在都不是由它自己规定的。

因此"必然的存在者"这个单纯的概念不会导向一个活生生的上帝，而只会导向一个僵死的上帝。但在普遍的意义上，人们在"上帝"概念下想到的，却是上帝能够做他意愿的事情，而既然他的行动对象只能是他的存在，所以人们必须——我不能说"人们将会"——在"上帝"概念下想到，上帝相对于他的存在而言是自由的，而不是束缚在他的存在上面，他能够把他的存在反过来当作他自己的一个工具，将其提升为一个绝对的存在。当然，有些主张上帝的自由的人还不习惯以这个方式来进行表述，即把上帝的自由理解为上帝能够摆脱他的存在，把这个存在提升为一个绝对地被设定的存在，但无论怎样，**在普遍的意义上**，人们在"上帝"概念下想到的是一种绝对的行动自由。注意，我说的是**"在普遍的意义上"**。因为"上帝"概念绝不是专属于哲学，它不依赖于哲学，而是现成地包含在**普遍的**信仰里面。诚然，哲学家也有自由，根本不提这个概念，回避这个概念。但我们在这里所考察的笛卡尔却把这个概念引入到哲学里面，并造成了一个明显的二律背反。

[X, 23]　　上帝只能被思想为一个必然存在着的本质，在这个意义上，这个必然的存在就把一切**自由的**行动扬弃了。然而那独立于哲学而被称作"上帝"的东西，那毫无疑问先于一切哲学而被称作"上帝"的东西，不可能是**这个**意义上的必然存在者——他必须被思想为自由的——相对于他自己的存在而言——因为否则的话，他就不能推动自身，不能从自身、亦即从他的存在出发，去设定另一个存在。问题只在于，应当如何克服这个二律背反。指出这一点乃是哲学自身的任务。

从另一个方面来看,通过把精神与身体之间的绝对对立引入到哲学里面,笛卡尔的体系对于人类精神的进一步的发展影响巨大,起着规定性的作用。通常人们把这称作笛卡尔的二元论。通常说来,人们所理解的二元论是这样一个体系,它在原初的善本原之外主张有一个同样原初的恶本原,后者要么被看作是和前者具有完全同等的实力,要么被看作至少和那个存在着的本原是同样原初的。但笛卡尔并没有走到这个地步,即像那种二元论和诺斯替主义者一样,把物质当作一切恶的源泉,当作一种与一切善相对抗的东西。在这种情况下,物质对他而言至少是一个真实的**本原**。然而笛卡尔并不把物质看作广延的本原,而是看作单纯的广延物。正如我们已经指出的,笛卡尔刚开始的时候就怀疑身体的存在,反之他认为,他的作为思维本质的存在是不能怀疑的;尽管如此,从一个单纯的 actus cogitandi [思维活动]——这个活动是他能够直接确定的,因为惟有它出现在直接的经验里面——推论出一个作为此活动的基础的思维实体,亦即他所说的灵魂,这个做法绝不是毫无疑问的。在他的考察过程中,通过我已经揭示出的那个方式,他把上帝作为一个真正的 Deus ex machina [救急神] 召唤出来,并且坚信不疑,上帝作为最真诚的本质不可能把身体世界当作一个单纯的幻影来进行欺骗;这样他就重新建立起了一个完整的身体世界。如今他认为身体是某种真实的东西,但一旦把精神和身体分隔开,他就再也不能把它们整合在一起。他在身体那里看到的**仅仅**是精神和思维的对立面,同时认为,身体和精神既然在功能上如此不同,那么它们不可能有唯一的同一个本原;他不相信有这样一个**本** [X, 24]

原,它在物质那里处于低级状态,而在精神这里处于高级状态,它在物质那里处于一种完全迷失自身的状态,是一种完全脱离自身的存在(außer-sich-Seyn),而在精神这里处于一种自持的状态,是一种基于自身的存在(in-sich-Seyn)。

笛卡尔似乎认为,一个**绝对的死物**有可能**存在着**,亦即这样一个原初的死物,在其中绝不会有任何生命,作为一个缺乏任何内核的外在事物,作为一个被创造的东西,却在自身内不包含一个创造性的本原。但是这样一个绝对的或原初的死物不仅有悖于一切科学的概念,而且有悖于经验本身。因为,1)毕竟存在着活生生的自然界(动物;这是很难解释的);2)所谓的僵死事物恰恰不能被理解为一个死物,也就是说,不能被理解为生命的绝对欠缺,而只能被理解为一种黯淡的生命——被理解为一个早先的过程(亦即一种早先的生命)的残余或 caput mortum [废弃物]。这个死物,作为物质的黏合剂,在活生生的精神看来不可能是某种原初的东西,在这种情况下,有些人认为,它只能通过一个早先的灾难来加以解释,比如在印度,它就仅仅被看作是一种招致而来的东西,是对于罪责的惩罚,是魂灵世界里面的一个远古的堕落带来的后果,而在最古老的希腊神话里,具有形体的物质仅仅被看作是原初时间里的窒息了的提坦魂灵。

当然,笛卡尔也认为这种僵死的、无精神的物质是某种东西,但却是某种直接的,而非从一个较早的状态转变而来的东西;他认为物质是上帝创造的一个原始的块状凝聚物,然后被上帝打碎,分化为无穷多的部分,这些部分然后通过它们的旋转和涡流产生出世界体系及其运动。这些粗俗的科学概念距离我们

并不遥远,直到两百多年前才与我们告别,到了今天几乎没有人 [X, 25]
会相信它们。因此人们可以估算一下,从那之后,人类精神走过
了怎样一条道路。但人们由此也可以看出,如果连笛卡尔这样
的伟人都会停留在那些观念上面,那么哲学里面的进步必然是
何其艰难和缓慢,而有些坐享其成或由此受益的人,却把这些进
步想得太过于轻易了。但如果因此就轻视那些伟人,却是不公
正的做法。

　　我已经指出,对立在笛卡尔那里并不是两个本原之间的对
立,因此他不是把思维当作一个**本原**,同时把广延当作另一个本
原。广延的单纯**本原**就其自身而言始终**也**有可能是一个精神性
的本原,它本身不一定是一个广延的东西,比如热的**本原**并不因
此本身就是**热的**,尽管它使物体变得暖和,赋予其热量。笛卡尔
不懂什么广延的**本原**,他只知道那些广延物,而广延物恰恰因此
是一种绝对非精神性的东西。另一方面,他把他自己称作一个
思维物:je suis une chose, qui pense [我是一个思维物]。①对笛卡
尔来说,思维物和广延物是**两个**物,两个相互排斥、不具有任何
共同点的物;广延物被完全剥夺了精神,与精神无关;反过来,精
神性的东西是绝对非物质的;广延是**一种单纯的**并列存在和分
裂存在,是一种纯粹的瓦解状态,尽管这种瓦解状态在有形体的
物里面又显现为聚合起来,但它并不是通过一个内在的、随之精
神性的本原,而是仅仅通过外在的挤压和碰撞聚合起来。广延
物是由一些彼此彻底外在的部分组成的,这些组成部分本身缺

---

① 《第三沉思》,第 263 页。——谢林原注

[X, 26] 乏一个内在地运动着的本原,因此也缺乏任何内在的运动源泉。一切运动都是基于碰撞,也就是说,运动是纯粹机械的。正如在物质里面没有任何近似于精神的东西,同样在笛卡尔看来,在精神里面也没有任何近似于物质的东西,那在物质里面存在着的东西,不是一个仅仅以别的方式存在着的东西,而是一类完全不同的东西,二者相互之间缺乏任何接触,是两个完全分开的实体,而正因如此,在二者之间也不可能有任何共通性。

两个绝对不具有任何共同点的物,也不可能相互影响。因此对于笛卡尔哲学来说,有一个非常困难的任务,即去解释那个不可否认的交互作用,那个明显发生在思维本质和广延本质之间的交互作用。如果身体和精神绝对没有任何共同点,二者如何能够经常共同行动和共同承担呢?当身体的痛苦被精神感受到,或者一个仅仅作用于身体的印象延伸到精神里面,于是在思维物(即我们所说的灵魂)里面就产生出一个表象,反过来,当精神的努力、灵魂的痛苦使得身体疲倦或生病,或者精神的思想在说话的时候,都是在强迫身体器官为它服务,或者当精神具有一个意志或者做出一个决断,于是在广延物(即我们所说的身体)里面就激发起一个相应的运动。对于这些问题,直到笛卡尔那个时代,学院里面都是按着传统的讲法,教导所谓的"自然作用体系"(Systema influxus physici)或"直接作用体系",这个体系虽然不是清楚自觉地、但却是以无意识的方式立足于一个前提,即有一个同质的**终极**实体,它是**二者**(物质和精神)的基础,因此是二者共同的实体。诚然,如果人们希望通过物质的一种逐渐的精细化来解释上述情况,那么这不过是一个粗糙的观念,就好比按照某些生理学家的猜想,他们虽然认为精神不可能直接影响人们所说的**粗糙**身体,但却认为,人们只需在精神和粗糙身体之间放置一些更为精细的物质,即过去人们所说的"神经汁液" [X, 27] (Nervensaft)——或用今天的人们自以为更高雅的说法,"神经以太"(Nervenäther)——那么这样一种直接过渡就必定会是可能的。

对笛卡尔的体系来说,思维物和广延物之间的明显的相互影响造成了困难。但笛卡尔解决这些困难的方式很简单:第一,他否认动物具有任何灵魂,并宣称动物仅仅是一些极为精巧的机器,它们——还有它们的显然带有理性痕迹的行为——的运行方式完全就像一只调好的钟表那样走动计时。对笛卡尔来说,之所以必须否认动物具有灵魂,还有一个**理由**:哪里有思想,那里就有一个完全不同于物质的实体,亦即一个不可毁灭、不朽的实体,因此得证。①第二,至于人,笛卡尔认为人就身体而言同样只是一台以极为精巧的方式制造出来的机器,这台机器就像一个上紧发条的钟表机芯,完全不依赖于灵魂,仅仅按照它自己的机械装置就作出一切自然的行为;至于**那样一种**运动,它不能

---

① 关于笛卡尔必须否认动物具有不朽灵魂的原因,莫鲁斯(Morus)在他写给笛卡尔的信(《全集》第十卷,第190页)里面是这样解释的:Ayant supposé, que le corps était incapable de penser, vous avez conclu, que partout, oú se trouvait la pensée, lá devait étre une substance rellement distincte du corps et **par conséquence** immortelle; d´oú il s´en suit, que, si les bétes pensaient, elles auraient des ames, qui seraient des substances immortelles. [如果您认为身体不能思想,这就已经得出结论,即哪里有思想,哪里就应该有一个与身体实际有别的、**因此**不朽的实体;由此可以得出,假若所有的动物都有思想,那么它们就会有一个作为不朽实体的心灵了。]——谢林原注。译者按,这段法文由我的同事刘哲先生译出,在此致以感谢。

被解释为自动机的运动,而是与精神的某种运动或意志行动相对应,对于这种运动,笛卡尔唯一能够想到的办法,就是假定,在每一个这样的情况下,比如当精神里面产生出一种欲望或意愿,并且让身体去执行的时候,**上帝**就亲自站出来,在身体里面制造出一个对应的运动——仿佛最高精神(笛卡尔并不认为上帝是某种同一性)对于身体的影响比人的精神对于身体的影响更为清楚易懂似的。同样,每当物质性的物对我们的身体造成任何影响,造物主就亲自站出来,在灵魂里面制造出相应的表象;灵魂既不能达到它自己,也不能达到一切外在的或物质性的印象,因为只有上帝在进行中介,使我的灵魂对于那些有形体的物具有一个表象。在这种情况下,物质和精神之间的统一性就不是一种本质上的,而仅仅是一种事后的或偶然的统一性。自在地看来,二者始终是分庭抗礼的,unitas non naturae sed compositionis [这不是一种自然的统一性,而是一种人造的统一性]。又因为上帝在这里始终只是见机行事,所以这个体系后来得到一个名称,即**机缘论**。

[X, 28]

但一般说来,笛卡尔之所以在哲学里面提出这个猜想,只是为了让一个完全不同的体系的基础呈现在另一个精神面前,并用来解释灵魂和肉体、精神和身体之间的联系;同样,这个猜想之所以在科学史里面获得一个意义,就是因为它在物质和精神之间、广延物和思维物之间设定了一种瞬时性的、始终飘忽不定的同一性,而这让人想到一种持久不变的和**实体性的**同一性,亦即后来的斯宾诺莎所主张的那种同一性,它不仅是思维物和广延物的同一性,而且是思维本身和广延本身的同一性。——在这个关系里,笛卡尔的体系带来的另一个后果,就是所谓的commercio animi et corporis [身心交感]问题——这个问题在一个基于更高本原的哲学里面只能占据次要的地位——长期以来几乎成了哲学的首要问题,成了人们主要(倘若不是唯一)钻研的问题,甚至可以说,长期以来,对于这个问题的解答方式成了区分不同体系的标志。

至于笛卡尔哲学造成的最普遍的、也是最糟糕的影响,就是把那原本绝对联系在一起、互为根基和前提的东西,亦即物质和精神,绝对地撕裂开来,并因此摧毁了生命的伟大而普遍的有机系统,使无论低级的还是高级的生命都成了一个僵死的、纯机械式的观点的牺牲品。这个观点直到近期都还在人类知识的全部领域里,甚至在宗教里,占据着支配性的地位。

关于笛卡尔哲学的这个方面,即人们所说的笛卡尔二元论,就谈这么多。现在我们希望对笛卡尔哲学再作一个回顾。 [X, 29]

笛卡尔之伟大在于这样一个普遍的思想,即在哲学里面,除了清楚明白认识到的东西,没有什么可以被看作是真实的。但由于"清楚明白"并不是在任何地方都是**直接**可能的,所以一切事物至少必须通过我直接地和毫无疑问意识到的东西而在一个必然的**联系**里面被认识到。通过这个方式,笛卡尔首先伴随着清楚的意识在哲学里面传播"**本原**"概念以及我们的概念和信念的发生过程,并指出,如果那些概念和信念不是从本原那里推导出来,那么绝不能被看作是真实的。但笛卡尔的局限性在于,他不是寻求**自在地**第一位的东西,而是满足于一个对每个人、因此也对**我**而言第一位的东西(这是主观的普遍性,而不是事情本身的普遍性)。在这种情况下,他也放弃了**事情**本身亦即本原和物之间的联系,简言之,放弃了那种客观的联系,而是满足于一种纯粹主观的联系。虽然笛卡尔后来也走向**自在地**第一位的东西,亦即"上帝"概念,但是他没能使这个概念成为**本原**,因为他仅仅把本原理解为一个必然的存在,而不是理解为一个比必然的存在更丰富的东西,那真正使得上帝成其为上帝的东西。在讨论"**上帝**"概念的时候,笛卡尔其实一直**思考着**这个更丰富的东西,但这个东西没有进入到他的认识里面,它始终作为一个单纯的前提,而不是作为一个被理解把握的东西,位于"上帝"概念之外。

[X, 30]   **培根和笛卡尔之比较**。假若我们按着编年的顺序追溯近代哲学体系的历史发展过程,那么我们必须把培根放在笛卡尔前面,因为前者出生于1560年,而后者则是出生于1596年。培根是近代经验论的开端,正如笛卡尔是近代唯理论的开端。除此之外,培根的**主要著作**(人们真正关心的只是这个)和笛卡尔(他在很年轻的时候就通过他的新原理而闻名于世)的最初著作几乎是同时出现的。在这两位伟大的著作家之间,很难说究竟是谁影响了谁。因此就事情本身而言,二人是**并列的**——培根对于经验论的革新和笛卡尔对于唯理论的革新是同时进行的。因此就近代哲学史的**开端**而言,唯理论和经验论并驾齐驱,直到今天都还保持着一种平行的关系。在人类精神的历史里,人们很容易察觉到一些殊途同归的伟大精神之间的某种同时性。这种情况也适合于培根和笛卡尔。二人的共同点在于摆脱经院哲

学。培根所反对的其实不是后来的唯理论，而仅仅是经院哲学的唯理论。而笛卡尔和培根一样，也希望用所谓的实在哲学来反对经院哲学——首先有经院哲学和实在哲学的对立，然后有唯理论和经验论的对立。笛卡尔的最初的准则必然会发展到这样一个结果，即是**事情**或对象本身通过自己的运动产生出科学，而不是像在经院哲学那里一样，仅仅通过概念的主观的运动产生出科学。而这恰恰也是培根想要的结果。培根的哲学也是一种**实在**哲学，因为他不想从概念出发，而是希望从各种**事实**——亦即经验中被给予的事情本身——出发。

　　如果人们更加深入地进行研究，就会发现二人具有更大的相似性。因为在培根看来，就像他清楚指出的那样，归纳其实还不是科学本身，而仅仅是通向科学的一条道路。对此培根说道："我听任那些经院哲学家去研究三段论；三段论以众所周知的和信以为真（被认识到为真）的原则为前提。"这句话是完全正确的，因为真正说来，只有当人们已经得出普遍的和合乎理性的原则，才开始使用三段论，所以真正说来，三段论在那些从属科学里面比在哲学里面更重要，而哲学则是那种寻找普遍原则的科学。——培根说："我听任**经院哲学**去研究三段论，而三段论对我来说是没有用处的，因为它已经以一些原则为前提，而这些原则恰恰是我寻求的东西；因此我坚持采用归纳的办法——不是那种最低级的、基于单纯的列举而进行的归纳（比如当我们之前列举使徒的情况来进行论证的时候），因为这种归纳有一个缺点，即哪怕是最细微的相反事实都可以摧毁结论；我坚持的是这样一种归纳，它借助于一些正确的、准确的排除和否定，使我们

[X, 31]

能够更加轻松地把必然的事实和无用的事实区分开来,然后把前者缩减到一个很小的数目,进而把真正的**原因**限定在一个尽可能小的空间之内(包括发现这个空间)。从这些归结出来的(缩减到少量的)事实出发,始终在归纳的指导下,我将一步一步地、而且非常缓慢地上升到一些特殊命题,然后从这些命题出发上升到一些中间命题,最后从这里出发上升到 principiis generalissimis et evidentissimis [那些最普遍和最清楚的原则]。"——培根并不满足于此,而是在发现那些原则之后继续说道:"我立足于这些原则,就像立足于不可动摇的根基,既然如此,我将在我的思想中勇敢前进,无论是提出新的观察,**还是**当观察不能进行的时候,将其完全抛开(也就是说,对于那些不可能观察到的问题或对象,就按照已经发现的最普遍的原则来作出裁断);我既开始于怀疑(因此和笛卡尔一样),亦将终结于确定性,并在逍遥学派(即经院哲学家)的独断的哲学和怀疑主义的动摇不定的哲学之间保持一条正确的中间道路;前者开始于它应当终结的地方(即普遍的原则),而后者则终结于它能够开始的地方(即怀疑)。"

[X, 32] 也就是说,培根在根本上和笛卡尔完全一样,最终也是追求一种进步发展的哲学,只不过他认为,这种哲学应当通过归纳以回溯的方式奠定基础。培根根本没有像他的后继者(尤其是洛克、大卫·休谟等感觉主义者)所理解的那样,拒斥普遍的原则。毋宁说他恰恰希望通过归纳而达到一些普遍的原则,而且只有从这些原则出发,就像他所说的那样,才能达到确定性。诚然,培根没有突破他的奠基工作,没有进入到科学自身之内。但笛

卡尔同样也是如此,因为真正说来,他同样也是**终结于**他本来有可能开始的地方,即终结于最高者,终结于上帝,而上帝仅仅是一种逐步推进的科学的开端。培根和笛卡尔都反对经院哲学,都在追求一种**实实在在的**哲学。只有当涉及那个**最高的**概念的时候,双方才决定性地分道扬镳;一方面,笛卡尔希望通过一个先天的论证表明,那个概念独立于一切经验,因此也独立于他**自己的**出发点(即"**我思考**"这一直接的事实),于是他成为先天哲学或唯理—先天哲学的鼻祖,另一方面,培根无疑认为,最高者也是一种经验性的东西。

斯宾诺莎　莱布尼茨　沃尔夫

如果人们回想一下笛卡尔体系的真实情况,那么他们会**渴望**一个更好的、更美的、更能抚慰人心的形态,而这个形态立即出现在斯宾诺莎主义里面。

斯宾诺莎可以被看作是笛卡尔的学生和直接后继者,他于1632年出生在阿姆斯特丹。早在他建立自己的体系之前,他就已经对笛卡尔体系着手进行加工改造,但却是遵循着这个方向而努力,即为笛卡尔体系提供一个真正客观的联系。当斯宾诺莎把那**自在地**第一位的东西当作唯一的出发点,同时仅仅顾及这个东西必然会让人认识到的情况,即其必然的存在,他就朝向他自己的体系迈出了一个决定性的步伐。按照笛卡尔的概念,"上帝"始终比"必然存在着的本质"更丰富,但在斯宾诺莎那里,这个概念除了**这个**规定之外没有保留下任何别的东西;对斯宾诺莎而言,上帝**仅仅**是一个必然存在着的本质,他剔除了笛卡尔对于这个概念曾经作出的全部考虑,仅仅直截了当地从实体的定义出发,而他所理解的实体就是 id, ad cuius naturam pertinet existere [这样一个东西,它的本性包含着存在],或者说 id, quod cogitari non potest nisi existens [这样一个东西,它不能被思想为不存在着],一个绝不可能不带矛盾地被思想为不存在着的东西。既然斯宾诺莎把必然存在着的本质规定为实体,一个绝对的、普遍的实体,那么人们可以发现,他首先是把必然存在者看作存在的普遍**主体**,而单纯的存在就其自身而言还不是存在者,而仅仅是一个前提,即存在的可能性,正如人作为疾病的主体并不因此就真正生病了,只是有可能生病。

[X, 34]

个别的现实事物尽管存在着,但它们绝不是存在的主体本身;它们仅仅通过分有存在而存在着,这不是说,它们根本不能不存在,毋宁说它们**能够**不存在,因为它们的存在与"**如此存在**"(das so Seyn)联系在一起。当然,我们必须上升到那样一个东西,它的谓词不是单纯的"如此存在",而是一般意义上的存在,cujus actus est Existere [它的活动就是存在],而这个东西只能是存在的普遍的或绝对的主体,即我们所说的**存在者本身**。人们可以尝试以一种纯粹的和抽象的方式理解它,把它当作存在的单纯的前提,在这种情况下,它仅仅是思想中的存在者,仅仅在思维中具有一个存在(也就是说,在一个否定的意义上,作为思维和存在的统一:存在不是位于思维之外,因此不是一种超越性的存在,而是一种内在性的存在)。但是,正如我们已经指出的①,它不可能停留在这个局限状态,它不仅在**逻辑的**意义上,而且在超越性的意义上是一个不能不存在的东西;无论我如何尽早开始思维,就仿佛我简直没有时间去思维似的,它都是**先于**一切思维而出现在我面前,或者说,当我**发现**它的时候,它已经是

---

① 见本书第18页(X, 18)。——原编者注

存在者,因为它作为一切存在的主体,恰恰是一个按其**本性**就存在着的东西,绝不能被思想为不存在着。

这就是斯宾诺莎的那个概念的起源。正如哲学史表明的那样,那个概念直到现在都是一切事物的核心关键点。确切地说,它是思维的监牢,虽然思维通过各种前仆后继的体系企图逃离这个监牢,但直到现在都还没有成功。这个概念公开表明,在上帝之内既没有意志也没有理智,而上帝真正说来仅仅是一个盲目存在者——我们也可以说,按照那个概念,上帝仅仅是一个缺乏主体的存在者,因为上帝已经完完全全地过渡到存在。在可能性里面,始终还有一种不依赖于存在的**自由**,亦即一种反对存在的自由。但在这里,可能性被存在吞噬了。**因为**那个第一位 [X, 35]
的东西是一个**只能**存在着的东西(而不是一个也可以**不**存在着的东西),所以它是一个单纯的存在者,也就是说,它是一个排除了一切非存在——排除了一切潜能——排除了一切自由的存在者(因为自由就在于**非**存在)。就此而言,它是缺乏潜能的,并在这个意义上是一个虚弱无力的存在者,因为它在自身内根本不具有权力去成为另一种存在。

斯宾诺莎把上帝称作 Causa sui [自因],但却是一种狭义上的自因,即上帝通过他的**本质**的单纯必然性而**存在着**,即是说**只能存在着**,而不是保持为一种(作为原因)能够存在的东西;原因完全消解在作用之内,只能表现为**实体**,一个让思维无计可施的实体。斯宾诺莎就好像对于盲目的存在,对于这个始料不及的、思维无法企及的存在感到吃惊(因此**这个**存在是一种 Existentia fatalis [**宿命般的存在**],而体系本身则成了宿命论),也可以说,他对于这个从天而降、将自己的开端吞噬了的存在措手不及,于是他在面对它的时候失去了冷静,失去了运动的一切能力和一切自由。①就此而言,人们确实可以承认斯宾诺莎主义具有一种镇静剂的作用,而很多人(包括歌德)对于这种作用曾经赞誉有加。斯宾诺莎主义确实是一种把思维置于静态之内,置于完全的寂静状态之内的学说,发展到最后,就是一个完满的理论上和实践上的清静无为主义体系,当那种永远躁动不安、始终运动着的思维掀起暴风骤雨的时候,它看起来能给人带来抚慰。卢克莱修②曾经如此描述这种平静状态:Suave, mari magno, magnum alterius spectare laborem [当狂风在大海里卷起波浪的时候,自己却从陆地上看别人在远处拼命挣扎,这该是如何的一件乐事]③——这不是指乐于看到别人遭受苦难,而是指为自己免受这类危险而引以为幸。无疑,恰恰是斯宾诺莎体系的这种寂静和平静,让人觉得这个体系非常**深刻**,并且通过一种隐蔽的、但却不可抗拒的魅力吸引了如此之多的人。

[X, 36] 在某种意义上,斯宾诺莎体系一直都将是一个**模范**。如果一个体系以自由为旨归,同时又和斯宾诺莎体系具有同样一些伟大的特征、具有同样的单纯性,即是说成为斯宾诺莎体系的完

---

① 参阅《神话哲学》第90页。——原编者注
② 卢克莱修(Titus Lucretius Carus,前99—前55),古罗马原子论哲学家,系统地阐发了伊壁鸠鲁学派的学说。——译者注
③ 参阅[古罗马]卢克莱修《物性论》,方书春译,北京:商务印书馆1981年版,第61页。——译者注

满的对立面,那么它就会是真正的最高者。正因如此,即便斯宾诺莎主义饱受指责,遭到很多所谓的反驳,但它永远都没有过时,直到如今都还从来没有被克服;一个人在他的一生之中,至少应当有那么一段时间曾经陷入到斯宾诺莎主义的深渊里面,否则的话,他是没有希望在哲学里面达到真相和完满的。如果谁希望亲自奠定他自己的哲学信念,那么他一定得读斯宾诺莎的代表著作,即《伦理学》(斯宾诺莎是在"伦理学"的名义下宣讲他的体系)。同样,对于任何一个严肃看待他自己的教育的人,我总是会劝诫他,不仅要勤奋地独立学习(这是任何教师都不能替代的工作),而且要带着最大的良知和谨慎去选择他的**读物**。在那些不朽的著作家里面,斯宾诺莎无疑也占有一席之地。他的伟大在于他的思想和他的写作方式的崇高朴实性,在于他一方面远离一切经院哲学的琐碎无聊,另一方面远离语言上的一切虚假的装饰和矫情。

现在我们发问,斯宾诺莎体系为那种深刻的寂静付出了什么代价?对此我们必须回答道,代价就是,上帝成了一个单纯的实体,而不是作为一个自由的原因,在这种情况下,**事物**与上帝的关系也只能是事物与实体的关系,而不是事物与原因的关系。上帝不是一个进行自由创造的精神,不是一个能够独立于自身、独立于它的直接存在而发挥作用的精神,毋宁说他完全包裹在他那思维无法企及的(unvordenkliches)存在之内,因此事物在上帝**之内**也只能作为一些特殊的形式或样式存在着,而上帝的存在则是通过它们而呈现出来,这并不意味着上帝因此受

[X, 37] 到限制,而是意味着每一个物在其自身内仅仅通过某个特定的方式而表现出上帝的直接的本质。现在,既然上帝没有受到这些形式的限制(因为他本身超越了任何形式),所以人们自然地想要知道,存在的这些限制是如何出现在上帝里面的?斯宾诺莎对于这个问题作出的一切答复,归结起来就是:那些分殊或事物属于上帝的本性,从上帝的本性那里派生出来,正如三角形的各种分殊从三角形的本性派生出来,属于三角形的本性,也就是说,在上帝和事物之间不是一种自由的联系,而是一种**必然的联系**。但斯宾诺莎并没有表明,这种必然的联系究竟有哪些样式和方式。诚然,他在具体的事物本身和上帝之间设定了一些中间环节,也就是说,他没有让事物从上帝那里**直接**产生出来。就此而言,人们可能会认为,他或许会给出各个环节或衔接点的一个持续的序列,并借助这个序列来证明,从最高理念到事物(不是指一般意义上的事物,而是指如此这般层层下降的事物)之间有一个明白易懂的过渡。然而那些中间环节却是这样的情形:斯宾诺莎把"无限广延"和"无限思维"设定为上帝和事物之间的最初的中间环节,如他所说,那两个东西是上帝或无限实体的直接属性,亦即无限实体借以直接存在着的形式(这里除了把"属性"解释为"形式"之外,没有别的可能)。因此在斯宾诺莎看来,思维和广延——各自都是独一无二的——是两个直接的和同样无限的形式,是那个绝对的无限实体借以存在着的形式,而既然它们是实体的**存在**的两个直接形式,那么实体本身既不是思维,也不是广延。

看起来,斯宾诺莎在这里必须回溯到"自在且自为的实体"

这一概念，必须对于属性给出一个解释。实体在他看来是自因。人们只能把这个自因解释为一个通过自身而存在着的东西。进而人们可以认为，这个通过自身而存在着的东西只能借助于**思维**和**广延**这两个形式把自身设定为存在着，就像人们后来所说的那样，这个通过自身而存在着的东西必然把自己设定为a) 客体（这大致相当于斯宾诺莎所说的无限广延）和 b) 主体（这大致相当于斯宾诺莎所说的无限思维）。但如果人们这样做了，就是把一些在后来的发展过程中才出现的规定强加在斯宾诺莎头上，而这恰恰会抹杀斯宾诺莎的独特性以及他在科学史里面的专属地位。斯宾诺莎的实体是一种"主体—客体"，但在他那里，主体完全消隐了。

[X, 38]

但是，人们会问，斯宾诺莎怎么就得出了那两个所谓的属性呢？对此的答复是，首先，这无非是因为笛卡尔已经把物质和精神的对立规定为广延者和思维者的对立，随之仿佛已经把宇宙划分为两个世界，即思维世界和广延世界。斯宾诺莎的这些观点来自于笛卡尔，这是显而易见的。在斯宾诺莎看来，上帝无论如何不再是一个位于思维和广延之外，随机出现的中介者，毋宁说他是它们的持久不变的和持存的统一体。笛卡尔认为，思维是在上帝之外，而斯宾诺莎认为，上帝本身就是无限思维，本身就是无限广延。但是斯宾诺莎的那个统一体也不应当像今天的人们所理解的那样，仿佛通过思维对于广延的作用，于是不同的广延物就因此相互区分开来，每一个广延物都或多或少地表达出思维。事情并不是这样的。因为在斯宾诺莎这里，思维和广延除了都是**派生自**同一个实体之外,没有任何别的共同点,它们始终是两个相互陌生的东西,就像在笛卡尔那里一样。只不过笛卡尔认为,思维和广延的契合在每一个具体的情况下都是以一个特殊的行动为中介,而斯宾诺莎认为,那个契合通过实体的同一性已经一劳永逸地确定下来。因此斯宾诺莎的真正理念是实体之凌驾于两个彼此绝对对立(相互排斥)的属性之上的统一性。他和笛卡尔一样认为广延是完全缺乏精神的,而斯宾诺莎的自然观,他的物理学,就和笛卡尔的自然观或物理学一样,完全是机械式的、缺乏生机的。因此两个属性之间的统一性是一种纯粹形式上的、外在的统一性,而不是一种包含在它们自身之内的统一性,**就此而言**,这不是一种内在性的、实体性的统一性。斯宾诺莎在统一性之内设定的二元性不是基于一个现实的脉动,不是基于一种真实的生命,因为对立双方始终是僵死的,彼此漠不相干的。

[X, 39]

正如我们已经指出的,之所以必然得出这个结果,原因仅仅在于,斯宾诺莎不是从实体出发,先天地推导出属性的二元性。诚然,斯宾诺莎认为属性是绝对实体的存在的后果,而且是一个必然的后果,但是他并没有把它们**理解把握**为这样一种后果。**他确实说过**,属性**存在着**,但他并没有对此加以解释。他没有证明那种必然性。他仅仅是后天地从经验那里接纳了思维和广延,因为他不得不承认,世界并非仅仅由精神或思维构成的,而是也包含着物质或广延物,同样,世界也不是仅仅由物质构成的,而是也包含着精神或思维。是的,假若他明确意识到了那种推动着他建立体系的必然性,那么他绝不会走上二元性的歧途,至于他在广延之外也设定了思维,这其实不过是由于经验对他的体系的纠正。在广延和思维里面,广延无疑是第一位的东西,唯有它才是真正原初的东西。思维仅仅与广延**相关联**,假若广延不存在,那么思维也不会存在;人类精神是无限思维的一个变形(Modification),即斯宾诺莎所说的概念,但这个行动着的或活生生的概念仅仅是人类躯体的一个直接的概念,也就是说,人类躯体虽然与人类精神相契合,但完全不依赖于后者,因为它是无限广延的一个变形。但是,无限实体如何在广延之外设定了广延的概念呢?还有,既然广延在时间上(尽管不是在本性上)先于广延的**概念**,为什么无限实体没有停留在广延那里呢?

对于这个问题,只有唯一的一个答案,或者说只能通过唯一的一个方式来解释,即人们假定,当无限实体设定广延或把**它自己**设定为广延的时候,并没有完全穷尽自身;只有在这种情况下,它才不得不再一次把自己设定在一个更高的层面——或按人们后来的表述,一个更高的潜能阶次——上面;这个更高的东西不可能仍然是广延,但是它必须是广延的**概念**,或者说它必须 [X, 40]
表现为广延的概念;因为,更高的东西总是能够理解把握它的前提或较低的东西,比如精神能够理解把握它的前提亦即身体,而不是反过来;换言之,后来的时代总是能够**理解把握**早先的时代,而早先的时代却不能理解把握它自己。

然而以上所说的观点对于斯宾诺莎而言是完全陌生的。尽管他把灵魂称作身体的概念,但是对于**灵魂**的存在,以及在广延之外还设定一个无限思维的做法,斯宾诺莎的证明理由无非是来自于经验。他之所以把思维与广延对立起来,仅仅是因为他无法违抗现实性的影响,但当他这样做的时候,他的体系里面已经包含着一个更高体系的萌芽,只不过他并没有理解把握到这个萌芽罢了。斯宾诺莎之所以给我们巨大的启发,值得我们去研究,正是因为在他的体系里面,一个更高的发展过程的诸多萌芽随处可见。除此之外,斯宾诺莎体系的局限性还在于,1) 上帝根本没有**设定**事物,2) 因此上帝没有在自身**之外**设定事物。尽管如此,这个体系作为一个以纯粹必然性为旨归的体系,仍然能够走向一个更高的发展过程。就此而言,斯宾诺莎在哲学史里面呈现出《旧约》的完整封闭性(他本人是一个犹太人)。虽然斯宾诺莎尚未理解把握到后来时代的那些更高发展过程及其更伟大的关系状况,但这些东西在他那里毕竟已经准备停当,而且部分地已经暗示出来;一朵紧闭的蓓蕾**能够**绽放为鲜花。人们几乎可以说,斯宾诺莎的哲学(即使考虑到它的局限性)就和希伯来文一样,是一种没有元音的书写文字,只有后来的时代才给它加上元音,使它发出声音。

斯宾诺莎所说的上帝尚且完全深陷在实体性之内,因此处于一种静止不动的状态。因为运动,作为可能性,仅仅包含在主体之内。但斯宾诺莎所说的实体是一个单纯的客体。上帝派生出事物,这不是通过一个运动,不是通过上帝自己的意愿,而是通过那种寂静的方式,就像斯宾诺莎所比喻的那样,好比按照直角三角形的本性,派生出斜边与直角边的关系。因此按照斯宾

[X, 41]

诺莎的本意,这种联系是一种单纯逻辑上的联系。然而他并没有解释这种联系,他仅仅**断言**,事实上就是这种联系。他把存在的两种类型,即无限的广延和同样无限的思维,设定为上帝和个别的有限事物之间的中间环节。但是实体本身并没有通过有限事物而揭示出来,而是保持为一个封闭的东西,保持为事物之存在的单纯根据,而不是呈现为一个具有共通性的存在者,或事物的活生生的纽带。对于"为什么恰恰赋予上帝以这两个属性而不是别的属性"这个问题,斯宾诺莎在他的一封信里面回答道:原因仅仅在于,就人或人的本性而言,除了这两种属性之外,没有什么别的属性是可以认识的——也就是说,斯宾诺莎的理由并不是立足于实体自身,而仅仅是立足于经验。

在设定无限思维和无限广延之后,他又分别给予它们两个所谓的从属样式,即运动和静止。运动和静止是无限广延的直接属性,正如意志和理智是无限思维的直接属性。它们是一些新的中间环节。尽管如此,斯宾诺莎也没能更为深入地解释各种具体的、现实的事物,它们要么是广延,要么是思维;至于那些分殊,即无限实体的各种规定,同样要么呈现为广延物,要么呈现为思维物。因此整个序列就是这样的:位于最上方的是无限实体,依次往下是属性和样式,最末端是分殊。但是这些分殊在无限者里面是怎么产生出来的呢?斯宾诺莎完全回避了这个问题。因为他无论如何不能指出从无限者到有限者之真正的过渡,所以他不让这些有限事物以直接的方式从无限者那里产生出来,而是让它们以间接的方式产生出来,也就是说,有限物以另一个个别的或有限的物为中介,而这个物本身又需要以另一个物为中介,如此以至无穷。正如斯宾诺莎所说,每一个个别的或有限的物,其存在和作用都不是由上帝自身所规定,而是由那个因为具有某个规定而发生分殊的上帝所规定,而上帝的那个规定本身又不是由上帝直接设定的,而仅仅是由那具有另一个规定的上帝所设定的,如此以至无穷。也就是说,我永远都找不到一个点,以便在那里提出这样一个问题:"事物**如何**派生自上帝或被上帝设定?"斯宾诺莎否定了有限者的任何真正意义上的**开端**,对于每一个有限者,我们永远只能知道,它的存在是由另一个有限者所规定的,如此回溯到无穷,以至于我们根本停不下来,无论如何都不能证明,从无限者到有限者那里有一个直接的过渡。

我们在解释每一个物的时候,都不得不陷入到无限追溯的过程里面。尽管如此,斯宾诺莎还是宣称,虽然按照一种时间的方式,每一个物都是派生自另一个物,但是按照一种**永恒的方式**(aeterno modo),每一个物都是派生自上帝的本性,确切地说,一个接一个地派生出来。所有事物——现在存在着、过去曾经存在着和未来将会存在着的事物——都是按照一种永恒的方式,通过上帝的本性而被设定下来,就像一个三角形的各种属性被设定下来那样。

但是,这种永恒的、因而**同时性的**被设定的存在,如何与那种无限追溯过程相协调一致呢?也就是说,对上帝而言,那种无限追溯过程如何能够同时被设想为一种绝对现时性的过程呢?

斯宾诺莎通过一个数学的比喻来回答这个问题。他说，人们不妨设想两个依据不同的圆心而画出来的圆圈，其中一个围着另一个，在这种情况下，那介于两个圆圈之间的空间，其大小可以是千差万别的，或者说，如果在这个居间空间里面有一种运动着的流体物质或软性物质，那么它必然是千变万化的，而这些千差万别和千变万化根本就是不可胜数的。他接着说，尽管如此，这里没有任何**外在的**无限性。在这里，正如伴随着"两个具有不同圆心而非同心的圆圈"这一单纯的理念，无数的差别和变化在一个有限的空间里面同时而且现实地被设定下来，同样，伴随着"上帝"这个理念，从一个物到另一个物的无限进程也被设定下来。因此，在上帝所设定的存在这个范围之内，人们可以无限推进，但却绝不能越出上帝的本性半步，而且绝不可能找到有限者的真正意义上的开端。没有任何有限者是可以通过上帝而直接得到解释的。——刚才所说的那两个圆圈，它们相互重叠、但却具有不同的圆心，因此它们在每一个点上的相互距离都是不一样的。斯宾诺莎把这两个圆圈所构成的图形看作是他的整个哲学的象征或徽章，所以这个图形被刻成铜版放在他的遗著前面。他进一步说道，数学家压根不会怀疑，那介于两个圆圈之间的空间的千差万别，或者那种在那个空间里面运动着的软性物质的千变万化，都是不可胜数的，并在这个意义上是无限的；他并不是从那个封闭空间的大小而推算出这一点。因为虽然我能够从那个居间空间那里再次拿走任意大小的一个部分，但这里始终是同样一种无限性，这就证明，这是一种包含在事情的本性

[X, 43]

之内,伴随着事情(亦即伴随着理念)而被设定的无限性。在这种情况下,伴随着上帝的本性,一种本质上的无限性也被设定下来,我可以在这种无限性的范围之内无限推进,但却绝不可能脱离上帝的本性。

现在的问题,不是这个或那个物(这个或那个分殊)是哪里来的,而是,上帝实体的分殊本身是哪里来的?对此斯宾诺莎没有给出任何答案,他也不可能给出任何答案。除非存在着一种思虑(Besonnenheit),否则规定、限制之类东西是不可想象的,但是实体的存在是一种完全无规定、并在这个意义上完全无限制的存在,也就是说,一种不能进行自我限制或自我反思的存在。斯宾诺莎之所以在无限实体之内设定各种规定,并不是因为无限实体或它的概念本身就包含着一种必然性,必须给予自己以规定,而是因为他只能把事物设想为无限实体的自我规定。他仅仅通过经验得知,事物存在着。甚至可以说,假若他在经验里面没有看到任何事物,他也不会想起来要在无限实体里面设定各种分殊,而这就表明,他虽然主张上帝和事物之间有一种客观的联系,但却并没有真正揭示出这种联系,他不是从他的原则出发,而是从别的什么地方获得对于事物的确定性。有人说:"在斯宾诺莎的体系里,有限事物是**不真实的**,只有无限实体亦即上帝才真正**存在着**,而有限事物不具有任何真正的、现实的存在。"这个说法没有提供什么帮助。对此我的回答是:"好,那么请至少给我解释一下它们的非现实的、单纯虚假的存在。"或许有人还会说:"一切有限者就其自身而言仅仅是非存在,仅仅是限制

[X, 44]

（亦即否定）。"对此我仍然回答道："好，那么请给我解释一下这些否定，而且请从实体出发来解释这些否定。"我们必须提出这些要求。

因此从这个方面来看，斯宾诺莎主义虽然表现为一个体系，但这个体系却是由各种不完整和不完满的发展过程而构成的。假若他不是设定一个僵死的、盲目的实体，而是设定一个活生生的实体，那么那种二元属性论将会给他提供一个工具，帮助他真正理解把握到事物的有限性。也就是说，如果广延本质其实是一种盲目的、无思虑的本质，那么无限**思维**就可以被规定为一个与广延本质**相对立**的潜能阶次，这个潜能阶次的目标在于帮助那个离于自身的东西重新返回到它自身之内。既然如此，必然会产生出广延本质的各种样态，它们不只是一般意义上的样态，而是广延本质的特定的、逐级下降的样态，与此同时，思维在它与广延的关联中察觉到一种反抗，并在每一个样态那里把自己提升到一个特定程度的活动，而**在这种情况下**，各种规定和样态就被设定在思维里面。然而这个思想对斯宾诺莎而言是**完**全陌生的。正如我们所说，斯宾诺莎主义是一个没有充分展开的体系，而且由于一切谬误恰恰都是归因于发展力量之欠缺，所以这个体系呈现为一个错误的或误入歧途的体系。与此同时，人们没有必要去附和那些通常的控诉，那些控诉要么是不公正的，要么实际上是无的放矢，不能提供任何站得住脚的东西。

前一种控诉总的说来，就是给斯宾诺莎主义扣上"泛神论"这个声名狼藉的帽子。在今天，人们随意地把这个词语拿来指 [X, 45]

称各种最为不同的东西,很多人把这个词语当作一个轻松的、随手可用的工具,用来发泄对他们没有能力去反驳(因为他们根本没有能力理解)的那个东西的虚弱愤怒。既然人们普遍地、甚至坚持不懈地使用这个概念,那么我想在这里——当然只是在与斯宾诺莎相关的情况下——谈谈这个概念的可能含义。当人们宣称斯宾诺莎的体系或斯宾诺莎主义是泛神论时,他们对于"泛神论"的通常看法是:这种学说主张,每一个个别事物,比如每一个物体,都仅仅是一个变形的上帝,因此有多少个别事物,就有多少上帝。最近有些人在盲目地对泛神论群起而攻之的时候,甚至宣称泛神论和拜物教(Fetischismus)是一回事,而这与"拜物教"的明显的和众所周知的意思相抵触。比如,如果有人哪怕仅仅以历史的方式考察一下人类观念的差别,那么他绝不会把黑人民族的拜物教——它把一根鸵鸟羽毛,一颗牙齿,一块木头或石头选作祈祷对象——和文明的印度人的泛神论混为一谈。尤其在斯宾诺莎这里,我们必须让每一个没有经历学术训练的人都明白,**泛在者**(das alles Seyende)本身就不可能是一个特殊的或个别的存在者,而只能是**上帝**——正因如此,上帝本身绝不可能是任何一个**特殊的**或**个别的**东西。

此外,人们也可以这样来理解"泛神论"概念:尽管没有什么个别的东西可以被称作上帝,但世界作为统一体或**大全**(das All),毕竟被认为等同于上帝,或像人们惯常说的那样,与上帝没有区别。但是,如果人们把这里所说的"大全"仅仅理解为有限事物的集合,那么说"斯宾诺莎没有把世界和上帝区别开来"

就是不对的。因为斯宾诺莎从头到尾都一直教导我们,上帝是一个通过自身而被理解的东西,是一个不以任何别的概念为前提的东西,而世界仅仅是**基于**上帝而存在的东西,只能被理解为上帝派生出来的东西,Substantia divina natura prior suis affec- [X, 46] tionibus [上帝实体在本性上先于它的各种分殊]。这个学说主张,上帝是绝对独立的,而事物是绝对非独立的,它在二者之间设定的区别真正可以说是 differentia totius generis [一个完全彻底的区别],因此在斯宾诺莎看来,正如不能把上帝称作个别事物,同样也不能把上帝称作一个仅仅由个别事物堆积而成的世界。斯宾诺莎甚至不厌其烦地补充道,Substantia infinita in se considerata et sepositis suis affectionibus [无限实体坚守在它自身内,远离它的各种分殊],唯有这个实体才是上帝。余下来只能说,在斯宾诺莎看来,虽然世界不是上帝,但反过来上帝却是世界,换言之,上帝是一般意义上的世界,也就是说,通过上帝的存在,这个存在的全体规定也被直接设定了。但从这里却不能得出,一切东西都是上帝(而这是人们通过"泛神论"这个词表达出来的意思),而只能说,**上帝**是一切东西。但在这里,对于**所有**体系而言,要表明上帝如何并且在何种意义上不是一切东西,表明上帝如何把某个东西绝对地排除在自身之外,这反倒是非常困难的。进而言之,"上帝是一切东西"这个命题的意思并不是说,上帝按照**他的**本质而言是一切东西,因为上帝的本质始终是单纯的(先于各种分殊),是一个单一体。毋宁说这个命题仅仅意味着,上帝按照他的**存在**而言是一切东西;只有那个把自己的存在全部展开,仿佛脱离了自身的上帝,而不是那个停留在他的本质之内、自在的、隐蔽的上帝,才是存在的全体规定。这是一个非常重要的区分,而人们习惯性地总是忽视了它。尽管如此,即使人们说"上帝基于或按照他的存在而言是存在的全体规定",这个区分也还不能保障人们以一种正确的方式去思维和谈论上帝,而如果人们(以一种语言上不太正确的方式)想要把这种学说称作泛神论,那么他们对于"泛神论"这个**概念**真的是缺乏一个裁断。而对此作出裁断乃是哲学自身的事情。

至于人们对于斯宾诺莎的另外一些指责,如果仔细考察的话,其实都是无的放矢,因为任何一个指责,只有当它把正确的和真实的东西摆在被指责者面前,它才可以说是有的放矢的。

[X, 47] 比如,人们没有权利去指责一名将军打了败仗,倘若他们不能指出,他如何能够避免败仗或赢得战役。这一点尤其适合于那个认为斯宾诺莎没有区分上帝和世界的批评意见。只要人们一直没有明确规定统一体的**样式**(虽然每一个体系都必然认为上帝和世界属于同一个统一体,但区分无论如何不应当归结为一种流于形式的分离),只要人们一直不能指出那个区分的边界之所在,那个对于斯宾诺莎的指责就始终是无的放矢。同样的情形也适用于另一个同样流行的指责,即认为斯宾诺莎否认上帝的人格性。诚然,在斯宾诺莎看来,上帝不具有一种有别于他的本质的存在。上帝**仅仅**是他的本质,而他的本质是一个普遍的本质,一个普遍的实体。除此之外,上帝相对于世界也没有表现为一个**自由的**、亦即具有人格性的东西;世界是从上帝的存在派生

出来的，而由于上帝按照他的**本性**必然存在着，所以世界也是从上帝的本性派生出来的。但是，就连某些主张上帝具有人格性的哲学家也被迫承认，从科学的概念来看，上帝的人格性是难以理解把握的，而只要科学的概念还一直处于这种状态，那么对于斯宾诺莎的指责也不会具有任何说服力。

因此就斯宾诺莎主义而言，明白无误地只有这一点，即它是一个以单纯的必然性为旨归的体系，也就是说，它把一切都解释为从上帝的本性那里必然派生出来的东西，而不是解释为上帝通过他的意愿而造成的自由的、偶然的后果。然而这不是一个单单适用于斯宾诺莎主义的指责。

一般而言，斯宾诺莎的学说是一个必然性体系。由于这个局限，这个体系也是一个没有展开的体系。原因尤其在于，斯宾诺莎的实体是一个完全静止不动的实体，它僵化而静止地仅仅存在着，迷失在它的存在里面，而不是在这个存在里面把握自己并且提升自己，并因此而独立于这个存在。现在，既然斯宾诺莎主义是一个未展开的必然性体系，那么人们首先会期待，在那些直接后继的学说里面，能够进一步展开这个必然性体系，而不是去克服必然性本身。因为人类精神的本性在于，尤其当哲学取得进步的时候，既不要把任何东西未经讨论就丢在一边，也不要放弃本原，而是要穷尽本原的一切后果。在这个过程中，对于斯宾诺莎和他的后继者而言，始终不乏相反的追求和尝试——但是当他们反对那个未展开的东西的时候，那个东西恰恰通过矛盾而获得一个更高层面的发展，获得另一些全新的力量，并重新

[X, 48]

站立起来,而早先的指责仅仅适用于那个东西的未展开状态,对于它现在的状态却是无能为力了。

在哲学的前仆后继的发展过程里,紧接斯宾诺莎体系的是**莱布尼茨体系**。长久以来,人们对于莱布尼茨体系赞誉有加,认为它与斯宾诺莎针锋相对,仿佛埋葬了斯宾诺莎的本原。然而实际情形完全是另一回事。斯宾诺莎主义最让人抵触的地方在于,上帝就其属性之一来看,是一个广延实体。现在人们说,莱布尼茨在根本上清除了广延,把一切都精神化了。但是,当莱布尼茨清除广延的时候,**在他的那个意义上**,斯宾诺莎同样清除了广延,而当斯宾诺莎保留广延的时候,在他的那个意义上,莱布尼茨同样保留了广延。莱布尼茨说,实体是**单子**;对此我们暂时满足于这样一个解释,即莱布尼茨认为实体是一种**精神性的**实体。但这个概念首先只是针对一个关于物质的糟糕观念,即以为物质是一种复合物。莱布尼茨说,无论我们所称的广延,还是我们所称的思维,自在地看来,都仅仅是一种精神性的实体。但如果人们正确理解了斯宾诺莎,那么他其实也是同样的观点,因为他不只一次断言道,广延作为上帝的属性,真正看来(或就它**存在着**而言),既不可能分割为许多部分,也不可能由许多部分组成,毋宁说它是一个绝对单纯的东西;同理,物质作为**实体**也是不可分的、非组合而成的;只有当人们以一种抽象的方式来看待它,把它看作是一种脱离了实体的东西,它才显现为可分的和组合而成的东西。但如果人们**把物质性东西仅仅理解为复合物**,那么斯宾诺莎所说的广延或从广延属性看来的实体就和莱

[X, 49]

布尼茨所说的表象一样,都是精神性的。在斯宾诺莎看来,只有按照一种错误的和不恰当的观察方式,物质才是可分的或由许多部分组成的,正如在莱布尼茨看来,按照一种单纯模糊的观念,物质也会显现为这个样子。莱布尼茨同样没有断然否定,作为假象的物质是可分的。莱布尼茨同样也把他称之为单子的那些单元看作是一切物质性东西的最终的、精神性的要素。**单独的**单子就其自身而言都是绝对无形体的,是一种纯粹的表象能力(因为他认为,一切存在者的本质都在于作为表象能力而存在,只有那进行着表象活动的东西才**存在着**);但是许多单子组成一个整体,这个整体由一些相对低级和一些相对高级的单子构成,最后上升到唯一的一个支配性单子。如果谁能够像上帝那样观看这个整体,即把它仅仅看作一个由各种纯粹精神性的力以互为前提的方式联系起来的整体,那么他不会发现什么有形的广延。然而这个世界上的个别存在,比如人,并没有处于那个视觉中心,并从那里观看事物的样子,而是远离那个中心,于是在这种情况下,由于单子相互之间的推移,就产生出一个模糊的表象,而这个模糊表象所看到的单纯假象或单纯现象就是有形的广延物,比如彩虹之类本身并不具有实在性的东西。在斯宾诺莎那里,那通过单纯抽象的观察方式,通过脱离自在不可分的实体而产生出来的东西——即"可分的物质"这一假象——在莱布尼茨这里是通过一个模糊的表象产生出来的。每一个有形的物在本质上都仅仅是一个由精神性的力所构成的整体,假若我们能像上帝那样充分完全地观看它们,那么我们看到的无非都是精神性的东西。唯有模糊的表象才制造出形体假象。

[X, 50] 　　至于这两种解释里面哪一种是更合理的,我不愿意去讨论。我指出这一点,仅仅是想表明,如果人们把单子理解为单纯的精神性的东西,那么对于斯宾诺莎而言,物质作为真正的**实体**也是单纯的和不可分的。因此在这个问题上,莱布尼茨的观点并不比斯宾诺莎的观点更为优越。反之,两人的**根本上的**巨大差别在于,斯宾诺莎认为两个属性之间有一个现实的对立,尽管**他**并没有利用这个对立去推动发展,而这个对立本来是可以好好利用的。哪里有对立,那里就有生命。而与斯宾诺莎相反,莱布尼茨是一个绝对的一体论者(Unitarier),如果我可以这么说的话。除了精神,他不承认任何东西,在他看来,没有什么东西是非精神性的或与精神相对立的。各种差别在他看来真的仅仅是一种量的差别——有些单子更为完满些,有些单子不那么完满;有些单子处于无意识的状态,有些单子具有意识。只不过莱布尼茨既不能指出这些差别究竟是从何而来的(因为他不承认任何**自在的非精神性的东西**或自在地与意识相对立的东西),也说不出为什么毕竟有这样一种差别。就**这个**方面而言,莱布尼茨的单子论相比斯宾诺莎并没有更多的收获。

　　但人们认为,在另一种意义上,单子概念包含着斯宾诺莎的对立面和矛盾面。也就是说,每一个单子都是一个狭窄的、完全封闭在自身内的实体,因此有多少单子,就有多少实体或中心,而不是像斯宾诺莎所主张的那样,只有唯一的一个实体。然而莱布尼茨意义上的那种众多实体,也是斯宾诺莎所主张的观点,亦即实体的无穷多的变形,而在这个意义上,莱布尼茨最终必然和斯宾诺莎一样,最终承认只有唯一的一个实体。正如我们已经指出的,莱布尼茨认为,众多单子处于一种归属和统摄的关系之中,这就促使他走向一个原初单子,一个支配着一切的单子,一个世界单子。这个原初单子就是上帝,而上帝**也**是唯一的**实体**。如果人们像斯宾诺莎所说的那样理解实体：id, cujus conceptus non eget conceptu alterius rei [这样一个东西,它的概念不依赖于另一个物的概念],那么莱布尼茨心目中的实体真正说来也是这样的。

一切的关键仅仅在于,那些派生出来的、依赖于原初单子的单子与原初单子是什么关系？这里我想引用莱布尼茨自己的一段话：Deus solus est unitas primitiva, sive substantia originaria (= cujus conceptus non eget etc.), cujus productiones sunt omnes monades creatae aut derivatae, et nascuntur, ut ita loquar, per continuas Divinitatis fulgurationes, per receptivitatem Creaturae limitatas, cui essentiale est, esse limitatam. [唯有上帝才是原初统一性或原初实体(他的概念不依赖于任何东西),所有被造的或派生出来的单子都是他的产物;也就是说,通过神性的持续闪耀,通过被造物——它们在本质上就注定作为有限者而存在——的有限的接受性,单子被生产出来。]也就是说,在莱布尼茨看来,唯有上帝才是原初实体,其他实体都是上帝**生产出来的**。斯宾诺莎没有使用"生产"(produzieren)这个词语,或者说他仅仅不经意地使用过这个词语。对斯宾诺莎而言,事物是一种纯粹的

[X, 51]

逻辑流溢物。因此问题在于,"生产"这个词语在莱布尼茨这里究竟是什么意思?遗憾的是,莱布尼茨不是给我们一个概念,而是给出一个**形象的说法**——通过神性的持续的**闪耀**或**闪电**(Ausblitzen oder Wetterleuchten),产生出个别的、派生出来的单子。然而这样的派生是某种太过于飘渺的东西,根本不能用来解释事物的规定性。

对于事物的规定性,莱布尼茨是这样解释的:那种闪电由于被造物的接受性而遭到限制,也就是说,被造物只能在某种程度上接纳上帝。既然如此,那么人们必须断定,被造物在存在之前就具有一种接受性,因此莱布尼茨说,被造物在**本质**上就注定作为有限者而存在。诚然,如果被造物**存在着**,那么它们是这个样子。但问题恰恰在于,被造物是如何产生出来的,确切地说,限制是如何产生出来的呢?现在,既然限制不可能来自于一个尚未**存在着**的被造物的有限的接受性,而且这种限制的根据同样不可能包含在神性的无限**权力**之内,所以我们很容易发现,限制只能是以上帝的意志为根据。但莱布尼茨并没有这样**说**,尽管他看起来不得不这样说(因为他很重视被造物所遭受的限制)。当他回避这种如此明显的说法,这就已经表明,整个这一切是什么意思。也就是说,借助那个优美的闪电形象(在这里上帝仿佛被看作是一朵孕含着实在性的云),他仅仅想说:被造的单子以一种安静的方式(无须自己的任何行为)派生自上帝或上帝的本性,就跟在**斯宾诺莎**那里一样。他仅仅使用了一种物理学的形象说法,正如斯宾诺莎仅仅使用了一种几何学的比喻,但实际上

[X, 52]

双方的结论是一模一样的。

莱布尼茨所使用的那个形象可以追溯到古老的流溢形象。但斯宾诺莎同样也是一个流溢论者，只不过不是物理意义上的流溢论者，而是逻辑意义上的流溢论者。诚然，斯宾诺莎并不认为，那些流溢出来的东西脱离了它们的源泉，成为一种外在的东西，而人们通常理解的"流溢"却是这个意思——至于人们是否在过去的某个体系（比如犹太教神秘主义）里面确实是这样理解"流溢"的，这尚且是一个巨大的问题。毋宁说对斯宾诺莎而言，那从上帝那里派生出来的东西，仍然保持在上帝之内，因此人们可以把他的学说称之为一种内在性的流溢说。但对莱布尼茨而言，那些纯粹的单子同样也是在上帝*之内*。因为只有当人们把单子看作位于上帝*之外*，才会出现形体。反之，一个真正的差别已经包含在前面指出的情形里面。斯宾诺莎虽然刚开始并没有使用那个差别，但是他毕竟在最高本质里面设定了一种原初的二元性，这种二元性始终能给他一个工具，用来解释有限实物的创造；而莱布尼茨却完全缺乏这样一个工具。

此外需要指出的是，莱布尼茨的那些说法仅仅解释了单纯单子的产生，但还没有解释事物的产生，尽管他宣称，事物是由一堆或一串单子构成的。因此真正说来，那从上帝那里流溢出来的，必然不是单子，而是这样一些全体、集合或体系，换句话说，莱布尼茨尤其应当解释，它们如何通过上述方式结合在一起。这些问题不值得我们费力气继续去探究，因为前面所说的那些话已经足以让我们相信，对于莱布尼茨这样一位深思熟虑的人士,公正的评价应当是,他的单子论充其量只是一种猜想,他绞尽脑汁想出这个东西,也许只是为了勉为其难与斯宾诺莎主义相抗衡,仿佛这样就可以消除世人对于斯宾诺莎主义的担忧。从一个方面来看,莱布尼茨真的成功地让人觉得这个猜想是一个重要的东西,因为通常说来,世人总是关注一些旁枝末节的事情,所以笛卡尔关于 de commercio animi et corporis [身心交感]的问题一度成为了最重要的问题。在这个问题上面,莱布尼茨和笛卡尔分道扬镳。莱布尼茨是彻底的反二元论者,在他看来身体和精神是一回事,因为二者最终都追溯到单子概念。就此而言,他不必面对笛卡尔曾经遭遇的**那个**困难。在莱布尼茨看来,每一个单子都是一个绝对的中心,一个自足的宇宙,一个封闭的世界,一个纯粹的自我性,没有任何东西能够从外面闯进来。莱布尼茨说,单子没有让事物流通的窗户。既然如此,这些彼此完全独立的单子如何达到和谐一致呢?换言之,如果单子的本质在于单纯的表象,每一个单子都仅仅是一个独特而独立的 vis repraesentativa [表象能力],是一个 centrum repraesentativum Universi [表象世界的中心],而这个中心又以别的中心的表象为表象,既然如此,一个单子如何能够规定其他单子的表象呢?尤其是应当如何解释那个支配着我的有机组织的单子(即身体的直接灵魂或单纯的动物灵魂)与那个更高级的单子(即理性灵魂)之间的内在而直接的关系呢?对此莱布尼茨回答道:"二者处于这样一种相互规定和相互测算的情形,即理性灵魂按照它的那些表象的纯粹的内在演化,在无需超出自身的情况下,

[X, 53]

获得身体内发生的一切事情的表象，**就好像**灵魂受到身体刺激似的。"但谁看不出来，这仅仅是斯宾诺莎主义的一种改头换面的说法而已呢。因为斯宾诺莎说"灵魂无非是身体的直接概念"，而莱布尼茨只不过把这里的"概念"替换为他的那个含混不清的术语，即"表象能力"。然后莱布尼茨接着说道，身体按照它的演化的内在规律，并通过它的运动，表达出灵魂之内发生的一切事情，就好像身体的这些运动是由灵魂所规定似的；身体和灵魂就像两个钟表（这是莱布尼茨自己使用的比喻），钟表匠在制造它们并上紧发条的时候，就让双方在对对方一无所知的情况下，走得一样精准。这就是著名的所谓的"前定和谐体系"，尽管它在**他那个**时代成为一个穷篇累牍的评论对象，成为一个翻来覆去讨论的话题，但在今天最多只能被看作是一件哲学上的古董，并且让人惊叹于德意志精神的耐性，即德国人竟然能够如此长久地关注这类如此不自然的、同时又如此旁枝末节的观念。 [X, 54]

　　如果我们按照之前所说的一切，仅仅把莱布尼茨主义看作是一种改头换面的斯宾诺莎主义，那么我们也至少应当赞美莱布尼茨主义的一个卓有贡献的方面，即它从未满足于仅仅以抽象的方式谈论事物，毫不考虑事物的差别和层次分化。**莱布尼茨**第一个把无机的、总的说来所谓的僵死物体的世界称作一个**沉睡着**的单子世界，把植物和动物的灵魂称作仅仅处于**睡梦中**的单子，把理性灵魂称作清醒的单子。尽管他仅仅是以一种形象的方式表达出了这种层次分化，但他毕竟没有忽视它，而是把最初的开端（亦即自然界的唯一本质）看作是一个按着必然的秩序而走向自身的过程（zu-sich-selbst-Kommen），就此而言，这个开端可以被认为是后来那种更有生命力的发展过程的最初萌芽。这个方面还不是莱布尼茨学说的最美和最好的一个方面，后一个方面主要体现在莱布尼茨为著名的萨沃亚欧根亲王①写作的体系论纲里面，这份论纲因此被命名为《致谢欧根亲王论纲》（*Theses in gratiam principis Eugenii*）。这份论纲同时证明，那个时代的伟大将军和君王们远比今天人们所赞誉的那样更加投入到哲学研究之中——话说回来，欧根也不是一个德国人。

除此之外，就莱布尼茨与斯宾诺莎的关系而言，正如我们已经指出的，前者造成的影响仅仅在于，把斯宾诺莎体系的思辨意义从他那个时代以及随后时代的思想中排挤出去。尽管莱布尼茨很少或充其量只是闪烁其辞地谈到他与斯宾诺莎的关系，但我们可以看到，莱布尼茨并不是斯宾诺莎的反对者，毋宁说他是斯宾诺莎的一个聪明的辩护者和调和解释者。主要在这个意义上，莱布尼茨写作了《神正论》，这本书虽然没有提到斯宾诺莎的名字，但却无疑是以之为前提，只不过不是为了迎合斯宾诺莎，[X, 55] 而是企图离开他、逃避他。这部著作的内容是为上帝作辩护，解释上帝为什么容许世界上存在着恶和灾难。但是，追问恶和灾难在世界上的起源，并打算为处于这个关系中的上帝作**辩护**，这

---

① 欧根亲王（Prinz Eugen von Savoyen, 1663-1736）属于高级贵族阶层，其家族与西班牙、法国、奥地利和德国的王室有着密切联系。他在20岁的时候成为奥匈帝国的将军，从此效力于哈布斯堡家族，战功赫赫，为奥匈帝国当时称霸欧洲（尤其是南欧）作出了重大贡献，被称为哈布斯堡家族的利剑。除此之外，欧根亲王非常喜爱收藏艺术品，他是当时欧洲文化界最著名的赞助者之一。——译者注

个做法已经事先断定,上帝与世界之间是一种自由的关系。因为,假若世界是上帝本性的一个纯粹必然的**后果**,那么**真正看来**(即按照事物和世界之派生自上帝本性的样式和方式看来),可以说世界既没有真正的灾难,也没有真正的恶。但这个问题并不是莱布尼茨自己提出来的,而是一位显赫人物交给他的任务。附带说一下,这位显赫人物就是不伦瑞克选帝侯索菲公主①,她的后代至今掌控着大不列颠的王冠。之前我们说过,普法尔茨的伊丽莎白公主曾经是笛卡尔的庇护人(没有人会忘记普法尔茨家族对于科学和艺术的关照,该家族的卡尔·弗里德利希亲王曾经为斯宾诺莎提供了一个海德堡大学教授席位②),而索菲公主作为莱布尼茨的伟大庇护人,要求莱布尼茨解答那个问题。面对这个任务,莱布尼茨不得不提出上帝和世界及事物之间有另外一种关系,即有别于斯宾诺莎和他自己按照他的单

---

① 索菲公主(Kurfürstin Sophie von Braunschweig-Lüneburg, 1630-1714)出自普法尔茨家族,通过联姻成为不伦瑞克的选帝侯。根据英国国会1701年颁布的《工位继承法》(Act of Settlement),她的儿子格奥尔格·路德维希(即乔治一世)于1714年继承了英国的王位。——译者注

② 邀请斯宾诺莎前往海德堡大学任教的不是卡尔·弗里德利希,即前面(X, 8)提到的"冬天国王",而是他的儿子卡尔·路德维希亲王(Karl I. Ludwig, 1617-1680),索菲公主的哥哥。卡尔·路德维希亲王在1673年给斯宾诺莎的邀请函中同时表明:"你将有充分的自由讲授哲学,深信你将不会滥用此种自由以动摇公众信仰的宗教。"斯宾诺莎最终谢绝了这个邀请,理由如下:"但是由于公开讲学从来不是我的意向,因而考虑再三,我终不能接受这一光荣邀请。因为,首先我认为,如果我要抽出时间教导青年人,那么我一定要停止发展我的哲学。其次我认为,我不知道为了避免动摇公众信仰的宗教的一切嫌疑,那种哲学思考的自由将应当限制在何种范围。……尊贵的阁下,这样您就会看到我不是没有向往幸运的希望,但是由于一种对宁静生活的爱——这种爱我认为我在某种程度上是能够获得的——我不得不谢绝这一公共的教职。"参阅《斯宾诺莎书信集》,洪汉鼎译,北京:商务印书馆1996年版,第201页。——译者注

子论原则而提出的那种关系。

  于是莱布尼茨这样设想上帝,仿佛上帝在一切时间之先曾经有过一番思想斗争:1) 在那些必然的限制里面,其中一个限制是一个虽然有别于他、但却必然从属于他的世界,既然如此,较好的做法是把这个世界创造出来呢,还是完全对其置之不理? 2) 那些**不可避免的**限制必然会导致物理上的灾难和道德上的恶的出现,既然如此,在事物的各种可能的秩序里面,哪一种秩序相对而言是最好的呢? 莱布尼茨认为,上帝在经过这些考虑之后,决定创造出**当前这个**世界,这个世界虽然不是**绝对**最好的,但在那些前提下毕竟是最好的。这就是人们把莱布尼茨学说称之为"乐观主义"的由来。①

[X, 56]   既然如此,那么莱布尼茨应当主张:1) 世界是在时间之内**产生出来**的;2) 世界之前有一段时间,因此世界不是只有一个逻辑上的起源,而是有一个实实在在的、历史的起源。然而《神正论》**刚刚**出版(或至少是出版**之后没多久**),人们就怀疑莱布尼茨的这些表述是否出自真心实意,有一位人物(当然这人由于他的极端无聊而是不太可信的)甚至希望莱布尼茨亲自给他一份书面声明,承认他自己就把他的整个神正论学说看作是一种纯粹的 lusus ingenii [思想游戏]。假若让我对此发表意见,我更愿意相信,莱布尼茨是把他的单子论看作是一种纯粹的 lusus ingenii [思想游戏],把它拿来与同时代的以及之前的哲学家的学说

---

① "乐观主义"(Optimismus)的词根来源于拉丁语的"最好"(optimum)一词。——译者注

相抗衡,反之神正论才是他真正严肃对待的。一方面,莱布尼茨这人太老练了,另一方面,他又太天才了,因此他完全有可能把他的单子论仅仅看作是一种权宜之计。①不管人们怎样看待这个问题,如果大家正确理解了神正论,那么真正重要的地方在于,不是把它看作斯宾诺莎主义的真正对立,而是把它看作斯宾诺莎主义的一种温和的、调解式的解释。莱布尼茨从被造物的必然的有限性推导出世界里面的恶。但在这方面他和斯宾诺莎的观点毫无区别:"那在恶里面表现出来的力量,在肯定的意义上看来,和善里面的表现出来的力量是同一个东西;前者虽然相比后者而言不太完满(**较少**肯定性),但自在地看来(亦即不考虑比较),本身仍然是某种肯定的东西,也是一种完满性。我们所称之为恶的那种东西,仅仅是较低程度的肯定东西,只有按照我们的比较,它才看起来是某种缺陷,但是在本性上或在整体里面却没有任何缺陷,因为这种减量也为整体的完满性作出了贡献。"——这是斯宾诺莎的真正的观点,而且它在斯宾诺莎的体系里面是完全正确无误的。而在莱布尼茨看来,恶里面同样只是有限性的加量和肯定性的减量。无论是一个东西里面的肯定性的加量,还是另一个东西里面的肯定性的减量,都同样为那个可能的最好世界作出了贡献,正如在自然界里,某一方面的肯定东西的超重必然会导致另一方面的否定东西的同样程度的超重,而在道德世界里面也是如此。

莱布尼茨主要通过区分上帝意志和上帝理智来为"上帝容

---

① 参阅《谢林全集》第二部分,第1卷,第278页(XI,278)。——原编者注

许恶"作辩护。他说,上帝不可能违背理智,而理智必然会认为,被造物无论**在整体**上还是就个别而言都是具有不同程度的有限性。因此这个有限性(随之恶的可能性)就不依赖于上帝意志,而上帝所意愿的不是有限性,而仅仅是善。莱布尼茨认为,必须为"上帝容许恶"作辩护,但他采用的唯一办法,就是让恶立足于有限性,亦即立足于某种缺陷或褫夺。无论如何,恶比单纯的有限性包含着更多的东西,因为在一切被造物里面,恰恰只有最完满的(亦即受到最少限制的)被造物才有能力作恶,更不要说按照莱布尼茨反复强调的一条基督教教义,魔鬼并不是最受限制的,毋宁说它是一个最不受限制的被造物。莱布尼茨的说法也许能够解释那种低级的或普通的恶,但却不能解释那些表现在重大现象里面的恶,即那些在世界历史里面与最高的能量和优点结合在一起的恶——它们不仅具有精神力量,甚至具有道德力量。也许人们会补充道,按照莱布尼茨的学说,即便是那些重大的恶,也必然为世界的完满性作出了贡献,就此而言它们本身也是一个完满的东西。但他们没有认识到,这里应当有一个区别。人们也许会说,莱布尼茨主张(尽管他根本没有论证这件事情)上帝的内心里有一个自由的决断,不管怎样,这就为整体带来了一丝温和的光线。但最终说来,难道这个决断不也是属于

[X, 58] 上帝的本性吗?上帝能够拒绝这个决断吗?当然不能。因此即使就上帝而言,这个决断本身也是一个必然的决断。莱布尼茨为了淡化这种必然性,就把它称作一种**道德上的**必然性。但是,如果像莱布尼茨所主张的那样,道德上的必然性——即必然选择善,并在给定的条件下必然选择最好的东西——属于上帝的

本性或**本质**，那么这不过是一个尝试，去调和并解释必然性，而不是去扬弃必然性（对斯宾诺莎而言，正是借助于这种必然性，万物从上帝的本质里面流溢出来）。莱布尼茨制造了一个虚假调和的假象，仿佛只要必然性是仅仅基于上帝的**道德**本性，那么这就不会走向一个完全以必然性为旨归的体系；要清除这个假象，我们只需简单思考一下就足够了。诚然，在通常流行的唯理论观念里面，其中一个观念认为，上帝按照他的本性无论如何**只能行善**，而这里所说的"善"，被理解为遵循道德法则。然而上帝凌驾于一切法则之上，因为**他本身**就是法则。上帝作为主人 jure absoluto positivo [具有绝对肯定的权利]，之所以如此，因为**他存在着**；在他之前和之外没有什么他所必须意愿的善，只有在他之后，作为他的后果，才有善；只有他所意愿的东西，才是善，只**因为**他意愿那个东西，那个东西才是善（而非自在的善），而如果他不意愿它，它就不是善。如果人们清楚地意识到这一点，专心致志地认识到这一点，就会发现，那个习以为常的学说，"上帝只能行善"，乃是一个同语反复的命题。因为只有上帝所做的事情才是善，既然如此，上帝当然只能行善。谁如果对我们这个时代的情况略有了解，他就会知道，"上帝只能行善"这个命题打着道德必然性的幌子完全扬弃了上帝之内的自由，因此它是唯理论的最终据点，而唯理论居然妄自以为，世界上只有它才是道德的；除此之外，由于唯理论执意反对天启宗教的肯定性因素，所以它实际上也走到了哲学里面的一切肯定性因素的对立面。

看起来，我们对于莱布尼茨的总体评价不是那么有利。尽管如此，这个评价并不会损害这位人物的真实精神。他的哲学不一定是**他自己**的哲学,毋宁说其中一大部分是他那个时代的哲学,亦即他那个时代唯一能够承担的哲学。无疑,莱布尼茨的精神视域比他所宣称认识到的东西开阔得多。他仿佛天生具有一种神奇的目光,无论这种目光接触到哪个对象,那个对象都会揭示自身。莱布尼茨具有开阔的和包罗万象的精神,他的理念带来了丰硕的成果,他天生就具有一种非同寻常的天赋(这种天赋无论在哲学、诗还是在任何一种人类活动中都是非常罕见的),擅长各种意义深远的发明——基于所有这些原因,莱布尼茨永远都将是德意志民族的骄傲。他的精神主要是调和性的,而非革命性的,而由于他天生是一个性格安静的人,所以他的精神总是以**步步为营**的方式前进。他总是做一些切实可行的事情,总是努力把各种极端观点统一起来,而不是自己树立各种极端观点。如果说他虽然具有一切如此伟大的特征,却没有完全做到他本来能够做到的一切,那么人们必须考虑到他那个时代的不可克服的死寂状态,当时三十年战争刚刚结束,整个德国处于一片悲惨的境地;近代哲学之父笛卡尔是在这场战争结束之前两年去世的,他的一生中的绝大部分时间也是在战争期间流逝。莱布尼茨出生于威斯特法利亚和平协议(1646)缔结之前两年。看起来,那些通过内在生命的本原而重新激发起来的精神运动,与各种外在的运动始终处于某种关联之中。康德的哲学是和法国大革命同时失败的[1],而在康德的直接后继者里面,还没有谁能够活着看到这个政治动荡的时代的终结。在这个时代

---

[1] 参阅谢林悼念康德的文章,见《谢林全集》第六卷,第4页(VI, 4)。——原编者注

里,人们看起来能做的事情,就是不断地用一个新的、更大的误解来纠正之前的误解。

现在看来,莱布尼茨的主要目标是重新调和笛卡尔带入到哲学里面的革命因素,同时反对斯宾诺莎的**客观的**唯理论。后者实际上是一种过于匆忙的唯理论,也就是说,它过早地企图终结那种自由的科学辩证法。莱布尼茨反对这种僵化的唯理论,重新确立了一种自由的、远未穷尽自身、尚未到达终点的辩证法。因此不可避免的是,为了反对客观的唯理论,莱布尼茨不得不提出一种主观的、纯粹反思性的、对主观的合理性进行论证的哲学。从这里产生出一个自然的结果,特别是当**克里斯蒂安·沃尔夫**通过无聊的遐想掌握了莱布尼茨的理念之后,出现了**另一种**唯理论或理性主义,它尤其在宗教里面长期占据着支配地位。第一批神学理性主义者是纯粹的沃尔夫主义者,在他们异军突起的那个国家里,沃尔夫哲学在很长一段时间里面都仿佛享受着特权哲学的地位。是莱布尼茨把人们的目光重新导向古代的形而上学,就此而言,可以说他是康德**之前**的学院派形而上学的间接创立人或发起者。而康德和这种较新的形而上学之间的关系,大致相当于笛卡尔与古代的形而上学之间的关系。

[X, 60]

经院哲学的形而上学的普遍特征被较新的形而上学完全继承下来,它们主要表现在以下几个方面:1) 以某些普遍的概念为前提,这些概念被认为是伴随着理智本身而直接给定的。莱布尼茨从很早开始就致力于捍卫这些概念之相对于感性经验的优先性和独立性,随之捍卫那种立足于普遍概念的必然性和普遍性,以此反对天赋观念论的敌人。2)除了那些普遍的概念之外,也以经验中给定的某些对象为前提。这些对象不仅包括现今大家认为专属于经验领域的那些对象(人们在这里理解的"经验"仅仅局限于"感性经验"),而且也包括灵魂、世界、上帝等等,至于后面这些对象的存在,人们一律认为这是一个给定的前提,而他们的目标是把它们提升为理性认识的对象。人们在这里采取的办法,就是把一些现成已有的概念**应用**到对象上面。这些概念包括"本质""存在""实体""原因"等名词,以及"单纯""有限""无限"等抽象的谓词。他们所关心的仅仅是,把预设的概念与预设的对象纳入到一种**外在的**联系之中,然后把这称作**证明**。然而他们所理解的证明根本不是对象的自身证明。在他们那里,对象不是通过它自己的推进运动或内在发展来表明自己是这样或那样一个东西,不是以一种内在的方式或者说在自身之内发展自身,直到它表现为人类灵魂。毋宁说,他们在一些众所周知的和预设的事物里面挑出一个事物,称之为"人类灵魂",然后试图把它和一个同样众所周知的谓词"单纯"(亦即"不朽")联系起来。因此在他们那里没有一个贯穿全部对象的体系,毋宁说这种形而上学在每一个对象那里都是重头开始,然后以一种非常方便的方式按着章节讨论各种不同的材料。在他们那里,不是同一个概念贯穿整体,在发展过程的每一个新的层面把自己规定为另外的概念,比如在这里把自己规定为物质(或更确切地说植物或动物),然后在那里把自己规定为人类灵魂。他们不是考察主体和谓词本身(因为他们已经设定这些概念),而是

[X, 61]

仅仅考察二者的**联系**,也就是说,他们考察的是某些具有固定形式的命题,然后把主体和谓词放在里面;诸如这类命题有"灵魂是绝对单纯的""世界就空间和时间而言要么是有界的,要么是无界的"等等(不过在宇宙论概念里,那种形而上学容许有某种自由)。康德后来在这个领域做了一些更有益的尝试,即指出这些相互矛盾的主张仅仅出现在宇宙论理念那里。但事情根本不是这样的。宇宙论理念之间的所谓的矛盾在神学和心理学里面继续蔓延。诸如"世界是有限的还是无限的""世界在时间里面是否有一个开端""世界是否是一个可以无穷回溯的因果链条"之类问题也影响着神学的理念,比如对于"世界是否有一个开端"这个问题,两个相反的回答必然会导致两个相互对立的关于上帝的观念。进而言之,"在世界里面,是否一切东西都是通过一个必然的、不可打断的因果链条而被规定的,不能通过任何自由的行为而被中断"这个问题也必然影响着理性心理学和神学。神学里面也有着完全一样的对立观点。其中一种观点认为,上帝是一个纯粹盲目地——亦即仅仅按照他的本性的内在必然性——发挥作用的本质,另一种观点认为,上帝是自由的,他毫无约束地主宰着自己的行动。这两种观点与"世界是有开端的"或"世界是没有开端的"那两种观点一样,相互之间都是**直接**对立的关系。这个矛盾之所以在神学理念里面没有尖锐地表现出来,那是因为人们在这些地方必须十分小心,另一个原因是,人们通过前面提到的"纯粹的道德必然性"这个概念找到了一个虚假的工具,以为这样就把上帝之内的自由和必然性统一

[X, 62]

起来。至于谈到世界的时候,人们就感觉轻松多了,经常顾左右而言他。某些神学家甚至认为,对于理性来说,上帝究竟是否自永恒以来就进行了创造,这是无关紧要的,无论肯定的或是否定的答案都没有什么区别。这类观点恰恰就是来源于那种莱布尼茨—沃尔夫式的理性主义。

这种形而上学的一个巨大缺陷在于,它把所谓的**形式逻辑**置于自身**之外**,不予理睬。后来人们指责康德,说他一方面在列举范畴或知性概念的时候借助于逻辑判断表的推导原则,另一方面在列举理性理念(这是康德的术语)的时候借助于推论的推导原则。然而康德的做法至少在这一点上面是正确的,即认为思维、判断、推论的形式—逻辑区分和形而上学概念的实质区分来自于同一个源泉。从另一个理由出发,当康德不假思索地从公认的判断表那里推导出范畴表(这里只是顺便提一下这个问题),他的这个做法证明了这个完全正确的意思。因为,假若他想要以一种发生学的方式推导出人类精神的这些单纯认定的形式,那么他就必须超出这些形式,并恰恰因此承认,它们并不是离不开人,不是绝对地依附于人。

[X, 63]

此外,就其专门的内容而言,这种形而上学划分为多门前后相继的科学。第一门科学是**本体论**,它的名称意味着,它应当包含着存在者的最初的和最普遍的一些规定,即一些在所有后来的证明过程中发挥支配作用的核心概念和原初概念。也就是说,本体论讨论一般意义上的本质和存在,讨论"可能""偶然""必然",讨论"原因"的不同概念,以及"一和多""无限和有限"等等。人们完全可以用一个省略号来结束这个列举，因为这种本体论既不能保障它自己的内容的完整性，也不能确保这些概念形成一个真实的体系，在其中相互呼应。同样，在这种本体论的各种表述里面，人们很难梳理出概念的一以贯之的秩序或先后顺序。根本说来，一个定义仅仅是一堆定义的集合，人们借助那个定义，模仿几何学的方法，而几何学方法的定义也是预先给出一些定义。因此更合适的做法，就是把这种本体论看作是一部为了让人理解随后的内容而撰写的词典，对哲学里面出现的各种表述和概念预先进行解释。一般说来，这门科学假定，人们能够不依赖于对象而自行掌握那些概念，因此那些概念经常也被称作先天概念，同理，整个后世对于先天概念和先天认识的理解，就是认为它们先于对象并且在脱离对象的情况下产生出来，殊不知对于真正的、从头开始的科学来说，对象必然和概念一样，都是先天的。

  第二门科学有时被认为是**理性心理学**，有时被认为是**理性宇宙论**。1）理性心理学的主要任务在于证明灵魂的绝对单纯性——这是一个完全与原子论物质观联系在一起的概念——而根本说来，它仅仅证明了，灵魂和人们所设想的物质不一样，不是组合而成的。但是，如果物质本身也不是组合而成的，如果"物质是可分的"或"物质是由一些部分组合而成的"等命题根本就不成立，那又该怎么办呢？2）从灵魂的单纯性出发，理性心理学应当证明灵魂是绝对不朽的。然而人们很早以来就怀疑这个证明的正确性。也许是因为人们觉察到了"不朽"这个概念概

[X,64]

念的冰冷和抽象,当谈到人死后灵魂的延续时,"不朽"比任何别的概念所表达的内容都要更贫乏。简言之,人们认可一切证明(包括经验的证明),比如从人类精神的完满性得出的证明,在这种情况下,人们必然会重新接纳一种求助于上帝的学说,这个问题后面将会讨论。而在理性宇宙论里,人们讨论世界的"创造",一个从传统那里继承来的观念。在这些地方,人们尤其讨论如下一些问题,比如"上帝是从永恒以来就已经创造世界呢,还是到了一个特定的时间才创造世界",此外还有"世界就空间而言是无限的还是有限的",以及"自然界的机械装置是否能够通过奇迹之类东西而被中断",甚至还涉及节俭法则(lex parsimoniae)、延续性法则等普遍的运动规律。

最后一门科学,作为一切科学的王冠,就是所谓的**理性神学**。关于上帝的存在(这是人们唯一关心的事情),人们认为有必要提出三个前后相继的证明,即本体论论证、宇宙论论证、自然神学论证。这个顺序本身就表明,三个证明中的任何一个都不是充分自足的。关于第一个证明,即本体论论证,我在讨论笛卡尔的时候已经解释过,所以我在这里只需把它的内容按着如今出现的形式简要复述一下。任何东西,就它仅仅是**一个**存在者,因而分有了存在而言,在我们看来,都可以脱离这个存在,**无须**这个存在——仿佛赤裸裸地,作为这样一个东西,仅仅把存在吸引过来,把存在当作自己的衣服。任何东西,就它仅仅是**一个**存在者而言,可以被看作是遭遇了(zukommt, advenit, accedit)存在,而在这种情况下,它同样也是一个**非存在者**,是一个纯粹的可能性(即可能把存在吸引过来)。或者同样的意思换一个说法：任何东西，就它仅仅**被规定**为存在而言，恰恰因此从非存在过渡到存在。首先(这是大前提)，它仅仅是就它的潜能或可能性而言存在着，但只有通过从潜能到现实(a potentia ad actum)的过渡，它才现实地存在着。但是(这是小前提)，设想在上帝之内有这样一种过渡，却是与"上帝"理念完全相悖的。——这个小前提是不可或缺的，因为这种形而上学不是从"**纯粹的**(亦即与潜能无关)存在者"概念**出发**，然后到达"上帝"概念，而是正好相反，从"上帝"概念出发，然后试图把"**纯粹的**存在者"这个谓词与上帝联系在一起。至于那个小前提本身，即"设想上帝之内有一种潜能，这与'上帝'理念相悖"，根本说来仅仅来自于一些被接受的概念，来自一种已有的学说，最终是来自一种传统的观念。——现在，从这两个前提能得出什么结论呢？只有一个结论：上帝是这样一个本质，它**只能**被设想为存在着，无论如何不能被设想为**不存在着**。但在这里人们恰恰看到，这只不过是上帝的**本性**的一个规定而已，而这个规定对于上帝的**存在**并没有陈述出任何东西。从"上帝"这个**概念**来说，始终只有一个意思，即他是一个纯粹的**存在者**，就像通常的那个拉丁语表述所清楚表明的那样：Deus est id, quod non *cogitari* potest nisi existens [上帝是这样一个东西，他不能被**设想**为不存在着]——他只能被**设想**为存在着，也就是说，如果他存在着，那么他作为存在者只能被设想为一个**纯粹的**存在者，不是已经 a potentia ad actum [从潜能过渡到现实]，而是**根本**与潜能无关。"上帝"概念的意思不是指他必然存在着，或者说他是一个必然存在着的本质，而是指他必然是一个存在者——亦即**单纯的**存在者或纯粹的存在者自身。不可否认，"上帝是一个必然的存在者"（Gott ist das nothwendig Seyende）和"上帝必然是一个存在者"（Gott ist nothwendig das Seyende）这两个说法是如此之接近，以至于出现误解是一件很自然的事情，而这个误解又为本体论论证提供了契机。

[X, 66]

但直到今天，这个误解都还没有得到澄清（对此人们只需看看黑格尔关于本体论论证的混乱表述就明白了）。尽管如此，在形而上学的各个学派里面，人们对于本体论论证始终抱有一丝怀疑。于是人们推进到第二个论证，即所谓的宇宙论论证。诚然，这个论证必定是通过一种完全不同的方式得出结论。因为人们在这里不是从一个单纯的概念出发，而是从存在（世界的存在）出发，但在这种情况下，人们也只能**推论出**存在；另一方面，如果仅仅从**概念**出发，那么无论如何不可能在结论里面达到存在。

更确切地看来，宇宙论论证基于亚里士多德已经使用过的一条原理，即如果在一个序列里面不断地追问原因的原因，那么**绝不**可能找到一个终极原因，因此这样一种 regressus in infinitum [无限回溯]根本不能解释任何东西。我所确定的最近原因其实**不是**原因，而仅仅是一个结果，因为它以另一个原因为前提，如此以至无穷。因此我仅仅是从一些结果推进到另一些结果，而这种 regressus in infinitum [无限回溯]真正说来不过是对于原因的持续**否定**。因此，要么我根本不能解释任何东西，要么我必须设定一个原因,它本身不再以任何别的原因为前提,而这就是**绝对原因**。诚然,我们只能在那个**纯粹的存在者**里面发现这个终极原因,因为如果一个东西不是纯粹的和绝对的原因,那么它也不可能是一个纯粹的存在者。通过这个方式,人们以为自己真正证明了上帝的存在,尤其是托马斯学派的那些经院哲学家们最为看重这个论证。但在这种情况下,为了捍卫这个论证,人们必须想象一个所谓的因果**链条**。我得承认,我从来没有清楚地理解把握这个东西。因为,如果人们不把自己仅仅限定在生物领域,从儿子追溯到父亲,又从这人追溯到**他的**父亲,如此一直到不确定的祖先,那么我实在看不出,人们如何能够在余下的自然界里面证明"父亲"的存在,因为自然研究在任何方向上都很快会触及到它们所不能逾越的界限。比如,尽管自然研究可以用磁流和电流来解释磁现象和电现象,但它并不能进一步解释这类物质,而是必须把它当作是某种原初存在着的或原初被创造出来的东西。即使人们把那个链条仅仅应用到自然界中的运动上面,那么运动所依附的**实体**也仍然没有得到解释,因为运动只能被看作是一个依附于实体的偶性。而如果人们把**事物**当作这个序列的要素,那么我们看到的,就不是**普遍的**自然界里面的一个因果链条,而是一个由普遍的交互规定所构成的体系。人们也许会说,这个特定的实体,比如这块金属 A,不能在自然界里存在,除非那另一块金属 B 也存在,因此金属 A 就它的存在而言依赖于金属 B;但我们立即就会发现,如果金属 A 不**存**在,那么金属 B 同样也不可能存在,也就是说,我们发现,规定是

[X, 67]

交互的，而不是单方面的。在物体相互之间的这种牢固的支持状态下，假若一个物体从事物的序列中消失，那么所有其他的物体也会消失——这种状态也许可以被看作是无机自然界。但这一点至少不适用于有机本质，因为经验表明，在一个有机本质的体系里，确实有这样的情况，即某些肢节的事实上的消失（或可能的消失）并不会危及其他肢节的存在。我指的不只是那样一类动物和植物，它们的残余部分保存在石化的印记或已经成为化石的骨头里面，不可能在当前的自然界里面被人发现；有些动物品种仿佛是在人类的眼皮底下消失的，看起来它们已经无影无踪，或者说已经完全灭绝了，既然如此，我们有什么理由认为这一切不能早点发生呢？即使我们愿意承认这样一个因果**链**

[X, 68] **条**，并因此达到"终极的决定性**原因**"这个概念，那么我们仍然难以确定，这个原因属于什么类型，它是一个盲目发挥作用的原因呢，还是一个自由的原因。一个盲目发挥作用的原因不一定依赖于另一个存在于它之外的原因，并在后者的规定下不得不发挥作用，毋宁说它也有可能按照一种内在的必然性而发挥作用。

对于宇宙论论证来说，有一个终极原因，好比亚里士多德所说的那个不被推动的第一推动者（τὸ πρῶτον κινοῦν ἀκίνητον），就完全足够了。本体论论证如果没有遭到误解的话，只能回溯到"绝对实体"概念，而宇宙论论证只能回溯到一般意义上的"**原因**"概念。

形而上学于是也从宇宙论论证推进到随后的论证，即自然神学论证，或者说自然—逻辑的论证。借助这第三个论证，形而上学看起来达到了上帝的存在本身,因为从自然界无论在整体上还是个别方面的合乎目的的机制出发,它所推导出的不再只是一个一般意义上的原因,而是一个理知原因。尽管如此,仅仅一般地设定一个理知原因还不足以解释自然界的合目的性,而且上帝作为单纯的理知原因也还没有被规定为**上帝**。因为就前一种情况而言,我们必须区分出两种合目的性:一种是单纯外在的、仅仅以外在的方式印在一个工具身上的合目的性,比如一台机器的合目的性——**这种**合目的性没有深入到质料之内,而是仅仅立足于某些部分的外在形式和外在联系;另一种是**内在的**合目的性,它仅仅出现在有机体里面,亦即形式和质料不可分割的地方。对于前面那种单纯机械式的合目的性而言,艺术家或制作者位于他的作品之外,而对于后面这种合目的性而言,艺术家或塑造者的行为必然寓于质料自身之内,与质料浑然一体。因此,尤其是在解释有机自然界的合目的性的时候,不能依靠一 [X, 69]
个一般意义上的或**普遍的**理知原因,而是必须依靠一个寓于质料自身之内的理知原因。但是形而上学不想要这种内在的合目的性,不想要一种寓于事物自身之内的原因,而是把上帝看作是一种始终外在于事物和外在于质料的原因。而这样一种不同于质料的原因虽然能够**意愿**质料的有机形式,但却不能产生出这种形式,因为,假若它产生出某种形式,那么这在任何情况下都只能是一种外在地印在质料身上的形式,而不是一种内在的、寓于质料之内的形式,但我们在有机自然界里面认识到的,却必然是后面这种形式。

因此单凭设定一个普遍的理知原因不足以解释自然界的合目的性。另一方面,"理智原因"或"理知原因"概念并没有完全涵盖"现实的**上帝**"这一概念。假若上帝仅仅是一个世界建筑师,他也可以说是一个理知原因。

单凭知性也不足以产生出一个具有质料的世界。在任何创造活动中,知性仅仅是**被使用**,而这恰恰表明,它不是那种真正的创造性力量。上帝之所以是独一无二的,根本原因在于他是一种创造**质料**的力量,如果不能证明或让人理解到上帝具有这样一种力量,那么上帝就始终还没有**作为**上帝而被设定。**单纯的**理知本性(以及自由的、道德的或善良的本性)概念并未包含着任何能够真正把上帝凸显出来的东西。因为人也是一种理知本性,至少他在某种程度上同样也具有智慧,以及力量、谨慎等其他道德属性。因此当人们把这些属性应用在上帝身上的时候,始终觉得有必要加上一些补充,也就是说,人们不是单纯把上帝称作智慧的、有能力的、善良的,而是称作全智、全能、全善。通过这类补充,人们恰恰想要表明,上帝在施展这些属性的时候没有受到任何**质料**的限制,也就是说,他本身也是一个创造质料的原因——即造物主,由此可见,那真正把上帝凸显为独一无二者的概念,不是一般意义上的"理知",而是"**造物主**"。因此即便是通过第三个论证,当时的形而上学也没有达到**严格意义上的上帝**(Gott als solcher)的概念。

[X, 70]

尽管如此,人们相信,通过这三个论证的依次出现或联系,已经证明了真正的上帝的**存在**,于是他们进而讨论**上帝的各种属性**。这真是一件奇怪的事情;因为人们应当想想,既然这些属性的组合构成了上帝的**概念**,那么他们必须首先弄清楚概念的意思,然后再去考虑如何证明这个概念的存在。关于上帝的所谓的各种属性,人们都是从传统的说法和通常的观念中得来的,因此他们可以轻松地把这些属性区分为两类。就其中一类属性而言,比如"永恒""无限""基于自身的存在"(a se Esse)等等,很显然,如果**没有**它们,上帝就不可能是上帝,因此这类属性可以被称作单纯的**否定**属性。如果一个本质不是永恒的、不是基于自身而存在,那么它**绝不可能**是上帝;尽管如此,单纯的永恒的或基于自身而存在的东西也还不是上帝。这类属性看起来就好像是上帝的自在的、先于自身(亦即先于他的神性)的属性,可以说上帝需要这类(先天的)属性,这样才能够作为上帝而存在。但是,既然斯宾诺莎的盲目实体同样也是永恒的、无限的、并且基于自身而存在,那么很明显,这类属性并不是**严格意义上的**上帝的属性。反之,另一类属性则是这样的,唯有**通过**它们,上帝才真正是上帝;换言之,它们是附加到上帝的神性身上的属性,因此可以被称作肯定属性。这类属性包括自由、理知、意志、预见等等,或者说一切包含着一个现实关系的属性。然而人们仅仅把这**两类**属性看作是**并列的**,却没有解释它们彼此之间是什么关系(没有解释前一类属性到后一类属性的过渡)。通常,当谈到那些肯定属性或所谓的道德属性的时候,人们试图用它们来驳斥斯宾诺莎主义;但实际上,人们之所以觉得自己能与斯宾诺莎的体系相抗衡,并不是因为使用了那个反驳,而是因为他们把上帝放置到形而上学的**尽头**,然后认为,这样就已经确保了事物的独立存在、人类行为的自由(以及让人关心的所有方面),还

[X, 71]

有上帝的无限、全能(它看起来使得一切存在于上帝之外的东西都是一种绝对的软弱无能)和全智(它看起来与人类行为的自由是无法兼容的)。这样一来,人们就安心了,但他们没有想想,现实中的上帝并不是在事物**之后**,而是在事物**之先**。

我曾经认为,出于各种理由,我在这里必须更加具体地阐述当时的那种形而上学。原因在于:1) 真正说来,它毕竟是当时唯一发挥作用、得到公开容忍和接受的形而上学:无论是笛卡尔还是斯宾诺莎的哲学,甚至是莱布尼茨哲学的真正思辨因素,都未曾得到学院派的接纳;2) 重要的是,我们应当知道,一种**完全**主观的、亦即始终位于对象**之外**的辩证法能够做什么,就此而言,如果我们把这种形而上学当作一种更高的哲学的**预习**,在大学里面讲授它,那么这始终是一件有益的事情。尽管我们可以在根本上仅仅把它看作是一种单纯反思性的、主观理性主义的哲学,但正因如此,它同时也容许人们具有某种思想**自由**或使用知性的**自由**,而既然这个类型的哲学思考是唯一适合于广大民众并且容易被他们接受的,那么它还是能够带来许多助益。因为广大民众在进行哲学思考的时候,不是想要纠正自己的观点,而是想要让自己满足于他们偶然接受的教育;他们不希望看到这样的事情发生,即他们通过教育而建立起来的思想大厦需要一种根本上的修正和重建,于是每一个人都认为自己先天地具有一个理性,这个理性赋予他权利,去预先规定他所愿意认可或不愿意认可的东西——也就是说,广大民众的最终目的,无非就是从**他们的**立场出发,同时又不必拘泥于这个立场,仅仅通过一些合理的言论或讨论来解释哲学的那些伟大对象。

学院派形而上学从一开始就纠缠于经院哲学的基本格局和烦琐辞藻，因此随着时间流逝，它越来越过渡到一种单纯反思性的哲学。在一个逐步激发出越来越多的活力的时代里，人们很快注意到了**事情**的关键之所在（即那种形而上学不是一种科学的哲学，而是一种单纯反思性的哲学），因此最终说来，每一个人都有权利（或认为自己有权利）进行单纯的反思，因为这种反思只需要一个东西，即每一个人赋予自己的那个普遍理性，但与此同时，却没有人认为，必须通过行为才能证明他确实具有那个理性。在这种情况下，学院派形而上学必然逐渐转变为一类没有形式的哲学，即一种纯粹的通俗哲学，最终陷入到一种彻底的群龙无首的局面。一个鼓吹所谓的**独立思考**的时代开始了，然而"独立思考"看起来只不过是一个重复啰唆的说法，因为不言而喻，每一个思考者都必须**独立**思考，没有谁能够代替别人去思考，正如没有谁能够代替别人去睡觉或消化食物一样。人们的看法是，借助那个普遍理性，每一个人都已经获得了完整的装备，能够对于哲学的一切对象形成一些合理的观念；人们宣称，每一个人都必须建立他自己的体系，至于一种要求具有客观有效性的哲学，充其量只适合在学校里面讲授，用来激励那些不谙世事的青年，但是生活和经验才是一切，如此等等。当然，从另一方面来看，重视经验也为哲学带来了有益的影响，因为这促进了经验心理学的产生和改造。尽管经验心理学直到如今都还缺乏一个真正的**科学的奠基**，但是它毕竟给人类精神开启了一个关于它自身的崭新领域，尤其是那个极为有趣的、介于生理因素和心理因素之间的领域。

[X, 73] # 康德　费希特　《先验唯心论体系》

　　当时的哲学就处于前面所说的那个状况。就在这个时候，**伊曼努尔·康德**出其不意地作为哲学的革新者而出现，并重新给予哲学以科学的严肃性以及早已失去的尊严。

　　在讨论康德本人之前，我希望预先作出一个一般的评论，这个评论或多或少适用于人类的一切行为，也就是说，这些行为的**真正的**重要性（亦即它们的真正的影响）往往**异于**人们原本寄予希望的目标，或者说它们相对于它们产生出来的结果而言只是一个工具。康德的影响是无比巨大的。如今距离康德那个时候已经有50年，我们确实已经到达了另一个关键点，但这一切**没有**康德是不可想象的。因此当看到有些人肆意贬低康德的功绩，而他们对于我们超越康德又没有作出任何贡献时，这实在是一件让人不快的事情。同样的话也适用于费希特。在今天对康德和费希特大加贬斥，这没有什么意义；真正有意义的是，只需把哲学重新提升到那个关键点，即哲学在康德和费希特那里已经达到的关键点。将来的人们对于这段历史的评价会是这样的：自从康德以来，围绕着人类精神的最高财富的内外斗争，从未像现在这样激烈，科学精神在它的努力追求中，从未像现在这样取得如此深刻的成果和如此丰富的经验。①但说实话,这个影响其实并不是通过康德的直接的**意愿**而造成的。一方面,通过他的批判工作,康德以为他已经一劳永逸地取缔了**一切**关于超感性事物的知识,但另一方面,他真正造成的影响仅仅在于,必须在哲学里面区分否定的东西和肯定的东西,但这样做的目的,恰恰是让肯定的东西获得完全的独立性,并站出来,作为一般意 [X, 74] [X, 75]

---

① 随着康德的出现,哲学迄今的进程突然发生了变化。就好像一股长久遭到围堵的洪流,最终找到了一个缺口,然后坚持不懈地扩大这个缺口,直到整个堤坝完全崩溃,从此它能够自由而无拘无束地奔流向前。即使这股洪流没有遵循着一个规规矩矩的走向,即使它无所顾忌地漫过两岸,淹没田野,这都没有关系;某些卑微狭隘的人也许会在事后咒骂这股洪流,反而赞美那载着他们从洪流分支而出的小溪,同时心里盘算着,对于历史的评价也许会是另外的样子……自从康德在哲学里面开始真正发挥影响以来(在很长一段时间里他都没有受到重视,而他的影响的第一个成功的表现,仅仅是一窝蜂的单纯的字面意思复述者以及毫无头脑的解释者),涌现出来的不是一些不同的体系,而仅仅是**唯一的一个体系**,这个体系贯穿一切前仆后继的现象,奔向它的最终的升华之点。就像林植物,当它开始生长的时候,并不知道自己能够长到多高,尽管如此,它对于它将会达到的高度还是抱有一种可靠的感觉,而正是这个感觉——即我们所说的**冲动**——推动着它的生长。因此在这整个过程里,即使没有人对于目标具有一个清楚的概念,但每一个人都感觉到,终究会达到一个终极的东西,而这个感觉,这个冲动,恰恰是伴随着康德来到哲学里面的,它把这个时期和所有早先的时期区分开来——反之在莱布尼茨的体系里,则没有这样一种冲动;那曾经唤醒这个体系的力量,消耗在康德之前的那种形而上学的僵死的、麻木的和徒劳无益的努力里面。面对这个由康德肇始的运动,有些人置身事外,有些人站在外面观望,还有一些人嘲笑和咒骂这个运动中迅速更替的体系,但所有这一切恰恰证明,在哲学里面终于达到一个活生生的关键点,这个关键点就像一个受孕的胚胎,或者说像一部伟大悲剧的核心思想,一刻不息地要走向完满的实现——哲学已经卷入到一个必然的、仿佛不由自主的演进过程之中;那些在人们眼里迅速更替的体系,其实仅仅是**唯一的一个体系**的一系列迅速推进的发展环节和塑造环节。在这样一个系列里,个人就他自己的单纯个性和独特性而言是不值得重视的;个人的个体性仅仅是他缴纳给他那个时代的贡品,是在随后的发展过程中被遗弃的果皮纸屑,甚至可以说,仅仅是当他从地基里面成长起来之后,挂在他身上的一粒残余的尘土。我们也必须这样来看待康德。(来自谢林的另一份慕尼黑时期手稿)——原编者注

义上的哲学的第二个方面，作为肯定哲学（positive Philosophie），与那种单纯的否定哲学（negative Philosophie）相抗衡。康德开启了哲学的这个区分进程，以及随之而来的走向肯定的东西的升华进程。康德的批判对于肯定的东西从未抱有**敌意**，正因如此，它才能在这件事情上作出重大贡献。一方面，他摧毁了旧的形而上学的整个建筑，另一方面，他始终表露出一个看法，即人们最终必须**意愿**旧的形而上学所曾经意愿的东西，以及如果有一丝可能的话，旧的形而上学的内容最终将会成为**真正的**形而上学。

现在我过渡到对于康德本人的阐述。我的出发点是这样一个命题：康德的批判首先是针对那种在学院之内盛行的形而上学，但是它又从另一个方面暗地里重新捍卫这种形而上学。

针对这种形而上学，当时在英格兰，主要是通过**约翰·洛克**，兴起了经验论，它断然否认任何概念能够不依赖于经验而存在。从这种经验论出发，又衍生出著名的英国哲学家和历史学家**大卫·休谟**的学说，这个学说怀疑甚至反抗人类知识中的一切普遍的和必然的东西。而按照康德自己的交代，正是休谟的这种所谓的怀疑主义，激励康德创立了他自己的哲学。

休谟的攻击几乎仅仅针对因果律——"一切发生的事情都有一个原因"——这个基本原理的客观有效性。在我们的所有行为里，同样在我们的所有判断里，我们都不假思索地遵循着因果律；甚至休谟本人，作为一个非常熟练的（亦即学识渊博的）历史学家，也是遵循着因果律，即他总是从历史事件的原因出发，来解释这些事件。最令人惊叹的是,虽然我们自己使用因果律,也看到别人使用因果律,但却从来没有真正意识到这个法则。我们不是基于某个科学观点才使用因果律,而是从天性出发,仿佛按照本能,就使用着因果律,这就证明,因果律是我们之内的一个实在的原则,它强迫我们如此进行判断。准确地说,休谟仅 [X, 76] 仅证明,这样一个普遍的、不仅适用于一切现实事件,而且适用于一切可能事件的法则,不可能起源于**经验**。经验确实不能提供任何普遍的东西。而休谟已经假定,一切知识仅仅来自于感官。休谟既然把因果律看作一个单纯主观的现象,那么他就只剩下一件事情要做,即通过一种单纯主观的习惯去解释对于因果律的普遍使用。他说:"当我们在无数的情况下看到,某些现象或事件之前有另外一些现象或事件发生,或者反过来,某些之前发生的事件导致另外一些事件发生,通过这种持续的重复,我们的理智最终形成一个习惯,即把那些现象或事件联系在一起,并最终认为它们处于一种因果关系,把之前的看作是原因,把随后的看作是后果。"

这里我暂时不想追究,即使两个事件(A 和 B)无数次前后相继,也不一定能产生出"原因和后果"概念,倘若这个概念不是在独立于外在经验的情况下通过我们的本性的一种内在必然性而包含在我们内心里。对于一切通过那种重复的知觉而出现在我们面前的东西,我们可以说:"在我迄今能够观察到的一切情况里,现象 B 是随着现象 A 而出现的。"但即使我从未看到现象 B 在没有现象 A 的情况下出现,我也远远不能认为它们处于一种因果联系之中,因为因果联系比那种单纯的前后相继——它能教导我们的，永远只是 *post hoc* [**事实如此**]，而绝不是 *propter hoc* [**事出有因**]——包含着更多的东西。我们在一切现象那里都有可能止步于 *post hoc* [**事实如此**]，而且我们在许多情况下确实就是这样的。休谟认为，哪怕两个现象不是仅此一次或偶然地前后相继，而是确实按照一个规则前后相继，我们也不能随便把它们放置到一种因果关系之中。但是，如果我们懂得在一种情况下区分 post hoc [事实如此]这种纯粹外在的秩序和 propter hoc [事出有因]这种秩序，为什么我们不能在任何情况下都作出区分呢？

[X, 77]

尽管如此，我根本不想纠结于这类反思，毋宁说我真正想问的是，如果只是为了反驳休谟的怀疑，康德用得着祭出《纯粹理性批判》这个大杀器吗？这真是一件极为奇怪的事情，即人们竟然会觉得这个反驳是如此之困难，以至于直到现在都还没有人注意到一个完全简单的事实，即休谟的那个怀疑**本身**就能够通过单纯的经验而被反驳。休谟把因果原则解释为习惯；但是，每一个习惯的形成都需要一段时间；因此休谟必须设想，个别的人乃至整个人类曾经有那么一段时间，在那段时间里，人类总是看到某个现象 A 跟随着另一个现象 B，最后才习惯于把这个秩序看作是**必然的**（"必然性"属于因果概念）。然而休谟所悄悄假定并且以为他能够假定的情况，恰恰是**根本不能**假定的。我坚信，我们中间**没有一个人**会承认，曾经有那么一段时间，那时人类不是按照因果法则来进行判断。至于休谟本人，假如我们能够给他提出这个问题，即他是否能够设想人类在其存在的某个时间段既没有因果概念也不会使用这个概念，他也许会一边回答道

"是的",一边陷入到踌躇和迟疑之中;他将会感到,他设想的那种不按照因果法则来进行判断的人,在我们看来根本就不再能够叫作"人"。

也就是说,我们可以完全确信,人类始祖从他的生命的第一天开始,就在按照因果法则进行判断,因为这属于人的本性。正如伊甸园里的蛇,按照摩西的讲述,它在人类始祖亚当的耳边低声细语,挑逗他怀疑上帝的诚命。但是蛇在这里并不是给亚当传授关于因果法则的知识,而是默认亚当已经能够理解它的如下一番话:"**如果**你们吃下果子,**那么**你们的眼睛将会明亮,或者说**如果**你们吃下这个果子,**那么**你们就会和上帝一样。"这些话的意思明显是:果子或吃果子将会是你们眼睛明亮的原因,至于这个享受的结果,就是你们将会和上帝一样。——在一本用阿拉伯语撰写的名为《自我教育的哲学家》(*Philosophus Autodidactus*)的小说里,讲述了这么一个故事:曾经有一个小孩,他刚生下来就被他的母亲丢弃到了印度洋的一个小岛上面,在那里,他通过使用天赋的理智,逐渐掌握了所有哲学概念和哲学知识。当然,我们根本不需要用这类虚构的故事来反驳休谟,因为一个还在摇篮里的小孩还没有任何机会去习惯现象的前后相继,更不会有人告诉他什么因果法则;但是,一个还在摇篮里的小孩,如果他听到什么响声,就会转向那个发出响声的对象,而他没有别的目的,就是想要看看这些响声的原因,因此他的行为已经以因果法则为前提。

[X, 78]

也就是说,按照因果法则来进行判断,乃是我们从一开始就必然遵循的规定,这不仅不取决于我们的意愿,而且不取决于我们的思维。但如果一个东西不取决于我们的意愿和思维,那么我们就称它为一个实在的原则。因此经验本身就证明,因果法则是一个实在的原则;正如普遍的重力规定了物体向着中心运动,那个实在的原则也迫使我们按照因果法则来进行判断,并且按照矛盾律来进行思考。①

现在我们来到康德的纯粹理性批判。可以看出,它总体上是基于如下这个思想:在人们想要认识什么东西之前,必须要对我们的认识能力进行审查。好比一个谨慎的建筑师,在他为自己修建一座房子之前,仔细考察他的工具,看看它们能否夯实地基,并且给房子提供很好的扩充机会。同样,哲学家在考虑建立[X, 79]一座形而上学大厦之前,也要看看大厦需要什么材料,以及这些材料是否容易获取,而既然这些材料是取自一个精神性的源泉,所以这个源泉本身必须接受考察,以便让人们确信,它是否真的充分蕴藏着计划中的大厦所需要的材料。因此,在人们对认识——尤其是对于超感性对象的认识——抱有希望之前,必须先来考察一下,我们是否具有认识那些对象的能力。

乍看起来,这个思想具有非同一般的启发性。②但仔细看来,我们却发现,它关心的是一种对于认识的认识,而这种对于认识的认识仍然也是一种认识。就此而言,它也需要接受考察,看看这种对于认识的认识是否可能。这样一来,人们就得无穷

---

① 参阅《谢林全集》第二部分,第 1 卷第 263 页(XI, 263)以下。——原编者注
② 这个思想对于康德那个时代而言尤其具有启发性,因为那时的人们深受经验心理学的熏陶,已经习惯于在精神甚至灵魂之内假定许多种能力。(来自谢林的另一份手稿)——原编者注

追问下去了。

当康德以一种批判的方式开始他对于认识能力的考察时，他至少是确信自己掌握了一条指导性原则和一个可靠的方法。遗憾的是，事实并非如此。他并没有对认识活动的本性预先进行一番普遍的考察，就立即列举认识的各个源泉和各个认识机能。但是他并不是以一种科学的方式推导出这些源泉或机能，而是仅仅从经验那里把它们接受过来，却没有告诉我们，他究竟依据什么原则来保障他的列举是完整的和正确的。就此而言，他的纯粹理性批判不能被看作是对于人类认识能力的一个**科学的考量**。

在康德看来，理性的三个源泉是感性、知性和理性。感性要么与外在于我们的对象相关，要么与我们自己的内心相关（这里指我们能够知觉到**在我们自身内部**发生的变化）——他把这种能够知觉到在我们自身内部发生的状况或变化的能力称作**内感官**，而在这样做的时候（同样没有交代任何理由），他谈论的是一个感官，而不是像谈论诸多对象那样谈论诸多感官。从这个最初的源泉，从感性那里，**产生出来**的认识——这里已经比单纯的感官印象包含着更多的东西——叫作**直观**。而在直观里，我们区分了偶然的东西（即它有可能是另外的样子）和**不能不如此的东西**。就外在对象而言，那不能不如此的东西，就是**空间**。我们除了把外在对象表象为在空间里面之外，别无办法，因此空间是我们的外部直观的必然的和普遍的形式。在这里，借助于我们的外部直观的空间形式的必然性和普遍性，康德证明，空间不同于事物的偶然方面或质料方面，它不是某种经验性的东西，不可

[X, 80]

能是随着**现实的**直观而产生出来的,毋宁说它是这样一个形式,它先行于我们的现实直观,因此是基于我们的认识能力的本性本身。由此可知,空间并不是依附于自在的或独立于我们的表象的对象本身,而是依附于那些**被我们直观到的**对象。从这些观点出发,本来可以进而得出结论,即外部**对象**的**本质**就其自身而言是非空间的和非感性的。然而康德让我们自己去进行这个推论,正如他让我们自己去想象,那种自在的、非空间性的质料(它必须为我们对于外在对象的表象提供终极根据)**如何**在我们对于空间形式的直观里轻松获得了一个空间里的形式。

空间之与外直观的关系,正如**时间**之与内直观的关系。我们的表象或感觉等等分为两种表象,其中一种完全来自于我们自己,来自于我们的精神的独立行为,而另外一种则是来自于外部对象,并且绵延不绝;我们对于这些表象的知觉,依赖于绵延性或时间这个形式。由此得出,那使得我们对于外部事物具有表象的东西,既不是绵延性,也不是时间,由此甚至可以说,那在时间里面的,其实并不是那些以感性的方式被表象的事物,而仅仅是我们通过内感官而知觉到的表象。因此结论就是,时间相比空间而言更多地依赖于我们的表象,时间相比于空间而言是一种更为主观的东西。

[X, 81]

时间和空间仅仅是**我们的**直观活动和表象活动的形式,除此之外,康德认为我们的直观有一个自在地与空间和时间无关的根据,他把这个未知的根据标记为"x"(这个东西在数学里面指代着一个未知的量),而更奇特的是,他把这个"x"称作"自在之物"——真正说来,他应该把它称作"自在且**先于**自身之物"

（Ding an sich und vor sich selbst），也就是说，它还没有成为**物**，因为它只有在我们的表象中才成为物。现在，这个被设定在一切空间之外和一切绵延性及时间之外的东西，就它摆脱了一切**空间**而言，是一个精神性的东西，而就它摆脱了一切**时间**而言，是一个永恒的东西。这个未知的东西如果不是上帝，还能是什么呢？但康德根本不想把它规定为上帝，而且他把**贝克莱**的唯心主义称作是一种狂热的唯心主义，因为后者宣称整个感官世界是通过上帝作用于我们的表象能力而制造出来的一个投影。话说回来，这种唯心主义至少是可以**设想**的。即使这确实是一种狂热的唯心主义，但如果狂热性本身能够让我们设想某种东西，那么从哲学上来说，它也好过那种终结于完全的无思想或非思想的东西，比如康德关于感性直观的理论。康德的这个理论终结于两个完全不可理喻的东西：一个是位于我们**之内**的表象者的不可理喻的机制，它不得不表象那自在地脱离一切空间和脱离一切时间的东西，另一个是位于我们**之外**的同样不可理喻的"x"，我们既不知道它是什么东西，也不知道它如何作用于我们，以及它究竟有什么必然性或兴趣来作用于我们，并让我们产生出对于感官世界的表象。

不管怎样，康德从感性出发，前进到我们内心里的第二个认识机能或规定着认识的机能，即知性。他指出，那以感性方式被知觉到的东西对我们而言不仅必然存在于空间和时间之内，而且就我们**认识到**它而言——就我们把它提升为判断的对象而言——我们同样不得不给它添附上某些知性规定，比如把它规定为实体或偶性、规定为原因或结果、规定为一或多等等。所有

[X, 82]

这些规定都不再仅仅是直观的形式,毋宁说它们是一些思维规定,即**概念**——纯粹知性的概念。尽管如此,我们却认为,这些概念包含在**被表象的对象自身**之内,而我们的判断(比如"这是一个实体"或"这是一个原因"等等)不是一个单纯主观的判断,而是一个**客观有效的**判断,如果没有这些概念,事物就不能被思考,正如如果没有空间,事物就不能被直观。人们可能会认为,**因为**那些规定是一些被认为只能位于知性之内的**概念**,所以它们证明,有一个不依赖于我们、在**事物自身之内呈现于当前**的知性——但是康德的推断并没有采取这个方式,而是这样进行的:所以它们**只能**适用于严格意义上的**被表象的**对象,而不能**超越**这些对象,适用于自在之物。它们不能适用于那未知的东西,而那个东西包含着我们的表象的最终根据。

[X, 83] 既然这个未知的东西恰恰是最终的解释理由,那么我们必须首先讨论它。如果我们问道,什么东西能够既不在空间内也不在时间内,既不是实体也不是偶性,既不是原因也不是结果,那么我们必然会承认,那个未知的东西不再是康德所标记的"x"(即一个数学方程里的未知量),而是"0",也就是说,在我们看来,它已经是完全的无。康德所理解的"经验"不是一个单纯的直观,而是一个被那些知性概念所规定,并因此提升为知识的直观,而既然那个位于经验之外的前提成了完全的无,我们就发现,康德重新把我们带回到之前的出发点,即那种完全未经解释的经验。尽管如此,康德的贡献在于,他保留了——虽然并没有**解释**——我们的知识中的普遍性和必然性,而如果没有它们,就绝不会有任何确定性。如果我的精神里面没有一个必然的原则

为我保障知识的有效性,那么即使对于感性现象我也不能抱有确定性。在那种情况下,人们最终只能说:我不可能没有感觉到我所感觉到的东西。

但是,康德的批判之所以出名,主要是通过这样一个主张:知性概念——或按照他从亚里士多德那里借用来的术语,即范畴——不能应用到超感性东西上面。于是康德认为,他就终结了一切企图认识超感性东西的形而上学。然而在这个问题上面,康德所做的比他所意愿的**更多**。如果"知性概念不能应用于超感性东西"这个观点是正确的,那么结局就是,超感性东西不仅不能被认识,而且根本不能被思考。这样一来,康德就陷入了自相矛盾。因为他至少没有否认超感性东西的存在,并且把那个东西当作经验建构本身的前提。试问,他所说的自在之物究竟是什么东西呢?难道它**不也**是一个超感性东西吗?无论如何,它至少是一个与感性无关、非感性的东西。但这样一个东西只可能有两种情形:要么是某种位于感性经验**之上**的东西,要么是某种位于感性经验**之下**的东西。假若它是位于感性经验**之下**,那么它只能被思考为某种单纯的载体(Hypokeimenon)或基质(Substrat),或某种缺乏任何现实属性的纯粹质料(只有感性直观才包含着现实属性)。然而"基质"概念和"实体"概念没有任何区别。因此如果康德认为有某种外在于感性经验的东西,那么他必须把它规定为实体。或者他愿意把那个东西思考为一种**超**感性东西。既然如此,这里首先应当问道:**这个**类型的超感性东西和康德所说的另一个类型的超感性东西是什么关系呢?对康德而言,后面这类超感性东西——上帝、人的灵魂、意志自

[X, 84]

由——始终是我们**努力**想要认识的对象,与此同时他又否认我们能够现实地认识它们。最为引人注目的是,康德在从事他那备受赞誉的批判工作的时候,压根没有想到这个近在咫尺、掩藏不住的问题:这种位于经验之外的东西(或者说单纯的理知东西)和另外一种真正的超感性东西是什么关系?也就是说,康德只是让这两种东西安静地彼此并列,既没有把它们区分开来,也没有把它们联系起来。

康德本人把所谓的自在之物——实则按照他自己的概念,"自在之物"真可以说是一种木质的铁,因为如果它是物(客体),那么它就不是自在的,而如果它是自在的,那么它就不是物——称作我们的表象的理知根据。在这里,"根据"一词可以仅仅具有一种逻辑意义,就此而言,它意味着,那个理知东西与我们的表象之间仅仅是一种逻辑关系。然而康德认为,现实的表象来自于一个感官印象,而这个印象不可能来自于被表象的东西,即是说不可能来自于那个已经与纯粹感性形式和知性形式相结合的客体,而是只能来自于那位于一切表象之外和之上的物,既然如此,康德必须从一个理知东西那里推导出这个印象,把那个理知东西当作是我们的表象的充足原因(causa efficiens),也就是说,借助于一个知性概念,把那个理知东西本身规定为原因。这里值得注意的是,康德并没有承认,这个理知东西,亦即他所称的理知物(Noumenon),与理知、努斯、真正意义上的认识能力有一种直接关系,而是认为,它仅仅与我们的质料感官或肉体感官直接相关。如果那个理知根据(即康德所称的"自在之物")只能制造出我们的表象的物质或质料,而质料只有通过康德所说的

统觉的先验综合,即是说在任何情况下都只有在主体那里才获 [X, 85]
得知性的印记——如果这里讨论的是一个客观判断的对象,那
么我们必须假定知性里面有这个印记——那么有如下几个问
题:1) 那个理智根据是如何抵达主体,并对主体发挥影响的?
2) 这个质料为何如此情愿与知性形式相结合? 3) 主体从哪里
获得控制质料的力量? 这些问题在康德的批判里面没有得到回
答,甚至根本没有被提出来。

人们对哲学有两个要求:1) 首先,她应当解释自然界的生
成演化,不管是把自然界看作某种客观的、亦即**外在于**我们的表
象的存在者,还是**以唯心主义的方式**把自然界看作是仅仅存在
于我们的表象之内。也就是说,这里至少应当表明,通过我们内
心里的怎样一个——必然的——过程,我们不得不认为这样一
个世界具有这些规定和这样一些层次。**康德**回避了这个要求。
2) 对于哲学的第二个要求是,她应当向我们揭示出那个真正意
义上的形而上的世界,即那个包含着上帝、灵魂、自由和不朽的
超感性领域。康德与哲学的这个更高部分之间有一种独特的关
系。正如我们已经指出的,对于**这个**形而上的领域,他的追求目
标其实和之前的形而上学的追求目标是完全一样的。假若存在
着一种真正的形而上学(康德在许多地方都表露出这个观点),
那么它必须表明,上帝是世界的自由创造者,自然界里面的牢不
可破的因果链条并不排斥人的道德自由,以及人的本质是不朽
的。但是,为了达到这个目标,康德使用的手段和之前的形而上
学使用的手段毫无差别。康德是如此用力地批判之前的形而上
学,以至于人们不难发现,他根本就没有想到,除了这种形而上

[X, 86] 学之外，可能还有另外一种形而上学。确切地说，康德的批判对象仅仅是那种形而上学的一个特定的**形式**，即在康德的青年时代，**那个**偶然地被克里斯蒂安·沃尔夫，尤其是被亚历山大·鲍姆伽登——作为康德的老师，他在沃尔夫主义者里面始终都是最出色者之一——所接纳的形式。然而康德不知道，在那种形而上学的主观唯理论之上，还有另外一些东西。就此而言，他的批判根本就不适用于斯宾诺莎主义。诚然，康德说过："实体"概念不可以应用到那些超感性对象上面，即是说不可以应用到上帝上面。这句话似乎是针对斯宾诺莎主义，但它的理由根本就与斯宾诺莎无关，因为斯宾诺莎所思考的上帝恰恰不是康德意义上的上帝，不是那种主观唯理论所说的超感性东西。对斯宾诺莎而言，上帝仅仅是感性存在的直接实体，正如他同样也是任何别的存在的直接实体。因此康德必须首先证明，上帝必然是**康德**所理解的那种超感性东西；然而他并没有证明这一点，而是仅仅把它当作是一个从普通的学说或之前的形而上学那里接受下来的前提。康德确实已经表明，关于上帝的存在、人类灵魂的不可毁坏和不朽，通常的形而上学证明都是行不通的；于是他以为，他已经宣判了**一切**科学的形而上学的死刑；他的呕心沥血的批判工作的最终结论，就是对于超感性东西不可能有任何现实的认识。在他看来，真正的形而上学对象是一些单纯的理性理念，同时他又说，这些理念不可能出现在任何可能的经验里

面。①但从这个泛泛的和不确定的说法里,根本不能得出,上帝究竟是否能够成为经验的对象。诚然,上帝不可能成为康德所说的**那种**经验的对象;然而除了那种基于外感观的经验之外,康德本人也认为还有一种内部经验。此外他还说,现实的经验仅仅基于一种聚合,即我们的表象的质料的外在理知原因与我们的理知主体的聚合,在这种情况下,我们的主体注定要给那个外在的理知原因打上知性形式的烙印。就此而言,那个理知原因本身是我们的认识的要素之一,而正因如此,它看起来本身不可能是认识的**对象**。认识的对象始终都只是这两个要素的产物。但是,正因为那个理知原因是一切认识的要素之一,所以它作为一切现实的认识的一个**前提**,**必然**显现为一个与认识相对立的东西,而严格意义上的认识相对于认识的前提而言,则显现为一个偶然的东西。

[X, 87]

[X, 88]

---

① 在这里,关于康德所说的那种不依赖于一切经验而寓于我们自身之内的理性理念,我想略作如下说明。康德也把这些理念称作先天概念,这是很难理解的。谈到范畴的时候,"先天概念"的说法可以理解,因为它们相对于对象而言是先天的,而它们本身并不是对象。但是"灵魂""世界""上帝"——它们本身就是对象;对于对象,除非它们存在着,否则我们如何可能认识它们呢?也就是说,除了通过后天的方式,我们如何可能认识对象呢?比如,灵魂不管怎样毕竟是它自己的直接经验的对象,而"世界"概念,至少按照康德的意思,无非就是一切个别存在的最终统摄概念。康德认为这些理念是完全脱离经验的,但这种"脱离"的说法充其量仅仅适合"上帝"理念。但是,如果上帝被认为是一个纯粹理念的对象,亦即某个只有通过我的理性才可以思考和规定的东西,那么这就会导向"单纯的普遍本质"这一理念;在康德看来,任何除此之外的附加规定,都必然是一个经验性的规定。为了补充康德的关于先天概念的学说,还得指出,如果人们必须得在感性表象里面区分出一个先天因素(Prius)和一个后天因素(Posterius),那么**真正的**先天因素就是康德所说的**自在之物**;借助于知性概念,那个先天因素在**我的**表象里面发生变异,而在康德看来,正是通过这种情况,东西才成为我的表象的对象,亦即成为我的经验对象;既然如此,**真正的**后天(转下页)

即使我们承认,从这个观点可以得出,那个理知原因不可能是一个现实的认识的对象,但它毕竟表明自己是一个必然的思维的对象——而旧的形而上学除了指出上帝是一个必然的思维的对象之外,也没有更多的追求。但就康德的批判而言,正如我们已经指出的那样,严格说来,它不仅不是一种认识,而且扬弃了对于超感性东西的**一切**思维,使这种思维不再可能,因为康德的批判明确表示,它坚决禁止把知性概念应用到超感性东西上面。然而众所周知,康德在把上帝逐出理论哲学之后,又通过实践哲学重新把上帝带回来,因为他至少表明,对于上帝的存在的**信仰**是道德法则所要求的一个信仰。如果这个信仰不是一个完全缺乏思想的信仰,那么人们在这里至少**思考着**上帝。现在我

(接上页)因素就不是像康德所认为的那样,是抽离知性概念之后剩下来的那个要素,因为如果我拿走知性概念,那么那个东西就是不可表象的,因此它是一个位于表象**之先**和之外的存在者,是表象的绝对的先天因素;反之,真正的后天因素恰恰是这个未知的东西(康德本人把它比拟为数学中的"x"),这个"x"加上知性规定,它们一起生出的孩子才是真正的后天因素;那些知性规定使那个"x"成为后天因素,就此而言,它们仅仅具有一种相对的优先性,或者说它们只能被看作是介于真正的先天因素(即自在之物)和被表象者(即后天因素)之间的中介者。——对于那个问题,"哲学本身以及在整体上是不是一种先天科学或后天科学",康德并没有真正作出裁定。因为,假若他曾经认为,哲学立足于他所建立的纯粹理性批判,那么很显然,他仅仅是从观察和经验那里拿来这个批判的内容,而这等于是说,他宣称哲学最终说来是一门经验科学。康德对于洛克的(尤其是大卫·休谟的)经验论的反驳仅仅在于,他宣称知性在经验表象里面具有一种先天的要素——至于他是如何得出这个结论,他在根本上并没有作出解释,或至少是保持着沉默,因为他在论证他的主张的时候,仅仅从经验出发,即从那些概念身上的被观察到的普遍性和必然性出发。至于前面所说的那个关键的问题,只能出现在康德**之后**,也就是说,只有当人们把自己提升到一个体系的理念之后(这个体系必须通过一个完整的持续发展过程从最初的开端那里推导出一切),只有当人们把自己提升到这个"体系"理念之后,才会出现那个问题。(来自谢林1827年的一份慕尼黑时期手稿)——原编者注

想知道，康德如何能够在思考上帝的同时，不把他作为一个**实体**来思考，当然，这里不是指斯宾诺莎意义上的实体，即 id quod substat rebus [一个立于事物根基处的东西]，但康德无疑是把上帝思考为一个绝对精神性的、道德的人格性。无疑，这样一个"人格性"概念比"实体"概念包含着**更多的东西**。就此而言，上帝不是一个**单纯的**实体；好比如果我们说一个人是一个实体，那么这个说法并没有充分刻画出他的特性。然而因此上帝就根本不是一个实体吗？如果我不可以把上帝思考为一个原因，那么我同样也不知道，"上帝"概念还剩下什么东西。也就是说，康德通过他的批判超越了他自己的目标。

[X, 89]

按照迄今的展示，如果康德的批判的实质成果最终说来、根本说来是一个如此空洞而缥缈的成果，那么他的伟大而不同寻常的影响又是基于什么东西呢？他凭借什么享有哲学的革新者这一盛名呢？这里首先可以列出一些不同的理由。1）康德在根本上重新开启了一项有方法的、严肃的工作，单凭这一点，他就带来了有益的影响，而通过他的工作，他终结了之前的哲学里面的群龙无首的局面——我指的不是那种外在的群龙无首，即哲学在那个时代没有一个统治性的首领，而是指那种内在的群龙无首，即本原的完全缺失（völlige Principienlosigkeit），因为众所周知，"群龙无首"（ἀναρχία）的词根"首"（ἀρχή）是"本原"的意思。也就是说，康德终结了哲学里面的这种完全缺乏本原的局面；2）对于那些更为深入的问题，即主要与一切可认识的存在的理知根据相关的问题，尽管康德没有回答，甚至根本没有提出来，但他至少不可避免地激发出了那些问题，尤其是正如我们已经指出的,他强调人类知识的普遍性和必然性,反对那种极具破坏性的怀疑主义和感觉主义。然而上面所说的一切都不是康德真正带来的历史影响——康德并不是通过这些方面规定了德国哲学的发展。毋宁说,康德的真正影响在于,**他为德国哲学指明了走向主体的方向**,而自从斯宾诺莎以来,德国哲学已经完全丢弃了这个方向;因为斯宾诺莎的特色恰恰是这样一个实体,它仅仅是一个无主体的客体,一个完全否认自己是主体的实体。诚然,康德具有一种他自己也不能克服的局限性,而且这种局限性在一些情况下还得到了加强,因为人们从一开始就把一切令人厌恶的称谓扣到他的哲学头上,这就导致,尽管康德在《纯粹理性批判》第一版的某些地方本来已经宣称自己是一个**唯心主义者**,但在这本书的第二版里,他用另外一些说法替换了那些段落,于是看起来好像是在反驳唯心主义。尽管如此,通向唯心主义的道路已经开辟了,自在之**物**成了一个太过于不确定,甚至可以说太过于正确的东西,以至于它根本就不可能坚持下去(因为在任何情况下,都是主体把客体当作**物**,当作现实的东西),既然如此,唯一的出路无疑就是主体或自我。费希特迈出了这一步,他直截了当地宣称:自我,确切地说,**每一个人的自我**,是唯一的实体。

[X, 90]

　　费希特所理解的自我不是一个普遍的或绝对的自我,而仅仅是**人**的自我。每一个人在他自己的意识里面发现的自我,是唯一真实的存在者。对每一个人来说,一切东西都仅仅是伴随着他的自我,在他的自我之内设定的。对每一个人来说,伴随着那个**超验的**行为(该行为是经验意识的条件和前提),伴随着自我意识的这个行为,整个宇宙同时被设定了,正因如此,整个宇宙仅仅存在于意识之内。伴随着"我存在"这一自我设定,世界开始成为每一个个体的对象,这个行为在每一个人那里都是一个同样永恒、同样无时间的开端,既是他自己的开端,也是世界的开端。每一个人仿佛都是以一种永恒的方式(modo aeterno)从头开始,与此同时,他的整个过去、现在和未来都被设定为他的表象的对象。

通常说来,哲学精神以事物的客观存在为前提,因此它在解释世界的时候会遭遇一些困难,如果费希特相信,摆脱这些困难的途径在于把全部解释都放到**自我**里面,那么他必须更加明确地认识到,他有责任**具体地**表明,伴随着单纯的"我存在",整个所谓的外部世界及其全部必然的和偶然的规定如何被设定为每一个人的对象。费希特本来至少可以证明,那些被设定在直接意识之外的事物是那个自我设定行为的中转点或**中介环节**。然而实际情形却是,费希特仿佛根本没有觉察到,外部世界包含着各种差别。在费希特看来,自然界包含在"非我"这个抽象的、仅仅标示着限制的概念之内,而对于"非我"这个完全空洞的客体,费希特只知道它是一个与主体相对立的东西,此外无他——在他看来,整个自然界浓缩到"非我"概念里面,因此没有必要进行演绎,没有必要进一步展开这个概念。到头来,就连康德的批判都比费希特的知识学包含着更多的客观性。因为康德在进行批判工作,考察认识能力的时候,毫不迟疑地接受经验的引导,而在费希特那里,只剩下他自己的反思,一种偶然的、以彻底牺牲

[X, 91]

发展演化为代价的反思。①

[X, 92] 因此在费希特看来,一切东西都仅仅通过自我并且为着自我而存在。通过这个方式,费希特把人类自我的独立性或自律——康德认为人们只有在道德的自我规定中才具有这种自律——扩展为一种理论上的自律,换言之,他认为,人类自我在表象外部世界的时候也具有自律。正因如此,费希特的那个命题,"一切东西都仅仅通过自我并且为着自我而存在",最初的确让人们陶醉在一种良好的自我感觉之中,似乎给予了人的内心一种终极的独立性,不依赖于任何外物。然而仔细看来,那个命题更像是一种狂妄自大的自吹自擂,尤其是它始终没有表明,我们必然承认存在着的那一切东西,**如何**、按照什么**方式通过**自我并且**为着**自我而存在? 这种主观唯心主义不可能认为,自我是

---

① 如果我们在这里一般地再回顾一下哲学的运动,那么可以说,在笛卡尔那里,哲学把经验主体当作一个直接确定的东西,然后以它为基础,通过一种单纯的、同样主观的概念必然性或思维必然性揭示出其他间接确定的东西。斯宾诺莎以一种强有力的方式打破了这个局限,他采取的办法是从经验主体那里直接跳跃到一个绝对的、消灭了一切主观因素的客体——对于这个绝对的无限者,哲学思考的主体不具有任何自由;这个绝对的无限者也是一个绝对静态的东西;任何想要造成运动的尝试都仅仅出现在哲学思考的主体这边;就此而言,斯宾诺莎主义在形式上看来必然显现为一种纯粹的主观辩证的学说,但是每一个这样的尝试都终结于对于一切运动的否定,终结于对于纯粹**存在**的坚持。针对这种压迫,兴起了一种独断论,不管怎样,它站在一个比斯宾诺莎主义更高的立场上面。这种独断论试图重新建立和捍卫哲学思考的主体的独立于客体的自由,但它的做法不是重新把经验主体当作出发点,而是以某些在知性里面给定的、普遍的、先验的概念为前提,通过这些概念,**一切存在**(包括绝对者的存在)都得到规定。一方面,这些概念是纯粹知性的概念,另一方面,它们应当具有客观的意义,应当能够规定绝对者,而这样一来,独断论就仿佛找到了一个折中办法,使得绝对者和哲学思考的主体都可以立足;假若这件事情成功了的话,那么就能表明哲学思考的主体与它的对象之间是一种自由的关系。然而这个希望遭到了康德的破坏和贬斥,因为他宣称那些纯粹的和普遍的概念恰恰是一个纯粹主观的知性的概念,并且坚决否认那些概念能够过渡或进入到客体里面。现在,如果人们不想重新(转下页)

自由地并且**通过意愿**设定那些外物。因为,假若外部存在是依赖于自我,那么自我所意愿的一定是许多根本不同的东西。即使是最坚决的唯心主义者,在谈到他关于外部世界的表象时,都不得不把自我思考为一个**有所依赖**的东西——虽然不是像康德认为的那样,依赖于自在之物或一个总的说来外在于自我的原因,但至少是依赖于一个内在的必然性,而如果他认为是自我创造了那些表象,那么这个创造至少是一个盲目的创造,不是基于**意志**,而是基于自我的**本性**。费希特看起来根本不关心这些问题,对于整个必然性,他更多的是很不耐烦地否定它,而不是去解释它。 [X, 93]

如果我们按照费希特的指示去接纳他所建立的哲学,那么我首先必须看看,那个不可否认的、不可回避的必然性——费希

(接上页)回到一个绝对的、消灭了一切自由主体的客体,那么仅存的办法就是走向相反的方向——走向一个消灭了一切的主体,这个主体不可能再是笛卡尔的经验主体,而只能是一个绝对主体,即先验**自我**。康德已经指出,统觉的先验统一性,作为先验自我性本身,乃是知识的唯一的最终原则或制造者——但康德唯一认可的真正知识只是经验知识。康德对于这个自我的表述在某种程度上还是含混不清的,是费希特把它凸显出来,直截了当地把它作为唯一的原则树立在哲学的顶端,于是他成为先验唯心主义的开创者。——由于这个自我不是经验自我,所以在费希特看来,"**我存在**"作为哲学的最高原理也不可能包含在一个经验事实之内——费希特宣称它是一个**原初行动**,并且表明,自我无论如何不可能作为一个僵死的、静态的**物**独立于这个行动,而是只能立足于"自身设定"这一行为。这个行为对费希特而言既不是一个时间性的开端,也不是一个一次性发起运动,然后转瞬即逝的开端,而是一个始终同样的永恒开端——也就是说,无论人们在何时何地想要开始什么,"自身设定"这一行为都始终是开端。就此而言,费希特的唯心主义表现为斯宾诺莎主义的完满对立面,或者说表现为一种**颠转的**斯宾诺莎主义,因为他用绝对主体来抗衡斯宾诺莎的那个消灭了一切主体的客体,用**行动**来抗衡斯宾诺莎的那个纯粹静态的存在。对费希特而言,自我不是像在笛卡尔那里一样,仅仅是一个为了进行哲学思考而被采纳的开端,而是一个现实的、真正的开端,是一切事物的绝对在先者。(来自一份谢林较早的埃尔兰根时期手稿)——原编者注

特给人的感觉是他仅仅试图用一些空话来斥退它——如何能够与费希特的那些概念(比如作为绝对实体的自我)统一起来。于是我们立即可以发现,诚然,就我存在着、具有自我意识而言(这是不言而喻的),外部世界是**为着**我而存在,但是反过来,当我独自**存在着**、具有**自我意识**,当我说着"我"的时候,我同样也发现,世界已经存在着——也就是说,绝不可能是一个**已经具有自我意识**的自我创造了世界。当然,我们可以伴随着**现在**这个在我之内具有自我意识的自我回溯到一个环节,那时自我尚未具有自我意识——也就是说,我可以假定一个超出了**现在已有**的意识的领域,假定一个行为,这个行为不是亲自进入到意识之内,而仅仅是通过它的结果而进入到意识之内。现在,这个行为不可能是别的什么行为,它只能是一个意味着"走向自身"(zu-sich-selbst-Kommen)或"转而意识到自身"(sich Bewußtwerden)的工作。由此得出一个自然的、只能如此的结论,即这个行为在达到意识之后就停止了,仅仅作为行为的结果存在着。这个单纯的结果——行为在其中摆在意识面前——恰恰就是外部世界,正因如此,自我所意识到就不是一个由它自己创造的世界,而仅仅是一个与它同时存在着的世界。一言以蔽之,我试图通过自我的一个先行于**现实**意识或经验意识的"先验过去"(tran-szendentale Vergangenheit)来解释,为什么自我始终是与一个必然呈现在它面前的外部世界联系在一起。于是这个解释走向自我的一个先验历史。

[X, 94]

就此而言,早在我最初的那些哲学探索里,就已经表现出一个历史的趋势,这个趋势至少从形式上来看,乃是一个走向自身、获得自我意识的自我。因为"我存在"的意思无非是指"走向自身"——也就是说,那通过"我存在"而明确陈述出来的"走向自身",以一个**外部的**、已经独自存在的东西为前提。只有那首先**外在于**自身的东西,才有可能**走向自身**。因此自我的第一个状态是一种外在于自身的存在。这里唯一需要指出的是(这是一个非常关键的地方),正因为自我被思考为超出意识的东西,所以它不是个体的自我,也就是说,只有通过"走向自身",自我才被规定为个体的自我,换言之,就**自我**被思考为**超出**意识或超出**明确陈述出来的**"我存在"而言,它对于所有人类个体来说都是同一个自我,只有当它在某一个人那里**走向自身**,它才**成为他**的自我,成为他的个体的自我。既然那个被思考为超出意识的东西对于所有个体来说都是同一个东西,既然个体在这里还没有发挥作用,这就可以解释,为什么我不需要通过经验就可以无条件地认为,我关于外部世界的表象能够得到所有人类个体的认同。当一个小孩向我指出一个对象的时候,他已经假定,他和我所看到的对象必然是同一个对象。当然,一旦自我成为**个体的**自我——这是通过"我存在"而宣布出来的——一旦它到达"**我存在**",开始了它的个体的生命,它就再也回忆不起它为此曾经走过的道路,因为这条道路的终点恰恰就是意识。在这种情况下,自我(如今它已经是个体的自我)意识不到它走向意识的道路,对此一无所知。这也解释了,为什么自我关于外部世界的表象是盲目的和必然的,而且这种情形对于所有个体来说都是

[X, 95] 同样的和普遍的。个体的自我在它的意识里只能找到那条道路的一些类似于文物古迹的东西,但却找不到那条道路本身。但正因如此,科学的任务,确切地说,那种原初科学(即哲学)的任务,就是让意识的那个自我**和意识一起**走向自身,亦即进入意识。换言之,科学的任务在于,让意识的那个自我**亲自**和意识一起重新走过那整条道路,从它最初的外在于自身的存在一直到一种最高的意识。就此而言,哲学对自我来说无非就是一种回忆,即回想起自我在它的普遍的(他的个体的)存在里曾经做过和曾经遭遇的事情:这个结论和柏拉图的著名观点是吻合的(尽管那个观点在某些方面也具有另外的意义,并且不可避免掺杂了一些心醉神迷的狂想)。

这就是我最初尚且受到费希特影响的时候,自己开辟的一条道路,这样我就可以重新进入客观世界。因此不难理解,我对于费希特的概念的使用从一开始就赢得了许多赞同者,因为真正说来,正是通过我对于这些概念的使用,它们才让人理解,并且免除曾经遭遇的主要反对意见。当时我的工作是这样一个尝试,即让费希特的唯心主义与现实性达成和解,或者说表明,即使以费希特的"一切东西都仅仅**通过**自我并且**为着**自我而存在"这个命题为前提,客观世界同样也是可以理解把握的。

我并没有急于建立我自己的体系,而是暂时满足于这样一项工作(这对于当时还是年轻人的我来说是恰当的),即让费希特的体系成为一个可以被理解把握的东西。同时我也抱有一个希望,即费希特本人将会认可我给予他的体系的意义,然而后来事情的发展并不是我所预期的那样。当时我所关心的,并不是要建立自己的体系,以此自吹自擂,毋宁说我只关心那些能够让我感到满意的东西。而且我也不像某些人,他们之所以在受到康德和费希特的巨大启发之后投身哲学,仅仅因为他们除此之外没有学过别的东西,因为他们认为,在哲学里面,即使没有掌握多少知识,也可以有一条出路。须知我的研究领域可不是只有**一个**,我最早的各种兴趣已经促使我进入许多领域,并且我能够在其中学到让我自己满意的东西。——也就是说,当时我只是希望澄清费希特的体系,但是我从来都不是费希特的**学生**(Zuhörer)。这是一个纯粹的历史事实。我这样说并不是要推卸对于费希特的感激,或者否认他作为师长和先导的角色。因为在我看来(而且事实上确实如此),是他首先说出了一种基于自由的哲学的话语——他不是像康德那样只是基于自我在实践领域里的独立性,而是同样地基于自我在理论领域里的独立性,因此建立起整个哲学。当时,我只是想表明,**如何**理解通过人的自我而设定一切。对于费希特的体系的这个阐述包含在我于1800年出版的《先验唯心论体系》里面。如果你们中间的某位现在或者将来想要准确地、原原本本地了解近代哲学的逐渐的发展过程,那么我只能推荐他去研究这部《先验唯心论体系》。他将会在这部著作中发现一个隐藏在费希特的思想外壳之下的新体系,这个体系迟早必然会打破那个外壳;他将在这部著作中发现那个**方法**已经得到了完善的运用,该方法后来只是在更大的范围内得到运用;如果他看到,这个方法从此以后成为一个独

[X, 96]

立于费希特的体系的灵魂,他将确信,这个方法正是我所独有的、甚至可以说天然属于我的东西。尽管我不能炫耀说这个方法是一个绝对的发明,但是同样地,我绝对不能让人把**它**从我这里抢夺过去,或者承认另外一个人①的炫耀,说是他发明了这个方法。我说这一番话的目的不是为了炫耀自己,毋宁说唯一的原因在于,人们有义务去反对任何不真实的东西,更何况由于我之前的沉默,这些东西竟然被人信以为真。②

[X, 97]　　因此我为自己设定的目标,就是通过一个**演进过程**(Proceß)去解释那个绝对不依赖于我们的自由、甚至限制着我们的自由的客观世界,而自我是通过"自身设定"这一行为在无意中、但却是必然地卷入到那个演进过程里面。也就是说,当自我把自己当作自己的对象,它就不可避免地要关注自己。这里的"关注"(sich anziehen)就和人们平时说"我不关注这个或那个东西"的用法一样,因为那句话的意思是:"我没有注意到它。"自我要关注自身,只有一个办法,就是限制自身,阻止它的自在的无限追求着的行为,把它起初的纯粹自由(那相当于"无"的自由)造成某个东西,亦即造成一个受限的东西。在费希特看来,限制是从外面降落到自我身上的,但按照我前面的说法,限制是包含在自我自身之内,于是演进过程成为一个完全内在性的演进过程,在其中,自我仅仅与它自己打交道,确切地说,自我要处理的是它自己的、设定在**它自身内**的矛盾,即它同时是主体和客

---

① 指黑格尔。——译者注
② 以下段落来自谢林1822年的一份埃尔兰根时期手稿。——原编者注

体,同时是有限的和无限的。当自我成为它自己的客体,在这种情况下它虽然找到了自己,但却发现自己不再是从前的那个**单纯东西**,而是成了一个双重化的东西(即**同时**是主体和客体)——现在它是**自为的**(即成为自己的对象),但却恰恰因此不再是**自在的**:这个在它之内设定的偶然性必须被克服,而这个逐步克服过程中的各个环节必须被证明为等同于自然界中的各个环节,而且这个演进过程应当历经每一个层面、历经每一个环节,最终达到一个点,在那里,自我摆脱限制,重新获得自由,从此真正拥有自己,**对它自己来说**成为它曾经**自在**所是的东西——成为纯粹自由。在这种情况下,理论哲学就完成了,而实践哲学刚刚开始。在这里,我首次在哲学里面尝试揭示出一种历史发展——在我看来,整个哲学就是自我意识的历史,我把这个历史在形式上划分为三个时期,比如第一个时期就是指从原初感觉出发(感觉就是通过自我内部的自身客观化而设定的局限性)一直到创造性直观。尽管如此,我当时使用的乐器还是太受限制了,不能演奏出整段旋律。 [X, 98]

　　前进发展的原则,亦即方法,乃是基于这样一个区分:一方面是一个不断展开自身的自我,或者说一个忙于制造出自我意识的自我,另一方面是一个反思着这一切,仿佛观望着这一切的自我,亦即一个进行着哲学思考的自我。通过每一个环节,在客观的自我里面设定了一个规定,但这个规定仅仅对观望者而言——而不是**对自我自身而言**——被设定在自我之内。因此前进发展在任何时候都是处于这样一种情况,即那在前一个环节里仅仅对哲学家而言被设定在自我之内的东西,在后一个环节里成为自我的对象,即对自我自身而言被设定在它之内,而通过这个方式,客观自我最终到达哲学家的立场,或者说客观自我最终与哲学家的自我(主观自我)完全一致。在达到一致性的这个环节里,客观自我所具有的规定和主观自我所具有的规定完全是同一个东西,因此这是哲学的终结环节,它同时也确保了哲学的终结或完成。客观自我和哲学家的自我之间的关系,大致相当于苏格拉底式谈话里面,学生与老师之间的关系。无论什么时候,那以紧闭的方式设定在客观自我之内的东西,都比客观自我所知道的东西**更多**;主观自我或哲学家的自我的行为,就是帮助客观自我亲自认识到并且意识到那设定在它之内的东西,最终使客观自我达到一种完满的自我认识。这个方法的要点在于,但凡在之前的环节里仅仅以主观的方式被设定的东西,在随后的环节里都附加到客体身上;不仅如此,在后来的更为宏大的发展过程里,这个方法也作出了卓有成效的贡献。

  对于唯心主义的这些初步阐释包含在一些个别的论文里面,它们已经收录在我的哲学著作集的第一部分里,并得到重印。①如果谁想要评判我的哲学发展过程(对此我感到很荣幸),尤其是,如果谁想要领略那个真正**具有启迪性**的原则,那个一直指引着我的发明原则,那么他必须回溯到那个开端。

---

① 现收录于《谢林全集》第 1 卷。——原编者注

自然哲学

现在我开始阐述那个完全独立于费希特而出现的体系。这里的出发点不再是一个有限自我或者说人的自我，而是一个无限主体，确切地说，1) 这是一般意义上的主体，因为它是唯一**直接**确定的东西；2) 这是一个**无限的**主体，也就是说，它**绝不可能**停止作为主体而存在，绝不可能再消隐在客体里面，转变为单纯的客体——而在斯宾诺莎那里，这种情况却是通过一个他本人没有意识到的行动而发生了。

当主体被思考为一个纯粹的实体时，它尚且是自由的，即独立于任何存在；它尽管**不是**无，但却是**作为**无。之所以不是无，因为它毕竟是主体，而之所以**作为**无，因为它毕竟不是一个客体，因为它不是在一种对象性的存在里面存在着。但是它不可能停留在这种抽象状态，它仿佛自然而然地意愿自己**作为**某物，亦即作为一个客体。**这里**所说的主体转变为客体，相比斯宾诺莎的实体转变为客体，区别在于，在斯宾诺莎那里，实体完全迷失了自己，完完全全而且义无反顾地转变为客体，仅仅作为**这样一个东西**（作为客体）而被对待，而我所说的主体不是一种盲目的、而毋宁是一种**无限的**自身设定，也就是说，它在转变为客体的同时,并未停止作为主体而存在。因此它不是**否定**意义上的无限,即它仅仅不是有限的,甚至根本不能成为有限的,而是肯定意义上的无限,即它能够使自身有限化(使自身成为某物),同时又作为主体胜利地摆脱任何有限性。**换言之**,每当它转变为有限者,转变为客体,它只不过因此把自身提升到主观性的一个更高的潜能阶次。

[X, 100]

但是,正因为它的本性在于,绝不能仅仅作为客体而存在,而是始终而且必然同时作为主体而存在,所以一旦运动已经开始,或者说一旦运动的开端已经被设定——那么这就是一个必然向前推进的运动。

所谓开端,就其本性而言,就是首先使自己成为某物,首先使自己客观化(objektiv-Werden)。伴随着开端,按照主体的**无限性**,每一个客观化都直接导致**主观性**的一个更高的潜能阶次——基于这个理由,随着最初的客观化,一切后续提升的根据以及运动自身的根据都被奠定了。因此最重要的任务是解释这个开端,解释这个最初的"某物之存在"(Etwas-seyn)。现在,我们只能以如下方式设想这个情形。就主体**被思考**为尚且处于纯粹的实体性状态或本质性状态,尚且先于一切行为而言,正如我们已经指出的,它虽然不是无,但却是**作为无**;这个"作为"始终表达出某种在本质之外附加而来的东西,因此是与一个对象性的、超出本质的存在相关;因此如果有人说,那处于纯粹实体性状态的主体或自我曾经**作为**无,那么这个说法的意思无非是否定一切对象性的存在。反之,当我们起初说道,那个主体或自我作为某物存在着,那么我们的意思是,这个"某物之存在",作为**存在**,乃是一个附带的东西、附加的东西、吸引过来的东西,而且在某种意义上是一个偶然的东西。"作为"在这里标示着一种吸引或收缩,标示着一个收缩的体系。

现在来解释这件事情!有一些道德品性或其他品性,只有当人们**不具有**它们的时候,人们才**具有**它们;或者借用德语的一个贴切说法,只有当人们不去关注它们的时候,人们才具有它们。比如,真正的"优雅"只有在人们没有意识到它的时候才是可能的,反之,如果一个人留意到自己的优雅,关注着它,那么他立即就不再是优雅的,而且,如果他想要把自己**作为**一个优雅的人来表现,那么只会带来相反的效果。对于"大方"来说,也是同样的情形。只有当一个东西对于自己毫无所知,它才是一个大方的存在,而一旦它成为自己的对象,它就已经是一个拘谨的存在。如果你们把这些说法应用到眼前的事物上面,就会发现,那处于纯粹的本质性状态的主体是作为"无"而存在着——完全脱离了任何属性——迄今为止,它仅仅是它自己,就此而言,它是完全自由的,独立于一切存在,不同于一切存在。但是它不可避免要自己关注自己,因为**只有**当它成为自己的客体,它才是主体,因为前提在于,没有什么**外在于**它的东西能够成为它的客体。**一旦**它关注自己,它就不再是作为**无**,而是**作为**某物存在着——通过这个自身关注(Selbstanziehung),它使自己成为某物;因此是自身关注导致了"某物之存在",或者说导致了一般意义上的客观的、对象性的存在。但是,主体绝不可能**作为**存在者

[X, 101]

而掌握自己，因为恰恰通过自身关注，它**转变**为另一个东西。这是一个根本矛盾，也可以说，这是一切存在里面的不幸——即它要么**放开**自己，这样它就是作为"无"而存在，要么它关注自己，这样它就成了另一个东西，一个不同于自己的东西——它不再是对存在漠不关心，而是拘谨于存在——它本身感觉到这个存在是一个得到关注的存在，因此是一个偶然的存在。

  这里请你们注意，按照上面的说法，最初的开端已经被明确思考为一个偶然的东西。因此最初的**存在者**，或按我的说法，primum Existens [第一存在者]，同时也是最初的偶然东西（原初偶然）。因此，这整个建构开始于最初的偶然东西——不同于自己的东西——它开始于一个**不和谐**，而且必须如此开始。因为在此之前——在它关注存在**之前**，在它的自在的且**先于**自身的存在里，主体虽然也是无限的，但尚未面对一种有限性，而正因如此，它尚未**作为**无限者而被设定。为了让自己**作为**无限者而被设定，它必须已经剥夺自己之成为有限者的可能性，也就是说，以有限性自身为手段，自己**作为**无限者（即独立于存在，而"无限"这个词语在这里跟别的概念没有关系）而把自己**作为**无限者加以设定。只有通过一个现实的对立，它才能够上升到真正的本质，才能够达到**作为**无限者的它自己。

[X, 102]

  关于最后一点，我希望用另一个说法来加以解释，尽管这个说法与之前的说法并不是完全对等的。

  主体最初是一个**纯粹的**、没有在当前出现于自己面前的主体——当它想要出现在自己面前时，它就成为自己的客体，并且沾染上了一种偶然性(偶然性是本质的对立面)。**即便如此**,它作为**本质**并没有被扬弃,因为它并非只是一般意义上的本质,而是一个**具有无限样式**的本质。因此那种偶然性对它来说仅仅是一个契机,促使它返回到自己的本质之内,与那个偶然的东西相对立,把自己**作为**一个之前并未存在的本质而加以设定。自在地且先于自身而言,它是本质(即一种相对于存在而言的自由),但却不是**作为**本质,因为它还没有作出自身关注这一灾难性的行为(如果我可以这么说的话);它曾经站在它不能退缩的一个斜坡面前。要么它一直这么站着(即保持为一个纯粹的主体),在这种情况下,就**没有**生命,向它本身也是作为"无",要么它**意愿**自己,而在这种情况下,它就转变为另一个东西,一个不同于它自己的东西(sui dissimile)。诚然,主体意愿自己**作为**这样一个东西,但**直接看来**这恰恰是不可能的,也就是说,通过意愿本身,它已经成了另一个东西,扭曲了自己,但事情之所以是这样,原因仅仅在于,主体没有能力**直接地**把自己**作为**本质而加以设定。至于那个有限的或拘谨的存在——这是唯一直接可能的存在——**刚开始的时候**,只能这样呈现出来,即把它自己的存在**作为**无限存在,作为本质,与之进行沟通。就此而言,主体能够**意愿**那个存在,尽管那个存在刚开始的时候并不是它所真正意愿的东西。通过这个有限的存在的中介活动,主体上升到第二个层面或潜能阶次——即把自己**作为**本质而加以设定。这个被设定在第二个潜能阶次的本质和那个最初的主体是**同一个东西**,唯一的差别在于,后者(在无须亲自行动的情况下)一开始就**作**

为本质而被设定,因此是一个自动出现的本质。

[X, 103]
如果我们把本质或纯粹主体称作A,那么主体在行为**之前**并不是**作为**A存在着,也就是说,如果它不能够是非A或B,那么它也不可能是A。如今通过自身关注,它使自己成为B,成为另一个东西。但是它的本性使得它必然是一个**无限的**主体,无限的A,也就是说,如果它不是主体,那么它就不可能是客体。因此,如果主体不是 uno eodemque actu [通过同样一个行动]作为A而存在,那么它也不可能是B;这不是指主体就是B,而是指它获得了它的本质的另一个形态。在这个形态里,主体不再是单纯的A,而是**作为**A,因为现在它已经不可能是非A。作为A而被设定的A不再是单纯的A,而是那作为A而存在着的A——我们不能说它既是A也不是A,而必须说,它是A。作为A而存在着的A就是那个自身双重化的A——在早期的逻辑里,当A不是单纯地被设定,而是**作为**A而被设定,那么这个类型的存在就被称作"重叠存在"或"重叠"(Reduplicatio)——因此,那作为A而被设定的A不再是单纯的A,而是双重化的A,如果这个概念已经得到澄清,我们就可以简单地称它为A^2,而现在我们就会看到,一方面是一个已经转变为B的A,另一方面是一个**与**B处于紧张对立关系、但恰恰因此**通过**B而同时获得提升的A^2——这就是在自身内获得提升的A,即作为A而被设定的A。

通过这个方式,我们就超出了统一性,达到二元性,而伴随着二元性,正如你们预先已经知道的,这就为一个更进一步的、必然的推进发展奠定了基础。但是在我讨论这个推进发展之前,我还得揭示出那个对立的更详细和更确切的意义。

通过那个作为 A 而被设定的 A,通过 A^2,A 在是 B 的同时,把自己提升为一个较高的东西。但是人们直接就会发现,较高的东西必然而且始终能够理解把握和认识较低的东西。那作为"无"的绝对主体使自己成为**某物**,成为一个受束缚的、受限制的、拘谨的存在。但是它是一个**无限的**、亦即绝不可能在"无"中沉沦的主体,既然如此,当它是**某物**,它就直接地重新超越自己,在这个"某物之存在"里面理解把握自己,认识自己。当它作为**某物**存在着,它是**实在**(das Reale),而当它理解把握着某物之存在,它就是**观念**(das Ideale),于是在这里,"实在"和"观念"这两个概念首次进入到我们视野之中。我们说,主体设定自身,并通过它的存在的全部规定而产生出自身,但是,如果主体的这个历史是一个现实的历史,是一个真实的历史,那么主体的这个最初的"**某物之存在**",还有那个与它对立的东西(主体通过这个对立才成为主体)——即刚才所说的"实在"和"观念",这是自身设定或自身实现的最初的两个潜能阶次——都必须在现实中得到验证,或者说都必须在现实中具有一个相应的表现。

所谓的"**物质**",只能被解释为那个起初自由的、作为"无"而存在着的主体的最初的一般意义上的"**某物之存在**",解释为一个受到自身约束或困扰的主体。也就是说,刚开始的时候,人们在"物质"概念下所思考的,至多只是一般意义上的"某物",一个不再是"无",亦即不再自由的主体。**这个意义上的"物质"仅仅**

[X, 104]

是最初的"某物之存在"自身,就此而言,它当然不是我们现在看到的**那种**经过塑形的、千姿百态的物质,尤其不是那种已经具有形体的物质。毋宁说,我们称之为开端和第一个潜能阶次的东西,我们称之为"无"之近邻的东西,乃是那种经过塑形的、作为感性认识对象、具有感性属性的物质之物质,是那种物质的质料或基础。因为正如我们很快将会看到的,那作为最初的一般意义上的"某物之存在"的物质,直接转变为一个演进过程的对象,在这个过程里,它转化为一个更高的存在的基础,而且只有当它**转变为这样一个东西**之后,它才获得那些可以通过感性而认识到的属性。现在,那与这个最初的实在,与这个最初的"某物之存在"相对立的,是观念,就此而言,观念是"无"(即是说它不是"某物"),但因为它与"某物"相对立,而"某物"严格说来是**被设定的**"无"或纯粹本质,所以观念自身恰恰**也**成了"某物":我们将会说(其实在这个哲学的最初的发展过程中我们就已经说过),这个作为"**某物**"而被设定的纯粹本质——它相对于物质而言作为"**无**"存在着——乃是**光**。相对于物质而言,光作为"无"存在着,但它毕竟又不是"无";同一个东西,它在物质里面作为"某物"存在着,而在光里面作为"无"存在着,但在后一种情况下,它确实也被设定为"某物",但却是另一个"某物",即纯粹**观念**上的"某物"。很显然,我们不能像早先的人们所猜想的那样,把光贬低为物质。假若光本身就是物质,那么怎么可能存在着这样一些物体,光不仅从任何**方向**、而且在任何一个**点**那里都不能直接穿透它们呢?如果人们企图通过一些细孔或物质的空虚间隙来

[X, 105]

解释这个现象,那么对于一个透明的物体而言,无论从它的表面的哪一个点出发,都能够直接把它洞穿(因为它在它的表面的每一个点那里都是透明的),也就是说,它必须在每一个点那里都是一个细孔,而它自己无非就是一个细孔。正是在这个问题上,一种观察式物理学更有权利主张,光的非物质性就等于是光的物质性。众所周知,"波动说"得到了人们的优先认可,因为它主张光仅仅是一个偶性,就此而言光当然不是物质,而是物质的一个偶性,在这种情况下,"波动说"作为一个猜想可以在某种程度上使演算更加容易,但它只有在这个范围内才是可以被人接受的。同理,化学计量学虽然以原子的重量为前提,但它实际上从来没有看到哪怕一个原子。除此之外,把光的各种现象归结为一个波动媒介,同时又认为这些现象里面的决定性因素是一个直线运动,这也是一种完全自相矛盾的说法。自然哲学主张光是非物质的,**意思**并不是说,光仅仅是一个偶性,而是说,光是一个非物质的**实体**——好比斯宾诺莎说的那个有广延的、思维着的实体。

光本身不是物质。毋宁说同一个东西,它在观念里面是光,而在实在里面则是物质。光通过**它自己的**方式、亦即通过一种观念上的方式,在所有的维度上充满了空间,正如物质也是以自己的方式充满了空间。因此光是物质的**概念**,这不是一个内在的或单纯主观的概念,而是一个自身客观化了的概念——对于这个规定,我要多说几句,因为正是这个规定使得自然哲学相对费希特而言取得了一个根本重要的进步,并且进一步澄清了自然哲学。

[X, 106] 笛卡尔和他的后继者斯宾诺莎把思维完全从广延和广延物那里剥离开来。但是,光在广延世界里显然是精神或思维的一个类似物(Analogon),而如果我们把"类似物"这个不确定的概念还原到一个确定的概念,那么光根本就不是别的什么东西,毋宁说它就是精神或思维本身,只不过处于一个较低的层面或潜能阶次罢了。费希特处理自我和非我的对立的方式,和笛卡尔及斯宾诺莎完全一样。按照费希特自己的学说,只有自我真正存在着,既然如此,那么他必须承认,自我也是自然界的实体或最终本质,他必须宣称,自然界也真正存在着,或者说自然界就其内核或本质而言就是自我,是"主体—客体"。假若费希特不是已经断然否定自然界在我们的表象之外具有**任何**实在性,那么他必须承认上述观点。也就是说,费希特所理解的主观东西**仅仅**位于**人的**自我或精神之内,但对于光,人们也可以说它是一个主观的东西,只不过是一个被设定在**自然界**自身之内的主观东西,通过这个东西,自然界对自身而言成为主观的,或者说成为一个主体,因此也可以说,自然界不是一个**纯粹**客观的东西——不是**纯粹**的非我。我们可以认为,自我是自然界的自我或第一个主观东西,是**外在于**我们的第一个主观东西。无论在哪里,无论在任何层面,都没有单纯的主观东西或单纯的客观东西,而始终只有二者的统一体。光作为我的对象诚然隶属于一个**对我而言的**客观世界,隶属于一个作为**我的**对象的世界(这时我已经上升到一个更高的层面),这个世界虽然**表现为**一个客观

的东西,但在其自身之内也是一个主观的东西。只有相对于一个更高级的观念存在(比如人的知识),也就是说,一般而言,只有在一种相对的情况下,光才隶属于一个实实在在的世界,但就其自身看来,或即使与物质相比较,光按照**它自己的**方式或按照它的潜能阶次同样也是一个观念存在,正如人类思维按照**它自己的**潜能阶次是一个观念存在。

现在,通过迄今的规定可以看出,那个无限的自身设定行动,或者说**生命**(因为主体的**生命**就在于那种自身设定行动),其最初的那些环节就是自然界的各个环节。由此可知,我的哲学 [X, 107] 从一开始就置身于自然界之内,或者说是从自然界出发的——当然,这不是为了停留在自然界之内,而是为了通过不断推进的上升过程而超越自然界,走向精神,上升到真正的精神性世界。因此我的哲学就其开端而言可以叫作"自然哲学",但自然哲学仅仅是整体的第一个部分或基础。自然界本身仅仅是宇宙或绝对总体的**一个**方面,仅仅是一个相对而言的观念世界,只有通过这个世界,绝对主体才完全得以实现。至于精神世界,则是**另一个**方面。哲学必须潜入到自然界的深处,但这样做只是为了从那里出发,把自己提升到精神的高峰。因此体系的另一个方面就是精神哲学。如果人们把整个体系称作"自然哲学",那么这仅仅是一种 denominatio a potiori [从优命名法],或者说真正遵循 a priori [先天,从在先的开始]一词的意思,用体系里面先行的第一位的东西来命名——但在这种情况下,第一位的东西其实是居于从属地位的东西。根本说来,要为这个体系找到一个名称是很困难的,因为它在**自身内**恰恰包含着之前所有体系的已经遭到扬弃的对立。实际上,人们既不能称它为唯物论,也不能称它为唯灵论,既不能称它为实在论,也不能称它为唯心论。本来,人们可以把这个体系称作"实在—唯心论"(Real-Idealismus),因为在它里面,唯心论本身是以一种实在论为基础,并且是从一种实在论发展而来的。曾经有一次(也是唯一的一次),我对我的这个体系进行了一番初步阐述①,在这个阐述的前言亦即它的公之于众的那个部分里,我把这个体系称作"绝对同一性体系"(das absolute Identitätssystem),但这只是为了表明,这里既不主张片面的实在,也不主张片面的观念,毋宁说,在人们接着费希特的话头称之为"实在"的东西里,和在人们惯常称之为"观念"的东西里,只能思考唯一的一个最终主体。然而这个名称也遭到了恶劣的误解,而且被一些从未深入了解这个体系的人所利用,以便从中推导出一些结论(或者说让部分没有教养的公众相信这是我的结论),说什么这个体系颠覆了**一切**差别,尤其是物质与精神之间、善与恶之间、乃至真理与谬误之间的差别,说什么在这个体系里面,"一切为一"就是普通人所理解的那个意思。既然如此,接下来我就继续进行我的阐述。

现在,我们已经指出最初的两个潜能阶次:一方面是物质,它代表着刚开始的那个纯粹而自由的主体的最初的受到自身约束的存在,另一方面是光,它代表着那个**作为**自由者和不受约束

---

① 指谢林于1801年发表的《对我的哲学体系的阐述》(*Darstellung meines Systems der Philosophie*)。——译者注

者而被设定的主体；后面这个主体之所以不再是一个**完整的**主体或绝对主体，原因恰恰在于，它是一个已经**作为这样一个东西**而被设定的主体。绝对主体尚且是**纯粹**无限的，也就是说，它尚未**作为**这样一个主体而被设定。现在我们得表明，整个发展过程如何从这个点出发，向前推进。这里首先要谈到的是前进发展的真正原则，亦即**方法**，而方法又是基于这样一个前提：那在之前的层面上尚且被设定为主观的东西，总是在下一个层面上成为客观的——附着在客体身上，直到产生出一个最完满的客体，到最后则是一个终极的、唯一持存着的主体，这个主体再也**不能转变为客观的东西**（因为一切形式都已经存在着），因此真正说来，它才**是**最高的、作为这样一个东西而被设定的主体；那在发展**过程**中显现为主体的东西，仿佛只有在一个环节上面是主体，而在接下来的环节上面，我们发现它已经隶属于一个客体，不可能再度被设定为客观的。主体有一个走向客体的必然趋势，而这个趋势必须**穷尽**自身。

你们亲眼看见，这个方法不是一个单纯外在的、仅仅从外面应用到对象身上的方法，毋宁说它是一个内部的、内在性的、寓于对象自身内的方法。不是哲学思考的主体，而是对象自身（绝对主体）按照一个对它来说必然的法则推动着自身前进，而按照这个法则，那在较早的层面上是主体的东西，在接下来的层面上成为客体。同样，在当前的这个环节里，光（即自然界的相对意义上的观念存在）作为**主体**，与作为**客体**的物质相对立。但是这个观念存在必须亲自附着在客体身上——成为一个**客观的**东西，只有通过这个方式，一个完满的客体才产生出来。在这个最初的观念存在里,又已经隐藏着一个更高的、更根本的观念存在,除非前者本身已经转变为一个实在的东西,否则后者不会显现出来,并和前者区分开来。但是,除非那个最初的观念存在分有了物质的存在(物质已经占据了客观东西的整个空间),否则它也不可能成为一个实在的或客观的东西。也就是说,必须夺走物质迄今一直具有的独立存在,制造出**第三个东西**,相对这个东西而言,物质和光仅仅是它的偶性或属性。起初(在之前的环节里),物质和光都是独立存在着的东西,如今在接下来的环节里,二者只能是一个更高的第三者的共同的属性,**二者**只能共同从属于一个更高的潜能阶次。

我承认,当我们说"必须夺走物质的独立存在"时,这句话很容易引起误解。其实我们的意思是,必须设定一个演进过程,在这个过程里,正如我已经预先指出的那样,物质转化为一个更高的存在的纯粹**基础**,或者说被吸纳到那个更高的存在里面。这个环节被称作**动态学演进过程**,它本身又包含着一些环节。这些环节的**现象**就是我们现在在自然界里面还能认识到的磁性环节、电的环节、化学环节;或更确切地说,这三个环节属于一个现在在自然界里面还能知觉到的、始终前进着的演进过程,我们把这三个环节作为磁性、电性和化学性而加以区分,并且把它们看作是一个经过塑形的、多样化的(具有可区分的属性的)物质的原初**产生过程**的环节。在这个关系里,我称它们是一切物质产生过程的三个范畴,或者说物理学的三个范畴。然而这个动态学演进过程仅仅是一个过渡,而且它始终是基于两个潜能阶次相互之间的紧张对立。比如化学性仅仅是这样一个现象,在其中,那具有相反目标的物质达到了自己的目的,即一再地消解和消灭那些在它之内通过磁性和电性而设定的更高规定。在动态学演进过程里,物质始终坚持着它的独立实在性;但是,一旦物质失去了它的独立性,或者或一旦物质失去了它独自与光之间的抗衡,就会出现一个更高的主体,相对它而言,物质和光只能表现为它的共同的属性,因此我们可以把这个主体称作 A^3。它是有机自然界的主体或精神,是生命的精神,而这个精神把光和物质这两个潜能阶次当作是**它自己**的潜能阶次,与它们一起发挥作用。在这种情况下,物质就再也不能被看作是实体。实际上,有机体之所以是有机体,不是通过那个持续转换着的物质实体,而仅仅是通过它的物质存在的样式或形式。生命依赖于实体的形式,换言之,对于生命而言,形式已经是一种事关本质的东西。就此而言,有机体的目的不是仅仅在于保存它的实体,而是要保存某个形式下的实体,而这个形式恰恰就是一个更高的潜能阶次(A^3)的存在的形式。

[X, 110]

"有机体"(Organismus)之所以得到它的这个名称,原因就在于,那起初看起来仅仅为着它自己而存在的东西,在有机体里面只能说是一个**工具**(Werkzeug),是一个更高的东西的机能(Organ)。在之前的环节里——在动态学演进过程里——物质坚持着它的独立存在,把那些行为形式(即我们所说的磁性、电性和化学性)仅仅当作一些偶性纳入到自身之内。一个无机的物体,不管是否处于电的状态中,这对它来说都是没有害处的,反之，有机物质的行为形式对于有机物质而言却是**事关本质的**；比如，如果一块肌肉没有收缩能力和扩张能力，没有激动性，那么它根本就不是一块肌肉。

现在，如果实在东西**本身**只能通过与观念东西的紧张对立而存在，那么它们就是从属于一个更高的潜能阶次，在这种情况下，那现在存在着的东西，就既不是实在东西**本身**也不是观念东西**本身**，而仅仅是一个第三者，在这个第三者里面，实在东西和观念东西合为一体，仿佛它们已经因为它而彼此之间达成了和解，而对于这个第三者，唯一合适的名称就是"活物"（das Lebendige）。

[X, 111] 但这个融合**同样**只能是逐步进行的，因此只能通过一个演进过程而实现。物质始终都在试图坚持它的独立性，比如在由甲壳类动物形成的那些无机堆积物那里，它们仅仅通过一个外在地附着在它们身上的形式而证明它们曾经起源于生命，但就其内部而言，它们是无生命的。无机物（亦即能够对一个独立存在产生刺激作用的物质）在这里已经服务于一个有机体，但又不是完全从属于这个有机体。骨骼系统恰恰就是这样一种无机物，在高等动物那里，它退回到内部，被吸纳到内在的生命进程里面，而在低等动物（比如软体动物）那里，它又是一种外在的东西，显现为外壳。从高等动物的器官的**差异性**也可以看出，这是一些层次分化所留下的印记，通过这些层次分化，**整个**有机的自然进程不断上升。通过这个演进过程，有机自然界出现了，**与此同时**，那个更高的东西（即我们用 A^3 来标示的东西）在某种程度

上始终还是表现为**主观的**,也就是说,它还没有完全得到实现。只有通过许多层次分化,它才会达到完全的客观化,而这些层次分化是通过各种有机组织标示出来的。——在这里,通过体系的完全展开,我们讨论了植物王国和动物王国的差别,进而解释了动物的有机组织的层次分化秩序。当然,我在这里只能提出一个单纯的纲要,至于那些具体的研究,以及那些为数众多的构成了有机生命的层次过渡的中间环节,我**在这里**不可能详加讨论,因为在目前的情况下,那个体系本身不再是一个目的,而仅仅是服务于一个历史的目的。

简言之,那在之前的层面上呈现为存在者的东西,在随后的层面上降格为一个相对而言的非存在者,也就是说,降格为一个单纯的**层面**或工具——这个学说是如此之单纯,可以说它在每一个进步的**直接**本性那里都得到了验证。我们发现,这个学说首先属于哲学的领域,通过哲学而被陈述出来,但现在它已经渗透到自然研究里面,并且在极大的范围内得到运用。 [X, 112]

现在,如果(有机的)演进过程达到了它的目标,那么那个迄今为止一直都是主观的东西也会重新附着在客体身上,终结它自己的王国和统治,以便重新让位给一个更高的潜能阶次。(现在再也不会有原初的有机组织产生出来。就此而言,这个原初有机的、创造出有机组织的原则也已经成为一种历史意义上的过去。)有机生命的原则相对于下一个时期的更高原则而言属于一个客观世界,因此它甚至成了经验的自然研究的对象。当那个迄今为止一直都是最高东西的 A^3 本身也完全客观化,并从属于一个更高的主体——在这个环节里,人诞生了,严格意义上的自然界也终结了,一个新的世界、一个全新的发展序列开始了。因为自然界的开端无非就是那个最初的"某物之存在",而整个自然进程的目标无非就是要克服"某物之存在"的独立性或实体性,无非是要让"某物之存在"重新成为一个更高东西的单纯的存在形式。既然如此,当这个最初的存在摆脱了它的局限性,并恰恰因此从属于一个更高的东西,重新获得自由(它在有机物那里通过动物的自愿运动已经部分获得这个自由),那个严格意义上的自然进程就终止了。如今出现的主观东西不再是直接与存在打交道(而之前的那些潜能阶次则是直接与存在打交道),因为它所面对的是一个完结了的、完成了的、完整的存在。更高的潜能阶次既然再度凌驾于存在的世界之上,它与这个世界就只能是一种观念上的联系,换言之,它只能是一种知识。因为,如果一个东西高于整个存在,能够把它包揽进来,那么这个东西只能是知识。

[X, 113] 现在我们已经把主体推到这样一个位置,在这里,它是纯粹知识,或者说它的存在只能是基于一种知识,而不能被认为是一个物,不能被认为是物质。在这里,我们比一切早先的理论都更好地而且更清楚地解释了灵魂(亦即那个在我们里面直接表现为知识的东西)的非物质性。除此之外,早先的那些理论把这个单纯的、非物质的东西(按它们的说法)的存在仅仅看作是一个偶然的存在,而按照我们展示出的那个秩序,灵魂的存在乃是一个必然的存在——按照我们展示出的那个秩序,必然会达到一

个位置,在那里,主体不再沉陷在物质里面,而仅仅是一种知识,也就是说,主体是纯粹知识或纯粹精神,与此同时,它把一切除此之外能够直接存在的东西都看作是外在于它的他者,看作是客观的东西。对于主体所面对的东西,尽管它与它们只能是一种观念上的联系,但这是一种必然的联系。主体之所以是纯粹知识,原因恰恰在于,它已经把整个存在看作是外在于它,而自在地看来,那不是另一个主体,而是同一个主体,这个主体通过它的最初的和直接的行动成为物质,然后在一个较高的潜能阶次上显现为光,然后在一个还要更高的潜能阶次上显现为生命原则。因此,假若人们能够把这些之前的环节拿走,那么主体仍然会从它之前起步的地方重新开始,并且按照这个序列再次提升到现在的潜能阶次,再度成为纯粹知识。它并不是自在地被设定为纯粹知识,而仅仅是借助于这个序列才被设定为纯粹知识,也就是说,绝对地或自在地看来,它曾经经历的那些环节乃是包含在它里面的一些可能性,而由于它是通过摆脱这些环节或可能性,通过清除它们并把它们置于自身之外,才成为纯粹知识,所以它不是自在地,而是通过它自己的潜能阶次才成为纯粹知识或 A^4。就此而言,主体是以处于之前的潜能阶次的它自己为前提。正因如此,它与早先的那些环节是一种必然的、不可取消的联系,但与现在这个环节则是一种直接的联系(随后的环节必须始终以之前的环节为它的直接基础),因为惟有在现在这个环节里,之前的存在才达到了完结和终点,亦即达到了人。——作为纯粹知识,它虽然与整个自然界相关联,但是它仅仅与人之

[X, 114] 间有一个直接的联系,因此它是人的知识。在这种情况下,产生出一系列新的环节,这些环节和我们在自然界里面已经认识到的那一系列环节必然是平行对应的。但区别在于,这里的全部环节都仅仅在观念领域里展开,而那些环节则是在实在领域里展开。

这里我们将会再度发现,第一个层面是客观东西或有限者,第二个层面是作为主体而被设定的主体或无限者,第三个层面成为前面两个层面的统一。但是,正如在自然界那里,实在东西和观念东西,物质和光,都是客观的或实在的,同样在这里(在如今已开始的精神世界里),如果不去考虑实在东西和观念东西相互之间的对立,那么二者都仅仅是一个观念东西。按照我们的规定,主体凌驾于整个自然界之上,它作为一个直接的东西仅仅是一种纯粹知识,而作为这样一个东西,它是无限的、完全自由的。在这种情况下,它重新站在了那个最初的具有纯粹自由和无限性的主体的位置上面,但同时又与一个有限的、受限制的东西(即人类本质)具有直接的关联,又因为它不得不成为人类本质的直接灵魂,所以它也不得不分有人类本质的一切规定、关系和限制,而通过这个方式,即深入到有限性的一切形式里面,使自己成为一个有限者,尽管它本身始终保持为一个观念东西,但还是(在观念上)与那个在存在的领域或实在领域里面占据支配地位的必然性纠缠在一起。主体作为一个内在无限的知识与一个有限者相关联,从这个局面出发,我们从一些必然的表象和概念那里推导出整个体系,而客观世界就是按照这个体系来接受人类意识的规定；在这里，人类意识的真正进行认识的方面或理论方面得到展开；在这里，康德的理性批判的全部（得到纠正的）内容，或者说蕴涵在康德的理性批判中的整个理论哲学的内容，作为一个单纯环节的内容被吸纳到整个体系里面。通过这个方式，那自在地自由和无限的知识与有限者交织在一起，通过重新降落到实在世界里面而受制于必然性，并且显现为一种必然的和受到约束的知识。正是通过这个情况，就为一个新的上升过程奠定了根基。那不可克服的主体也摆脱了它在人那里获得的约束性，再次返回到它的本质之内，并且通过它与它的约束性的对立而成为一个自由的主体，成为它自己的第二个潜能阶次，不仅摆脱了必然性，而且支配着、处置着和理解把握着必然性；在这里，那个贯穿着整个序列的对立获得了它的最高表达，即成为必然性和自由之间的对立。必然性是这样一个东西，人在进行认识活动的时候不得不与它打交道，不得不屈服于它；而自由则是指行动和行为上的自由；一切行动都以认识活动为前提，换言之，人通过他的行动而使他的认识活动重新成为一个客观的或对象性的东西，使自己超越了认识活动。那在认识活动里面是主体的东西，在行动里面成为客体、工具、机能，如果你们过去或直到现在都还没有弄清楚，主体是如何过渡到客体的，或一个始终主观的东西本身的客观化是如何发生的，那么你们在这里已经获得了一个很容易理解的例子。（一个磁性线条的形象。）

[X, 115]

通过一个新的上升活动，对主体而言，那设定在它的认识活动之内的必然性本身重新成为一个客观的东西，于是主体就摆脱了这个必然性,显现为一个自由的主体(这里的自由不是指在认识活动或知识中的自由,而是指在行动中的自由)。但对立并没有因此就被扬弃,而是刚刚被设定下来。这就是自由和必然性之间的对立,它通过各种不断延伸的分支(我在这里不可能详谈这些分支)最终获得了那个崇高的意义,即它在历史里面具有的意义,而历史里面的行动者不是个体,而是整个族类。

[X, 116] 　　正是在体系的这个地方,我们过渡到行动的领域,过渡到实践哲学,开始讨论人类的道德自由,讨论善和恶的对立,以及这个对立的意义。这里我们尤其讨论了国家,它是自由和必然性之间的一个(尽管居于从属地位的)中介环节,是挣扎在自由和必然性之间的人类所创造出来的东西。最后我们谈到了历史本身,它是一个把整个人类都包揽进来的伟大进程。于是同样一个哲学,在较早的层面上是自然哲学,而在这里则是成了历史哲学。在历史哲学里面,曾经有一种毫无节制的自由,它不接受任何法则的约束,进而导致一种前景黯淡的、充满绝望的历史观。这里出现了一种极端的、完全悲剧性的分裂,在这种状态下,对于自由的滥用让我们重新回忆起必然性,并且不得不认识到,存在着某种比人类自由更高的东西。义务本身不可能给人提出任何诫命,因为它已经下定决心,对于行动的后果不理不问,但是人应当知道,虽然他的行动是依赖于他、依赖于他的自由,但是从这个行动那里发展出来的对于他的整个族类而言的后果,却是依赖于另外一个更高的东西,这个东西贯穿着个体的最为自由的、甚至可以说无法无天的行动方式,同时执行并坚持着一种

更高的法则。

假如没有这个前提,那么绝不会有一种激励人类心灵的勇气,让人们全然不顾自己的行为的后果,去做义务所要求的事情;假如没有这个前提,那么没有任何人会敢于做出一个造成伟大后果的行为,哪怕这个行为是一种神圣的义务对他提出的要求。因此对于历史本身而言,这里要求有一种能够与道德自由并驾齐驱的必然性,也就是说,这不可能是一种盲目的必然性(自由无论如何已经超越了这种必然性),毋宁说,那种必然性之所以能够调和自由与必然性,原因仅仅在于,它本身不是像人类自由那样,与必然性相冲突,而且它不是仅仅在相对的意义上,而是绝对地不依赖于必然性,始终保持为天命,相对一切事物而言都始终是主体——始终是一个纯粹的、自由的、洁身自好的、因而真正无限的主体。于是哲学在这里达到了那个最终的、凌驾于一切事物之上的主体,它本身不再成为客观的,而是始终保持为主体。现在,人们再也不能像在知识里面一样,认为主体就是"自己"(Sich),毋宁说他们必须认识到,主体已经超越了"自己",并且恰恰因此超越了一切事物,一切事物最终都臣服于它。在最初的出发点,主体仅仅作为精神和天命存在着,如今它宣布自己是天命,并在终点展示出它在开端已经所是的那个东西。现在,最终的任务仅仅是要表明,这个就其本性而言不可触及的、仿佛栖身于一道不可触及的光里面(因为它绝不可能成为客体)的主体与人类意识之间的关系;无论如何,这个主体和人类意识之间必须有一种关系。但我们已经指出,这个主体本身绝不会通过任何一个进展而重新成为客体,而是作为统治者始终凌驾于一切事物之上,既然如此,它和人类意识之间的关系就只能被设想为一种纯粹的显示关系(Manifestation),此外没有别的可能。既然它本身不会而且不可能成为客体,那么人们只能说,它显示自身。

  人们可能会问,这样一些显示——或者借用莱布尼茨的一个在这里更贴切的说法,最高者的这样一些闪耀——这种凌驾于一切之上的东西,是否能够在人类意识里面得到证实,是否有这样一些现象,人类的自主体在其中表现为那个最高者的工具或机能;因为,那个单纯显示自身的东西,并不是直接发挥作用,而仅仅是通过另一个东西才发挥作用。(在整个直线发展的进程里都是这个样子。)现在我们必须回想起,那个最高主体虽然自在地仅仅是一个单一体,但是当它与这个现在已经完成的、摆在我们面前的宇宙的两个方面相联系的时候,可以被看作具有三个形态。正因为它是最高者,正因为一切事物都从属于它,所以它既是最终的东西,是自然界或实在世界的终极创造者,也是精神世界或观念世界的主宰,同时还是前面两个世界的中介者和统摄把握者。作为创造者,它在人里面同样是通过创造或一种实在的生产活动显示自身;它将表明,1)它统治着质料或物质,能够控制和强制物质,因此它代表着精神,甚至可以说代表着那些最高的理念本身——在这个范围内,这是严格意义上的造型艺术所做的事情;2)但是造型艺术又以诗为前提,并且在这个关系里其本身仅仅是诗的一个工具,而主体在诗里面显示为一

[X, 118]

个甚至有能力创造出质料本身的精神。

造型艺术作品的最高真理和优越之处,不是仅仅与被造物或被造物的模型相契合,而是要表明,是自然界的精神亲自创造出了这些作品。因此在造型艺术作品里面显示出一个行为,这个行为不属于被造物的类型,而是让人觉得它本身就是造物主。在那种最高的作品亦即与艺术结合在一起的诗那里——在诗歌艺术的最高作品亦即悲剧那里,各种盲目的狂躁激情如暴风骤雨般显现出来,对行动者自身而言,理性的声音沉寂了,任性和无序状态越来越深地纠缠在一起,最终转化为一种令人毛骨悚然的必然性——在所有这些运动中间,诗人的精神显现为一道平静的、唯一照耀着的光,显现为一个唯独它高高在上、在最激烈的运动里面本身岿然不动的主体,显现为一种智慧的天命,它能够最终把那些最为尖锐的矛盾导向一个令人满意的结局。

因此在这里,那个最高者显示为艺术的守护神。如果说艺术是人类行为里面最客观的东西,那么宗教就是人类行为里面最主观的一个方面,因为宗教的目的不是像艺术那样要设定一个存在,而是要表明,相对那个最高的主体而言,一切存在者都是非存在。恰恰在这里,那个最高者显现为这样一个东西,一切事物在它面前都沉陷到虚无之中,在那些道德的—宗教的英雄的神灵眷顾状态下,最高者就是显示为这样一个东西,而通过那些英雄,人类本身获得了荣耀,并且显现为一种神圣的东西。

人类还有第三种行为,把艺术的客观因素和宗教的主观因 [X, 119]

素(或者说宗教的臣服)统一在自身内——这就是哲学。哲学和艺术一样都是客观的,因为她揭示出了造物主的创造过程,表明造物主从一个层次过渡到另一个层次,贯穿着一切层次,但却没有停留在任何一个层次里面。与此同时,哲学和宗教一样是主观的,因为她之所以创造、揭示出一切现实的东西,或把它们设定为存在着,只是为了最终把它们托付给那个最高的主体,或者说托付给那个自在的最高的精神。

艺术、宗教和哲学,这就是人类行为的三个层面,惟有在这三个层面上面,严格意义上的最高精神才显示出来,它是艺术的守护神,是宗教的守护神,是哲学的守护神。人们认为,惟有这三个层面才具有神性,并因此具有一种原初的神灵眷顾状态,至于一切另外的神灵眷顾状态,都仅仅是派生出来的,因此正如所有时代的证据所表明的那样,荷马已经被称作"神一般的",同样,柏拉图也被后世称作"神一般的"。如果我们不是把最高主体看作是一个处于各种特殊关系里的东西,而是看作一个绝对的和普遍的东西,那么最高主体只能有唯一的一个名称,这就是所有民族都不约而同地赋予它的名称,即"神"或"上帝"——不是一般意义上的上帝(θεός),而是一个特定的上帝(ὁ θεός),是一个作为上帝的上帝。因此哲学在这个概念里面终结了,当实在世界和观念世界的三个潜能阶次仿佛作为三个前后相继的统治者消失和沉沦之后,这个概念成了最终的、唯一保留下来的概念,在这个概念里,历经辛劳的哲学安静下来,仿佛欢庆着它的安息日。

通过这个方式,我们就呈现出了一条完整的直线,一个完整的持续而必然的进步发展,它从我们眼前的最低的东西出发,一直过渡到人类本性所能掌握的最高的东西。

——对于这个最终呈现出来的体系,当今时代,无论是谁,只要他认识到了它的真正的和原初的形态,就会作出自己的判断和评价。一方面,他不可能认为这个体系是错误的,但另一方面,他又可能觉得,还有某种东西阻碍着他,至少让他不能宣称 [X, 120] 这个体系是一个终极的真实体系。但是,他可以在某个限制的范围之内(即不是无条件地和绝对地)认为这个体系是真实的。因此,要对这个体系作出一个有理有据的判断,关键是要意识到那个限制。

第一,就这个体系的覆盖范围而言,不可否认的是,它包揽了一切可以认识的东西或者说一切可以以某种方式成为认识对象的东西,没有把任何东西排除在自身之外;不仅如此,它还掌握了一个方法,通过这个方法,它确保了自己的覆盖范围的完整性;人们甚至可以说,对于人类知识的任何将来的扩展,这个体系都已经预留了各种位置。第二,就方法而言,这个方法本身的目标是不要让哲学家的主观性发生任何影响。不是哲学家规定着对象,而是对象自身按照一个寓于它自身内的原则持续地规定着它自己,因此这是一个按照内在法则而推进着的思想,它自己给予自己以内容。第三,从形式来看,通过这个体系,首先在哲学里面引入了"演进过程"及其"环节"的概念。从内容来看,这是一个主体的历史,这个主体一方面不得不使自身有限化,另一方面又总是成功地摆脱了每一个有限环节,最终超脱于一切客观性和盲目性之上,成为最高意义上的具有自我意识的主体,作为天命而存在着。除此之外,人们只要想一想,费希特的主观唯心主义曾经如何施暴于一切自然的表象,以及通过以往的自然界和精神之间的绝对对立,更不要说通过那种粗暴的唯物主义和感觉主义(它们当时在除了德国之外的整个欧洲都广为流传),意识所感受到的撕裂和伤害,那么人们就会明白,为什么这个体系从一开始就被人们抱着极大的热忱接受下来——以前的任何体系从来都没有激发起这种热忱,后来的任何体系也再也没有激发起这种热忱。现在的人们已经不再知道,那在当今时代已经成为共同财富的东西,那在德国被一切具有崇高思维和崇高情感的人仿佛奉为信条的东西,在当年都是通过艰苦搏斗而赢来的。这些东西里面尤其包含着一个信念,即那在我们里面进行认识的东西,和那被认识的东西,是同一个东西。

[X, 121]

既然那种哲学包揽了全部现实性——自然界、历史、艺术——包揽了一切低微的和崇高的东西,仿佛把人类的全部知识放在人们面前,那么它必然会对其他门类科学的精神造成或多或少的影响。人们可以说,它不仅在严格意义上的哲学里面,而且在一般意义上的关于事物的观点和考察方式里面,都带来了改变。新的一代人出现了,他们发现自己仿佛获得了一些新的思维机能和知识机能,于是对于自然科学和历史都提出了各种完全不同的要求。

早期物理学里面的机械论猜想和原子论猜想使得人们对于

各种自然现象仅仅抱着唯一的一个兴趣,就好像带着好奇心去探究一个魔术师的精妙手艺。对于这类理论家,人们可以说:"如果别人承认你们的说法,存在着这些微小物体,还有这些微小物体的这些形态,存在着这些变着法子在细孔中穿来穿去的精细物质,以及那些在这个或那个方向上带有阀门的通道,那么你们当然可以自圆其说。但是有一件事情你们没有解释,就是所有这些装置究竟是为了什么而被造成的,自然界究竟是怎样落入这样一些魔术戏法里面的?"

幸运的是,那些猜想通过哲学而赢得了一种更为深刻的自然观,因为在哲学看来,自然界也是一个自己给予自己法则的东西,也是一个自己设定自己并推动自己的东西。与此同时,近代的实验物理学的各种发现不但在某些方面验证了哲学的预言,而且在某些方面甚至超越了这些预言。自然界曾经长期被看作是一个僵死的东西,现在它绽放出了一些指向更深层次的生命的标志,这些标志把自然界的最为隐蔽的演进过程的秘密公之于众。过去人们根本不敢想象的东西,如今成了经验领域的事情。

以往的人们既然把自然界看作是一种单纯外在的东西,看作是一个没有任何内在生命、没有真正的生命兴趣的游戏,那么同样地,他们认为历史也是一个偶然的游戏,其中充斥着各种无规则的任性、无意义和无目的的冲动。他们甚至认为,一个最为机智的学者必须最有能力揭示出历史的无意义和荒谬性,并且能够表明,一个历史事件或历史现象愈是伟大,那么就愈是要用

[X, 122]

一些渺小的、偶然的和猥琐的原因来解释它。这些观点尤其是在当今的各个大学里面占据着支配地位。当然，任何一个时代都存在着一些例外。比如约翰内斯·冯·缪勒①就是这样一个伟大的例外。在他那个时代，所有阶层都或多或少地有点自轻自贱的倾向，但这个现象在绝大部分学者那里尤其突出，这些学者主要是在各个实证专业里面争风吃醋，通过拒斥一切崇高的精神而使得他们自己的那个学科名誉扫地。但是，就是在这样一个时代，缪勒出于一种天生的对于历史的敬畏，没有与这类论调同流合污。尽管如此，他在当时之所以得到认可，最主要地还是由于他的博学，只有到了后来，人们才真正懂得赏识他的精神。

当人们发现，各种科学能够与一切科学里面最高的那个科学亦即哲学发生一个深刻的和实实在在的联系，在这种情况下，科学的价值和兴趣就持续地攀升。有些人出于一种令人遗憾的误解，努力要让他们的专门科学尽可能摆脱与哲学的联系，其实他们不知道自己正在做什么；他们觉得他们的科学受到尊重，并为此洋洋自得，但实际上，这种尊重的唯一前提在于，在那些科学里面有一种与更高的科学的联系，这种联系虽然没有公开表现出来，但作为早先的哲学发展的结果，现成地就存在于那里。如果说学术界将要面临着一个改变的历程，那么这个历程必定首先在那些更高的、且正因如此更为敏感的机能（即诗和哲学）

---

① 约翰内斯·冯·缪勒（Johannes v. Müller, 1752-1809），瑞士历史学家和政治活动家。作为一名"爱国主义—民族主义历史学家"，他的历史观和历史书写方法对于19世纪上半叶的瑞士和德国历史学界有着巨大影响，是德国的"历史主义"（Historismus）奠基人之一。——译者注

里面预示出来,正如那些温柔的、更具有精神性的有机的自然存在比物质性的自然存在更早感知到天气的变化,感知到即将来临的雷雨和其他自然事件。歌德可以说是一个新时代的最早的宣告者,但他始终是一个孤立的现象,不仅没有得到他那个时代的理解,甚至在某种程度上没有得到他自己的理解。只有通过康德造成的那个伟大的改变,由此唤醒的精神逐步掌握全部科学和整个学术界,这才给歌德投去一道真正的光明。此外,赫尔德也有资格被看作是属于这样一类天才,他们在某种程度上是不知不觉地、意想不到地为这个新的精神运动作出了铺垫。 [X, 123]

现在,既然这个形态下的哲学从一开始就散发着一种普遍的吸引力,为什么没过多久,它的影响就遭遇到了阻碍呢?为什么它会遭遇到一个刚开始很少被人注意到的极端反对意见呢?人们从许多方面出发对于这个哲学的攻击绝大多数都是无意义的、不公正的,比如说它宣讲的是一些平庸的、习以为常的道理,说它是斯宾诺莎主义、泛神论等等;这些攻击根本不能阻碍这个哲学发生影响。真正的阻碍毋宁说是一种误解,也就是说,人们把一些莫须有的观点强加在这个哲学头上,但这些观点既不是它曾经说过的,也不符合它的原本的思想。

为了说明这一点,我必须从一些更基本的事情讲起。

任何一种哲学,当它与普遍的人类意识发生联系,总是要在一个问题上面要么与之契合,要么与之冲突;这个问题就是哲学解释最高者或上帝的方式。在我们刚才讲述的这个哲学里,上帝究竟具有怎样一个位置呢?首先,上帝是一个单纯的结果,是一个最高的、最终的、包揽一切的思想——这个位置与上帝在旧的形而上学里面的位置是完全对应的，而这也是康德留给上帝的位置，因为在康德看来，上帝仅仅是一个对于人类知识的形式上的完成而言必要的思想。但在我们刚才宣讲的这个体系里，上帝是一个最终作为主体而成功地超越了一切事物的实体，是一个再也不会降格为客体的主体；这个主体贯穿着整个自然界，贯穿着整个历史，贯穿着全部前后相继的环节，仅仅显现为这些

[X, 124] 环节的最终结果，而这种贯穿被看作是一个现实的运动（即是说不是在纯粹思想中的推进），甚至被看作是一个实在的演进过程。诚然，我可以认为上帝是我的思维活动的终点和纯粹结果（就像旧的形而上学所认为的那样），但是我不能认为上帝是一个客观的演进过程的结果；进而言之，这个被认为是结果的上帝，如果他是上帝，那么他不可能以除了他之外（praeter se）的某种东西为前提，而至多只能以他自己为前提；但按照我们之前的表述，上帝确实又是以发展过程的前期环节为他的前提。从这里——从这个最终结论——可以得出，这个上帝必须在终点处确定地成为他在开端处已经所是的那个东西，就此而言，那个贯穿着整个演进过程的主体在开端和中途就已经是上帝，哪怕它还没有在结果那里作为上帝而被设定——在这个意义上，一切事物确实都是上帝，而且那个贯穿着自然界的主体同样也是上帝，只不过不是作为上帝——因此上帝必须走出他的神性，进入他的外化状态或异在状态，不同于他自己，只有到了终点，他才是作为上帝而存在着。

但是，如果承认了上述情况，又会出现如下一些困难。部分原因在于，上帝显然被纳入到一个演进过程里面，至少人们可以这样说，为了作为上帝而存在，他必须从属于一个转变过程，而这个说法与人们已经接纳的那些概念大相径庭，很难得到普遍的认同。但哲学之所以是哲学，就在于她必须得到普遍的理解和确信，从而也得到普遍的认同，而且每一个建立起一套哲学学说的人都提出了这个诉求。当然，人们可以说："上帝之所以投身到这个转变过程里面，是为了把自己作为上帝而加以设定。"当然，人们必须这样说。但这些话一旦说出来之后，人们就会发现，要么他们必须假定有一段时间，那时上帝还不是作为上帝而存在着（但这个说法又与普遍的宗教意识相悖），要么他们必须否认曾经有这样一段时间，也就是说，他们必须宣称那个运动或那个事件是一个永恒的事件。但一个永恒的事件就不是一个事件。就此而言，整个关于那个演进过程和那个运动的表象本身就是一个虚幻的表象，真正说来没有任何事件发生，一切事件都是仅仅在思想里面发生的，而这整个运动其实只是思维的一个运动。那个哲学①本来应当紧紧抓住这一点；如果是这样的话，它可以使自己摆脱一切矛盾，但恰恰因此放弃了对于客观性的诉求，也就是说，它必须承认自己是这样一种科学，其中没有谈到存在（Existenz），没有谈到现实地存在着的东西，因此在这个意义上根本没有谈到认识，而是仅仅谈到对象在单纯的思维里面所处的关系；相应地，既然存在在任何地方都是肯定的东西，

[X, 125]

---

① 即下面将要谈到的黑格尔哲学。——译者注

亦即那种被设定的、得到保障的、被主张的东西,因此那个哲学必须承认自己是一种纯粹的"否定哲学",并因此给一种与存在相关联的哲学(亦即"肯定哲学")留出自由的空间,而不要宣称自己是一种绝对的哲学或一种无所不包的哲学。哲学要清楚地认识到这一点,还需要很长一段时间,因为哲学里面的一切进步都仅仅是缓慢发生的。此外需要指出的是,那使得这段时间显著延长的,是一段与最终的发展结果相抗衡的插曲,既然如此,我们至少应当谈谈这段插曲的必须加以注意的地方。

黑格尔

刚才阐述的那种哲学，如果它表明自身是一种思维科学或理性科学，并且表明，它最终把握到的上帝是它通过早先的中介活动而得到的一个纯粹的**逻辑**结果，那么它可以指望得到普遍的认同。但由于它采纳了反面的假象，它所获得的就是一种完全虚假的、甚至与它自己的原初思想相矛盾的名声（因此不难理解，人们对它得出了各种变化不定的、大相径庭的判断）。现在人们希望，那种哲学或许会真正退回到这个界限之内，宣称自己是一种否定的、纯粹逻辑的哲学，而这恰恰是**黑格尔**对于哲学提出的第一个要求，即哲学应当退回到纯粹思维之内，以及哲学的唯一的直接对象乃是纯粹概念。人们不能否认黑格尔作出的这样一个贡献，即他确实洞察到了那种哲学的纯粹的逻辑本性，他尝试着改造那种哲学，并且许诺要让它达到完满的形态。假若黑格尔坚持这个观点，假若他带着一种严格的、坚毅的放弃心态把这个思想导向一切肯定的东西，那么他就会决定性地过渡到肯定哲学，因为否定的东西，负极，无论如何都不可能作为一种纯粹的东西实存着，而是必然会立即要求正极出现。然而正如人们在黑格尔的《逻辑学》开篇那里马上就明确看到的那样，那

[X, 127] 种退回到纯粹思维、退回到纯粹概念的做法,却是与另外一个诉求联系在一起,即主张概念就是**一切**,不容许概念之外有任何东西。黑格尔的原话是这样的:"方法仅仅是概念自身的运动,而这意味着,**概念就是一切**,而且**它的运动是一个普遍的、绝对的行为**。因此方法是一种无限的**认识**能力(由此可知,人们迄今一直都是仅仅在谈论思维和概念,而在这之后,应当毅然转向对于**认识活动**的诉求。然而认识活动是一种肯定性事物,它仅仅以存在者、现实的东西为对象,正如**思维**仅仅以可能的东西,也即仅仅以可认识的东西,而不是以认识到的东西为对象)——因此方法乃是一种无限的认识能力,而任何**客体**,只要它呈现为一个外在的、远离理性并且不依赖于理性的东西,都不可能抵抗这种认识能力。"

"概念的运动是一个普遍的、绝对的行为"这一命题甚至没有给上帝留下任何回旋余地,除非上帝就是概念的运动,也就是说,除非上帝自身仅仅是一个概念。在这里,"概念"并不是意味着一个单纯的概念(黑格尔无比强烈地抗议这种误解),而是意味着**事情本身**(Sache selbst)。一部评注《阿维斯塔》①的著作曾经宣称:"真正的造物主是时间",就此而言,人们确实不能指责黑格尔,说他把上帝看作看一个纯粹的概念,因为黑格尔的意思毋宁是,**真正的造物主乃是概念**。有概念,也就有了造物主,除了概念之外,人们不需要任何别的造物主。

---

① 《阿维斯塔》(*Avesta*)是伊朗琐罗亚斯德宗教的圣经,其成书时间可以追溯到公元前10世纪。——译者注

虽然这恰恰是黑格尔尤其想要纠正的一个看法,即上帝仅仅被设定在**概念**之内,但这种情况在一种逻辑哲学的范围之内却是不可避免的。在黑格尔看来,上帝不是一个纯粹的概念,而是"上帝"概念本身,在他看来,概念包含着这个意思,即它就是上帝。黑格尔的看法是:上帝无非就是概念,这个概念逐步转变为一个具有自我意识的理念,而作为一个具有自我意识的理念,它脱离自身走向自然界,然后又从自然界那里返回到自身之内,成为绝对精神。

黑格尔不甘心把他的哲学作为一种纯粹的否定哲学来加以认识,反而保证道,他的哲学是一种绝对的无所不包的哲学。他的哲学宣称自己包含有一种客观的意义,尤其是包含有一种绝 [X, 128] 对完满的对于上帝和神性事物的认识——这种认识在康德看来是理性所不能掌握的,但在黑格尔看来却是通过他的哲学而实现了。黑格尔甚至认为,他的哲学包含有一种对于基督教教义的认识:按照这个看法,他对于三位一体学说的表述确实是最具有说服力的,我们马上就要谈到这一点。上帝作为圣父,在创世之前,是一个纯粹的逻辑概念,这个概念消解为**存在**的各种纯粹范畴。但因为这个上帝的本质处在一个必然的演进过程之内,所以他必须启示自身,而上帝自身的这个启示或外化就是世界,就是作为**圣子**的上帝。然而上帝必然还得扬弃这个外化(这个外化意味着脱离纯粹的逻辑事物——黑格尔完全没有认识到他的哲学作为一个**整体**的纯粹逻辑特性,所以他才会宣称自然哲学是他的哲学的外化)——上帝必须重新扬弃这个外化,扬弃这种对于他的纯粹的逻辑存在的否定,返回到自身之内,而这件事情是通过人类精神在艺术、宗教、并最终在哲学之内完满地发生的,因此人类精神同时也就是神圣精神(圣灵)。这样一来,上帝才获得他的完满的自我意识。

你们看到,黑格尔是如何理解我的自然哲学所发明的那个"演进过程",以及他是如何以一种决定性的方式把它佯装打扮为一个客观的和实在的演进过程。人们必须承认黑格尔在这方面进行加工改造的功绩,即他洞察到了他所面对的科学的纯粹的逻辑本性和意义。黑格尔的功绩尤其在于,他把那些被我的自然哲学隐藏在实在领域之内的逻辑关系**原原本本地**(als solche)揭示出来。尽管如此,人们不得不说,在现实的具体展开过程中,相比之前的哲学,他的哲学——恰恰因为其对于客观意义和实在意义的非分要求——在很大程度上成了一种怪异得多的东西,所以如果我把他的哲学称作是一段插曲(Episode),这对于它而言并不是一种不公正的做法。

[X, 129] 到此为止我已经大致确立了黑格尔的体系的地位。但为了更确切地证明这一点,我希望进一步表述他的体系的主要进程。

为了**进入**运动,黑格尔必须和**概念**一起回溯到一个距离运动的产物最为遥远的开端。但在逻辑事物或否定性事物的范围之内,只有不同程度上的**纯粹的**逻辑事物或否定性事物,因为概念只能是一个在不同程度上得到充实的概念,在其自身内或多或少包含着某些东西。于是黑格尔回溯到人们所能设想的最为否定的东西,那个包含着最为贫瘠的**认识**的东西,即概念。他说,概念尽可能摆脱了任何主观的规定,因为它是一个**最客观的**概念。在他看来,这个概念就是"**纯粹存在**"概念。

至于黑格尔是如何规定这个开端的,也许可以用以下方式来解释。

我的哲学所设定为出发点的那个主体,是与费希特所说的"自我"相对立的,后者仅仅是**我们的**主体,是人的主体,或者从根本上来说,对于每一个人而言,仅仅是他自己的意识的主体,其本身仅仅是一个纯粹的主观主体——与此相反,在我的哲学里,主体被看作是一个客观的(设定在我们之外、不依赖于我们的)主体,就此而言,我同时也主张,必须从这个客观的主体出发,逐步发展到一个主观的主体(即那个设定在我们之内的主体),在这种情况下,整个演进过程一般说来就被规定为"从客观到主观的推进过程"。我的出发点是一种完全客观的主观东西,因此这个出发点无论如何是一种主观东西,而不是一种**纯粹的客观东西**,而恰恰是在后面这种意义上,黑格尔把他的第一个概念规定为"纯粹存在"。——在我的体系里,那在自身内运动着的东西,**就其自身而言**并不是一个已经**被设定的**主体,而是如我们早先注明的那样,仅仅是一个有可能成为客体的主体。**在这个意义上**,它既非完全就是主体,也非完全就是客体,毋宁说它是主体和客体之间的一个平衡(Gleichgültigkeit),这个平衡又被表述为主观和客观的无差别(Indifferenz)。在演进过程开始之前,或者说就事情本身且直接的情况而言,这个东西本身并不是一个客体,但正因如此,它对于自身而言也不是一个**主体**(只有 [X, 130]

当它把自己**造成**一个**客体**,它才自动地成为一个主体,因此"主体"无非是一个相对的概念),所以当它与自己相关联的时候,它同时也是主体和客体的**无差别**(既不是主体也不是客体),但正因为它并非**自动地**就是主体和客体,所以它不是一种自为的无差别,而是一种纯粹客观的、纯粹**自在的**无差别。

正如你们知道的,主体向着演进过程的过渡恰恰在于,它**愿意**自己成为自己那样(daß es sich selbst als sich selbst will),因此这个演进过程的第一个环节,就是那个之前处于平衡状态(无差别状态)的主体**从现在起**自己关注自己。在这种自身关注里,那被关注的东西(我们希望称之为 B),亦即主体,就它自动地是一个客体而言,必然是一个被限定者或被限制者(关注本身恰恰就是作出限定),而关注者(我们希望称之为 A),正因为它已经关注着存在,所以它把自己设定在自身之外,受到存在的约束,成为最初的客观东西。这个最初的客观东西,这个"最初的存在者"(primum Existens),仅仅是一个契机,是向着内在性或精神性的更高的潜能阶次前进的第一个层面。当主体在它的每一个形式里面一再地把自己推向客体、接近客体,它就在这种关系里把自己提升为那种内在性或精神性——因为主体的任务仿佛就是把它的最初存在提升为一个与它自身相符合的东西,使其具有越来越高级的精神属性,并且转化为这样一种存在,主体在其中能够认识到它自己,并因此安静下来。但是,由于后续的层面总是牢牢把握着先前的层面,所以除非制造出全部形式,否则上述情况是不会发生的;相应地,除非客体已经完全等同于主体,否则运动也不会静止下来。由于在演进过程中,"最初的存在者"意味着主观的最小化和客观的最大化,并由此出发不断推进到更高潜能阶次的主观,所以在这里(即从**演进过程中的**第一个环节出发)也有一个从客观到主观的推进过程(Fortgang)。 [X, 131]

由于黑格尔在整体上和在主要事务上都是想要建立一个和同一性体系完全一样的体系,所以他无论如何也得寻找一个客观的开端,而且如果可能的话,得找到一个最客观的开端。他在这里的做法,就是把这个最客观的东西规定为一切主观的否定,规定为**纯粹存在**,也就是说(此外人们还能作何理解呢?),规定为一种与主体完全无关的存在。除此之外,他赋予这种存在一种运动,一种向着另一个概念的过渡,甚至一种内在的、把存在推向进一步的规定的躁动。这些情况并不意味着他把纯粹存在当作一个主体来思考,毋宁表明,他心目中的纯粹存在仅仅**大概**是这样的,对于它人们只能说,它并非**不存在**,或并非完全是"无",但人们无论如何不能说,它已经是某种东西——假若这是他的思想,那么那个**推进过程**必然就会是另外一番情形了。即使他仍然赋予纯粹存在一种内在的运动,这也无非意味着,那个以纯粹存在为开端的**思想**感到自己不可能停留在这个最抽象和最空洞的东西(这是黑格尔本人对于纯粹存在的看法)上面。离开这个纯粹存在是不得已的,原因在于,思想已经习惯于一种更为具体的、具有更充实的内容的存在,因此它不可能满足于纯粹存在——其中只能思维一般意义上的内容,却不能思维任何特定的内容——所提供的那种贫瘠膳食。最终说来仅仅是这样一种情况,即就事实而言,已经**存在着**一种更丰富的、具有更充实的内容的存在,而思维着的精神本身就已经是这样一种存在。就此而言,不是一种包含在空洞概念自身之内的必然性,而是一种包含在哲学家的内心里、通过他的回忆而涌现出来的必然性,迫使他离开那种空洞的抽象。因此真正说来仅仅是这样一个思想,它先是试图退回到最空无内容的东西上面,然后试图重新逐渐充实自己,获得一些内容,并最终获得世界和意识的全部内容。

[X, 132] 诚然,正如黑格尔所宣称的那样,这不是一个随意的,而是一个必然的推进过程。尽管如此,这个推进过程的秘而不宣的引导者始终是那个终点(terminus ad quem),即现实世界,科学最终应当达到的那个现实世界。然而无论什么时候,当我们谈到"现实世界",都是指我们对于这个世界已经**理解把握**到的东西,而黑格尔自己的哲学表明,他对于这个现实世界的很多方面都还缺乏理解把握。不管怎样,那个推进过程必须把**偶然性**排除在外,也就是说,把进行着哲学思考的主体的或多或少受到限制的**个人世界观**中的偶然因素排除在外。然而在这个号称是必然的运动中,存在着一个双重的错觉:1) 首先,**概念**不但顶替了思想的位置,而且被设想为一个自行运动着的东西,但是概念就其自身而言只能是一个完全不动的东西,除非它是一个思考着的主体的概念,也就是说,除非它是一个思想;2) 其次,人们以为,思想仅仅是被一个包含在它自身内的必然性推动着前进,但实际上,人们很显然早就已经有了一个努力追求的目标,而且,

即使哲学家想尽办法企图掩饰他的意识,那么这也不过表明,那个目标是以一种更具决定性的方式无意识地影响着哲学家的活动。

黑格尔说:"最初的**第一个**思想是纯粹存在。"对此的证明是,当人们把这个概念当作一个纯粹的、完全抽象的东西来思考时,没有什么东西能够排除在外——这个概念是最纯粹的和最直接的确定性,换言之,它就是那个不具有任何内容的纯粹确定性本身,是一切确定性的前提。首先思考一般意义上的存在,然后思考存在之内的一切存在,这不是一个随意的行为,而是一个最完满的必然性。黑格尔本人把这样一类说明称作"平淡无奇的",但他的托辞却是:最初的那些开端**必然是**平淡无奇的,正如数学的开端(我不知道他怎么理解这个东西)也是平淡无奇的。但是,如果说数学的开端是平淡无奇的,那么原因仅仅在于,它们是普遍自明的;然而黑格尔的那个命题却没有任何资格来表明,它是这种意义上的"平淡无奇"。至于那个号称的必然性,即必须思考**一般意义上的存在**,必须思考存在里面的**一切**存在——这个必然性本身是一个纯粹的幌子,因为"思考**一般意义上的存在**"恰恰是不可能的,因为根本就没有什么**一般意义上的**存在,没有什么与主体无关的存在,毋宁说,存在必然是、而且始终是一种特定的存在,也就是说,**要么**它是一种纯粹本质性的(wesendes)、退回到本质之内、等同于本质的存在,**要么**它是一种对象性的(gegenstandliches)存在——这个区分是黑格尔完全忽略了的。

[X, 133]

如今，客观的存在已经由于其本性而被排除在最初的**第一个思想**之外，而正如"**对象**"这个词所表明的那样，一种对象性的存在只能与另外一种存在相对立，或者说它只能被设定为某个东西的对象。因此这样一类存在**只能是**第二位的东西。由此可知，最初的**第一个思想**的存在只能是一种非对象性的、纯粹本质性的、处于纯粹的原初状态下的存在；那通过它而被设定下来的东西，无非是一个纯粹的主体。就此而言，第一个思想的存在并不是一般意义上的存在，毋宁说它已经是一个特定的存在。对于黑格尔由之出发的那种一般意义上的存在，那种完全无规定的存在，只能这样来理解，即它**既非**一种本质性的存在，**也非**一种对象性的存在，既然如此，我们立即就会发现，它确实没有包含着任何可以**被思考**的东西（至于存在的种属概念等等，完全是从经院哲学的领域里借用而来的）。也许人们会反驳道，黑格尔本人也承认了这一点，因为他在"纯粹存在"这个概念之后直接补充了一个命题："纯粹存在是无。"但不管他赋予这个命题什么意义，他的意图绝对不是想要说，纯粹存在是一个不可思考的东西（Ungedanke），因为他刚才已经宣称道，纯粹存在是最初的第一个思想。伴随着后面这个命题，黑格尔试图继续前进，亦即进入到"**转变**"之中。"纯粹存在**是**无"——这个命题听起来具有一种完全客观的意义。然而正如我们已经指出的，该命题的真正的意义仅仅是**这样的**：当我设定纯粹存在之后，我在它那里寻找一些内容，但却什么都没有找到，因为我既然已经把它设定为纯粹存在，设定为纯粹的、一般意义上的存在，那么我当然会禁止我自己在它那里找到什么内容。也就是说,并非存在发现自己是"无",而是我发现它是"无",于是通过"纯粹存在是无"这个命题表达出这个意思。 [X, 134]

——现在我们来考察这个命题的**特别**意义。黑格尔不假思索地使用了命题形式,使用了"**是**"这个系词,却完全没有注意到这个"**是**"的意义。同样黑格尔也把"**无**"这个概念当作一个无须解释的、不言而喻的概念来使用。现在,要么"纯粹存在是无"这个命题仅仅是一种**同语反复**,也就是说,"纯粹存在"和"无"是同一个东西的两个不同的表达方式,于是这个命题作为一个同语反复的命题**没有**陈述出任何内容,而是仅仅包含着一种单纯的词语联系,因此不可能从中推导出任何东西;要么这个命题意味着一个判断,而按照系词在判断中的意义,这个命题的意思就是:纯粹存在是**主体**,是"无"的承载者。假若是后面这种情况的话,那么"纯粹存在"和"无"至少潜在地都已经是某种东西,前者是承载者,后者是被承载者,于是人们可以从这个命题出发进一步作出探究,比如把"纯粹存在"从那个主谓关系中提取出来,要求它自己就作为某种东西而存在,而这样一来,它就不能等同于"无"了,就会把"无"从它那里排除出去,而"无"作为一个被存在排除出去的东西,毕竟也是"**某个东西**"了。然而事实并不是这样。确切地说,黑格尔的那个命题仅仅意味着一种同语反复。既然纯粹存在是一般意义上的存在,那么它确实直接地(无需任何中介活动)就是"非存在",在这个意义上,就是"无"。人们没有必要对这个命题感到惊诧,因为真正值得惊诧的是这个命题作为一个中介或过渡企图达到的目标。据说,从"存在"和"无"的联系那里应当推导出"**转变**"(Werden)。

不过在谈到这一点之前,我还想提到一件事情:黑格尔希望以"**开端**"(Anfang)这个概念为例子来说明,"纯粹存在"等同于"无"。他说:"正如这个概念所表明的那样,事情在其开端**尚且不存在**。"①在这里,插入了"**尚且**"(noch)这个不起眼的小词。如果这个小词能发挥什么作用的话,那么"纯粹存在是无"这个命题的意思不过是:在这里——在当前的立场上——存在**尚且**是"无"。但是,在事情的开端那里,只有事情的"**非存在**",事情尚且不是一个**现实的**存在,而这并不意味着事情的完全的"非存在",毋宁说事情确实存在;这不是一种不确定的存在(就像黑格尔所说的那样),而是一种可能的、潜在的存在,在这种情况下,"纯粹存在**尚且**是无"这个命题的意思不过是:纯粹存在尚且不是一种现实的存在。假若是这样的话,那么纯粹存在自身就获得了规定,不再是一般意义上的存在,而是一种特定的存在,亦即一种潜在的存在。无论如何,通过那个插入进来的小词,即"**尚且**",我们已经预见到了一种未来的、尚且**不存在**的存在,于是黑格尔借助于这个"**尚且**"抵达了"**转变**"。对于这个概念,黑格尔同样以一种极为不明确的方式说道,它是"无"和存在的统一或联合。——其实人们应当这样说:"转变"是从"无"(尚且不存在)到现实的存在的过渡,因此在"转变"里面,"无"和存在并没有联合起来,毋宁说"无"**被抛弃**了。无奈黑格尔一向喜欢以

[X, 135]

---

① 《哲学全书》第二版,第103页(第一版,第39页)。——谢林原注

这种模模糊糊的方式来进行表述,而这样一来,那最为平淡无奇的东西确实显现为一种非同寻常的东西。

真正说来,人们不可能反驳这些命题,或宣称它们是错误的,因为它们其实是一些完全空无内容的命题。这一切就好比竹篮打水一场空。这根本不是什么哲学思考,而是一件极为无聊的工作,即坚持某种不可能坚持的东西,因为这东西**是**"无"。人们可以说,黑格尔的整个哲学就是这个样子。人们根本就不应当去谈论什么"黑格尔哲学",因为在很多情况下,黑格尔的哲学的独特之处就是表现为这样一类中途半端的思想,它们甚至没有稳固到可以接受评判的程度。然而按照刚才指出的那种方式,黑格尔不是得出一种特定的转变,而是仅仅得出了"一般意义上的转变"这一普遍的概念,而这个概念同样没有给出任何内容。但在黑格尔看来,这种"转变"立即分化为许多环节,使得他 [X, 136]
可以按照这种方式过渡到"量"的范畴,随之完全过渡到康德的范畴表。

我们迄今讨论的这些环节,"纯粹存在""无""转变",就是**逻辑学**的开端。黑格尔宣称逻辑学是一种纯粹思辨的哲学,同时规定道,理念最初在这里尚且包含在思维之中,换言之,绝对者尚且包含在它的永恒性之中(就此而言,理念和绝对者被当作是同义词,正如思维——因为它是一种完全与时间无关的东西——和永恒性被看作是同一个东西)。既然逻辑学必须把这个纯粹的神性理念呈现出来,表明这个理念在一切时间之先、或者说尚且单纯包含在**思维**之内的样子,那么按照**黑格尔**的观点,逻辑学就是一种主观的科学,而理念尚且只是单纯的理念,而不是同时也被设定为现实性和客观性。我们说逻辑学是一种主观的科学,意思并不是指它把实在世界排除在外,而是指它作为一个足以证明一切实在事物的绝对理由,同样也是一种实在的和客观的科学。在黑格尔看来,逻辑学尚未包含着具体世界(即感性世界和精神世界)的丰富内容,**这些内容**是在随后的**实在**部分里才被认识到的,与此同时,这些内容表明自己已经返回到逻辑理念之内,在逻辑理念那里获得它们的最终**理由**,获得它们的真理,这样一来,逻辑普遍性就不再显现为一种与那些实在的丰富内容相对立的特殊性,而是把那些内容包含在自身内,显现为**真正的**普遍性。①

如你们看到的,逻辑学在这里被当作哲学的观念部分,它与哲学的另一个部分亦即实在部分相对立,而实在哲学自身又划分为:a)自然哲学;b)精神世界哲学。逻辑学仅仅创造出一个完满的理念。之所以有这个创造,是因为黑格尔断定,理念或者说概念(即处于开端的理念)是通过它自身内的一种运动力而被推动着前进,又因为这种运动力是纯粹概念的力,所以它号称是"辩证的";也就是说,概念通过它自己的一种辩证运动从那个空虚的、空无内容的最初规定推进到一些越来越具有丰富内容的规定。后面那些具有更丰富内容的规定之所以会出现,恰恰是因为它们把之前的那些先行的环节当作自己的从属品,或者说把那些环节当作已扬弃的东西包含在自身之内。每一个后起的

---

① 《哲学全书》第17节,第一版。——谢林原注

环节都扬弃了先行的环节,但这只不过是因为,在后起的环节里,概念本身已经达到了一个更高层面的肯定性,而在最后一个环节里,就是完满的理念,或者如黑格尔所说的那样,是一个对自身进行概念把握的理念(die sich selbst begreifende Idee),这个理念如今在自身内包含着全部先前的贯穿下来的存在方式,包含着它的存在的全部已扬弃的环节。

人们可以发现,这其实是我的自然哲学的方法,它在黑格尔这里被改造成了**逻辑学**。在我的自然哲学里,绝对主体超越了它的存在的每一个层面,把自己设定在一个更高潜能阶次的主体性、精神性或内在性之内,直到最终成为一个纯粹的(亦即不可能再度客观化的)、完全保持在自身内的主体;而在**黑格尔这里**,那个贯穿了不同环节或规定的概念,当它最终把**全部**环节或规定纳入到自身之内,就成为一个对自身进行概念把握的概念(der sich selbst begreifende Begriff)。黑格尔仿效我的说法,把**概念**的这个推进运动也称作"演进过程"。但这里有着模仿和原版的差别。在我的哲学里,当主体把自己提升到一种更高的主体性时,它的出发点是一个现实的对立,是一个现实的错位(Dissonanz),人们必须通过这种方式来理解所谓的"提升"。而在黑格尔的哲学里,出发点相对于后来的东西而言是一个纯粹的负量,是一个欠缺,是一个得到充实、并正因此而遭到扬弃的空虚;但在这里根本没有什么被克服的东西,正如当一个空空如也的容器被填满之后,也谈不上有什么东西被克服;在这个过程中,一切都是完全平静地进行的——存在和"无"之间没有什么对立,它们互不干涉。黑格尔把"**演进过程**"概念改造为一种辩证的推进运动,其中根本没有任何斗争,而是只有一种单调的、几乎令人昏昏欲睡的推进过程——他就是这样滥用着词语,并因此确实获得了一个非常有效的工具,用来掩饰**真实的生命**的欠缺。至于这里再度出现的"思想"和"概念"之间的混淆,我就不想多说了。关于"**思想**",通常说来,如果人们参与到了这个序列之内,那么他们可以说,思想贯穿了这些环节或在这些环节中运动,但同样的说法如果用在"概念"上面,就不是一个勇敢的比喻,而仅仅是一个放肆的比喻。关于"**主体**",我们都知道,它不是停滞不动的,而是出于一种内在的强迫而不得不过渡到客体,随之同时也提升了它的主体性。但在黑格尔本人称之为"存在"的那个空洞概念里,正因为它是一个空洞的概念,所以没有包含着什么强迫,仿佛它必须得充实自己似的。实际上,并非概念必须得充实自己,而是思想(亦即我这位哲学家)能够感受到一种需要,即必须从空虚的东西过渡到充实的东西。但是,既然只有思想才是这个运动的生命原则,有什么居民权能反对那种任意妄为,有什么东西能阻止哲学家——为了让概念安家落户——用一个关于必然性的纯粹**假象**或反过来用概念的纯粹假象来满足自己呢?

[X, 138]

我的同一性哲学从一开始就立足于自然界,亦即立足于经验事物的层面,随之也立足于直观。黑格尔企图在我的自然哲学**之上**构建他的抽象的逻辑学。然而他在这样做的时候,一直都在使用我的自然哲学的方法。不难理解,这样必然会出现一种生搬硬造的情况,因为我的这种方法本来完全只是以自然界为内容,只是与自然直观打交道,而黑格尔却企图把它提升为**纯粹的**逻辑。我们之所以说这是生搬硬造,是因为黑格尔一方面必然要否定这类形式的直观,另一方面又一直都在滥用它们,就此而言,这里有一个完全正确的提示和一个简单的揭发,即黑格尔从一开始就把**直观**当作他的逻辑学的前提,而且如果他不滥用直观的话,根本就不能前进半步。

旧的形而上学是由许多不同的门类科学构建起来的,而它的一般的基础是这样一门科学,即本体论,这门科学以概念为内容,把概念仅仅当作概念来看待。黑格尔在构思他的逻辑学的时候,眼里看到的无非就是这种本体论。他希望让本体论超越 [X, 139]
它在沃尔夫的哲学那里具有的糟糕形式,比如把不同的范畴放在一个或多或少纯属偶然的、或多或少漠不相关的排列组合之内进行处理。为了实施上述超越,黑格尔把那种原本服从于另外一个目的、为了实在的潜能阶次而被发明出来的方法应用到**纯粹的**概念上面,同时徒劳地企图给这些概念注入一种**生命**,注入一种内在的必然性,以推动概念前进。人们可以看到,这里没有什么**原创性的东西**,因为我的那种方法根本不是为了这个目的而被发明出来的。那种方法在黑格尔这里仅仅遭到一种矫揉造作的、粗暴的应用。总的说来,返回到这样的本体论上面,乃是一个退步。

在黑格尔的逻辑学里,人们发现,所有在**他那个时代**通行的、简单摆在面前的概念,全都作为绝对理念的不同环节被纳入进来，分别获得一个确定的地位。与此联系在一起的，是一个完全体系化的非分要求，亦即这样一个诉求：把全部概念都包揽进来，组成一个圆圈，在此之外没有任何概念是可能的。但如果那个体系根本就不懂得某些概念，或仅仅在一种完全虚假的意义上把它们纳入进来，这些概念如何能够得到揭示呢？因此我们看到的，不是一个不偏不倚的、以同样的公正把一切事物都纳入进来的体系，而仅仅是一个偏颇的体系，这个体系要么只是把某些特定的概念纳入进来，要么在把概念纳入进来的时候，仅仅择取它们的可以与预定的体系相兼容的意义。至少在这个体系走向一些更高的、并因此与人的关系更为密切的概念（伦理概念和宗教概念）的时候，人们早就已经指责道，它完全是随意扭曲了那些概念的意义。

[X, 140]
人们可能会问，那么我的自然哲学究竟给**严格意义上的**概念保留了什么位置或地位呢？人们可能还记得，早就流传着一种说法，说我的哲学没有给逻辑、普遍范畴、概念本身等等保留任何地位。诚然，对于那些尚且与实在事物相对立的概念，我的哲学确实没有给它们留下任何地位，因为正如我们已经指出的，我的哲学从最初的步伐开始就立足于自然界。这个哲学是在自然界里面向前推进，直到达到一个点，在那里，那个贯穿了整个自然界、如今已经达到自身并掌握自身的主体（自我），虽然再也不会找到早先的那些遗留在自然界之内的环节本身，但却找到了这些环节的概念，即严格意义上的概念；在这之后，意识接管了这些概念，就像掌握着一笔完全不依赖于事物的财富，然后把

它们应用到所有方面。就此而言,黑格尔至少有可能听说过,概念世界在获得完整多样性和系统的完整分布之后,作为一个整体,应当出现在体系里面的哪一个位置;他甚至有可能看到,通常所谓的逻辑学的那些形式是完全和自然形式一样得到对待的——这是黑格尔本人(至少是他在谈到推论的形态时)曾经使用过的一个比喻。惟有当那个无限的潜能阶次贯穿了自然界,首先对于自己而言成为一个客观的东西,把它迄今的以客观的方式拆分开的有机体以主观的方式在意识里面展开为一个理性有机体之后,惟有在这种**以自然的方式**推进着的、现实地从头开始的哲学里,才有概念本身的地位;对于这种哲学而言,概念无非是和形体世界、植物、或其他自然事物等等一样的东西,只能是一种纯粹先天推导的对象;对于这种哲学而言,除非这些作为对象的概念首先(伴随着意识)进入到现实性之内,出现在自然哲学的终点和精神哲学的起点,否则它们是不存在的。在这个位置,概念本身重新成为某种现实的客观东西,而黑格尔在对待概念的时候,却仅仅把它们当作某种主观东西,当作某种人为制造出来的客观东西。实际上,概念本身只能存在于意识之内,因此它们不是在自然界**之先**,而是在自然界**之后**,才被当作客观的东西。黑格尔把概念放置在哲学的开端处,也就剥夺了它们的自然的地位。他把"转变""定在"等最抽象的概念放到最前面;然而按照自然的方式,首先得有某种有待抽象提炼的东西,然后才会有从那里抽象出来的东西,这些东西才会被当作现实性:"转变"不可能先于一个转变的东西,"定在"也不可能先于一个

[X, 141]

定在的东西。

当黑格尔宣称,哲学的开端就是完全退回到纯粹思维之内,他很贴切地表达出了那种真正否定的、或者说纯粹唯理论的哲学的本质。我们得感谢他提出了这个一针见血的说法。但黑格尔并不认为(他也没有说)这种退回到纯粹思维之内的做法是适用于整个哲学的,正相反,他只希望借此让我们认可他的逻辑学,因为他所探讨的东西并不是仅仅先于现实的自然界,而是先于全部自然界。他所探讨的东西不是那些先天地在纯粹思维之内、亦即在意识之内呈现出来的对象或**事情**,毋宁说,他的概念仍然应当仅仅以概念为内容。只有那种以纯粹概念为内容的思维,才被他和他的追随者称作**纯粹**思维。对黑格尔而言,所谓"退回到思维之内",仅仅意味着一个决断,亦即必须对思维进行思维(über das Denken zu denken)。但是这种思维至少不能说是一种现实的思维。因为只有当某种与思维相对立的东西被克服之后,思维才是一种现实的思维。如果人们仍然仅仅以思维(确切地说抽象思维)为对象,那么思维根本没有克服任何东西。——黑格尔本人通过一些纯粹的抽象(比如"存在""转变"等等)把这个运动描述为一个位于纯粹的(亦即无阻碍的)以太里面的运动。这种关系大概和下面的情形是一样的:诗之所以能够表现出一个诗意的心灵与现实性之间的关系和抗争,那是因为它具有一个现实的客观内容。但是诗也可能把一般意义上的或抽象的"诗"当作对象,成为一种"诗上之诗"(Poesie über die Poesie)。我们的某些所谓的浪漫派诗人所达到的最高成就,无非就是像这样,用诗来赞美诗。然而没有任何人会把这种"诗上之诗"看作是一种现实的诗。

黑格尔一方面宣称,概念是唯一实在的东西,另一方面又列出一个与这个观点**相对立**的意见:真理是以**感性的**实在性为基础。后面这个意见要想成立的话,只能假定,概念是一种超感性的、甚至可以说唯一超感性的实在性。黑格尔显然就是这么假定的。这个假定直接起源于康德的那个假定,即上帝仅仅是一个理性概念,或者说是一个理性理念。然而那与概念相对立的,不单是感性的实在东西,而且是一切实在东西(感性的和超感性的)。——在黑格尔看来,针对他的逻辑学理念,只能有如下这个反对意见或责难:既然真正的内涵仅仅包含在感性知觉中,那么这些思想**仅仅**是一些思想。然而感性知觉同样不是这里的讨论对象。诚然,我们得承认,最高的科学亦即哲学的内容实际上仅仅是一些**思想**,而且哲学本身仅仅是一种通过**思维**而得以确立下来的科学。因此人们所责难的并不是这样一个观点,即哲学的内容仅仅是一些思想,而是那样一个观点,即这些思想的内容仅仅是概念本身,或者说仅仅是一些概念。除了概念之外,黑格尔所能想到的东西,只有感性的实在性,而这种区分显然是一个丐题论证(petitio principii),因为比如上帝就不是一个纯粹概念,但与此同时,他也不是一种感性的实在性。黑格尔经常援引一种说法,即人们很早以来就认为,思维或追思(Nachdenken)在一种卓越的意义上归属于哲学。这话没错,但由此并不能得出,这种思维反过来仅仅以思维自身或概念为对象。同样地,"人和

[X, 142]

动物的区别仅仅在于思维"这句话虽然是正确的,但关于这里所说的思维的内容,仍然是完全未确定的。那些研究感性表象形态的几何学家,那些考察感性对象或感性情况的自然科学家,还有那些把上帝看作一种超感性的实在性的神学家,他们所思维的内容都不是纯粹概念,但他们绝不会因此承认自己不是在进行思维。

[X, 143]

至于黑格尔的逻辑学的具体细节,我们不可能进一步去考察。那激发起我们的整个兴趣的东西,是一个**作为整体**的体系。黑格尔的逻辑学在根底是以一个体系为基础,但由于这个体系仅仅以一种非常松散的方式与逻辑学联系在一起,所以逻辑学在这个对照之下是一种完全偶然的东西。如果谁仅仅对逻辑学进行评判,那么他还没有对体系本身进行评判。如果谁单单只是考察这种逻辑学的个别观点,那么可能会觉得它们是不无道理的,甚至还会发现其中揭示出了许多敏锐的洞见和正确的认识,但就整体而言,他却不会有什么收获。我甚至相信,人们能够很轻松地以大量不同的方式炮制出这种所谓的实在的逻辑学。尽管如此,我并不否认,黑格尔的逻辑学里面包含着许多非常聪明的、尤其是方法论方面的阐释,这些阐释很有价值。但是黑格尔是如此地沉迷于方法论方面的阐释,以至于他完全忘记了除此之外的那些问题。

现在我要讨论体系本身,并将在这个过程中回应黑格尔方面对我的自然哲学体系作出的批评。

尽管概念不可能是思维的**唯一的**内容,但至少黑格尔的这个观点始终是正确的,即逻辑学在他所赋予的形而上学意义上必须成为一切哲学的实在的**基础**。就此而言,黑格尔经常强调指出的一个观点也可能是正确的,即一切**存在着**的东西都是存在于理念或逻辑概念之内,因此理念是一切事物的真理,理念既是万物的开端,同时也是万物的终点。就黑格尔不断重复的这个观点而言,人们可以承认,一切事物都存在于逻辑理念之内,确切地说,没有什么东西能在理念之外存在着,因为无意义的东西(das Sinnlose)无论如何都没有立足之地,绝不可能存在着。但正因如此,逻辑东西也呈现为存在的单纯的否定者,呈现为这样一种东西,如果**没有它**,那么没有什么东西能够存在,但由此远远谈不上可以得出一个结论,说一切事物只有**通过**这种东西才能存在。即使一切事物都存在于逻辑理念之内,也还是不能**解释**诸如"感性世界的一切事物如何通过数和尺度而得以把握"之类问题,几何学和算术还是不能解释这个感性世界。整个世界仿佛都是置身于知性或理性编织的重重网络之内,但问题始终在于,世界是**如何**进入到这些网络之内的,因为在这个世界里面,很明显还有另外某种东西,某种相比纯粹理性而言**多出来的**东西,甚至可以说,有某种突破着这些限制的东西。 [X, 144]

黑格尔的逻辑学的主要目的,还有这种逻辑学所自我标榜的首要成就,就是它在其最终的结果里面纳入了思辨神学的意义,也就是说,它真正构建了"上帝"这一理念,这样一来,这个理念或绝对者在黑格尔的逻辑学里就不是像在我的体系里面那样是一个单纯的前提,而是在本质上是一个结果。就此而言,黑格尔对我的自然哲学提出了两点批评:1) 自然哲学不是把绝对者当作一个得到论证的结果,而是当作一个单纯的未经论证的前提;2) 因此**总的说来**,自然哲学有一个前提,反之黑格尔的哲学却可以自诩道,它是一种绝对没有任何前提的哲学。然而就后面这点而言,既然黑格尔在一个崇高的意义上把逻辑学确立为第一位的哲学科学,同时却在未加辩护的情况下使用了那些通常的逻辑形式,那么他必然也已经以那些逻辑形式为前提,比如当他宣称"纯粹存在**是**无"的时候,压根就没有想过,首先得证明这个"**是**"的意义。很显然,黑格尔从一开始使用的就不只是逻辑形式,而且还包括**全部**概念(我们在日常生活中都是不假思索地使用这些概念,从来不觉得有必要对此进行证明),也就是说,他已经**以**那些逻辑形式和概念**为前提**。诚然,他在刚开始的时候,仅仅要求很少一点东西,即那个似乎不值一谈的、诸如"一般意义上的存在"之类空无内容的东西,仿佛在这种情况下,人们除了同意他的要求之外,别无其他可能。黑格尔所说的概念就好比那个第三次化身为人的印度大神毗湿奴(Wischnu),他与代表着黑暗世界和无知精神的巨灵玛哈嘎拉(Mahabala)相对立,后者本来掌管着所有三个世界。毗湿奴首先化身为一个矮小的、侏儒一般的婆罗门出现在玛哈嘎拉面前,请求后者仅仅给他三步之地("存在""无""转变"这三个概念)。玛哈嘎拉刚刚答应

[X, 145] 这个请求,还没有回过神来,侏儒就已经膨胀为一个无比巨大的身形,第一步占领了大地,第二步占领了天国,然后还打算第三步占领地狱;巨灵玛哈嘎拉见势不妙,立即匍匐在他面前,谦卑

地承认最高神祇的威力,于是毗湿奴颇为大度地授予玛哈嘎拉统治黑暗王国的权力(但不消说,这个权力仍然得服从**毗湿奴的最高统治**)。我们愿意承认,"存在""无""转变"这三个概念并没有以自身之外的任何东西为前提,它们是最初的纯粹思想。然而这些概念本身分别还具有一个规定:一个是"第一",另一个是"第二",合起来是"三个",这个三一体在后来赢得的更多空间里不断重复自身,展现为一些越来越大的维度。黑格尔本人不厌其烦地谈到了这种不断重复自身的三联体结构或概念三分法。但问题在于,这里尚且处于哲学的最外边缘,哲学连张嘴的机会都没有,毋宁说它还在辛苦地寻找词语和说法,既然如此,黑格尔哪来的权利去使用"数"这一概念呢?①

除了这个自诩的"无前提"的荣誉之外,黑格尔哲学还标榜自己还具有另一种特别的荣誉,也就是说,它之所以胜过我的体系,原因在于,我的体系仅仅把绝对者当作一个单纯的前提,而黑格尔哲学却是把绝对者当作一个结果,当作一个制造出来的、得到论证的东西。这里有一个误解,我希望简短地加以澄清。你们知道,对我的体系而言,绝对者作为出发点(terminus a quo)乃是一个**纯粹的**主体。正因如此,如果黑格尔说,绝对者的真正的最初定义是"纯粹存在",那么我可以说,绝对者的真正的最初定义是"作为主体而存在"。只因为这个主体同时也必须被思考为一种可能成为客体(即不具有主体性的主体)的东西,我才把绝对者也称作主体和客体的"平衡""同等可能性""无差别"等

---

① 参阅《谢林全集》第十一卷,第312页(XI, 312)。——原编者注

[X, 146] 等,同样,当绝对者已经被思考为一种现实的东西,后来我又把它称作主观和客观的一种活生生的、永恒运动着的、绝不可能被扬弃的同一性。因此,正如在黑格尔的体系里,**纯粹存在**——他也把它称作绝对者的第一个概念——是一个前提,**同理**,在我的自然哲学体系里,绝对者无非也仅仅是一个前提。然而绝对者无论如何不只是单纯的开端或前提,它同样也是终点,并在这个意义上是一个结果——亦即一个达到完满的绝对者。如此规定下来的绝对者,已经把存在的全部环节包揽在自身之内、同时又相对地置于自身之外,它再也不能下降到存在、下降到转变过程,也就是说,它已经被设定为一个存在着的、持久不变的精神——这种意义上的绝对者对于我的体系来说**同样也是**终点或结果。关于绝对者,黑格尔的体系和我的体系之间的差别,恰恰只是如下这个差别:我的体系不承认有一种**双重的**(逻辑的和实在的)转变过程,而是从抽象的主体、从处于抽象状态的主体出发,从第一步起就位于自然界之内,因此不需要进而解释从逻辑到实在的过渡;反之,黑格尔宣称他的逻辑学是这样一种科学,在它里面,上帝的理念以一种逻辑的方式(亦即在纯粹思维之内)先于一切现实性、自然界和时间,就达到了完满,在这种情况下,他所拥有的完满的上帝的理念已经是一个**逻辑的**结果,但是他又希望随后再度拥有这个理念,只不过这次是作为一个贯穿了自然界和精神世界的**实在的**结果。没错,相比我的自然哲学体系,黑格尔的体系确实有一些优越之处,即它主张之前所说的那种双重的转变过程。但是,假若逻辑学是这样一种科学,在其

中,上帝的理念在纯粹思维之内就达到了完满,那么人们必然会期待,哲学如今已经完结了,或者说如果上帝的理念还要继续发展的话,那么这个发展只有可能出现在完全不同的另外一种科学里面,而在后面这种科学里,就不可能像在前面那种科学里一样,仅仅讨论理念。然而在黑格尔看来,逻辑学仅仅是哲学的一个部分,理念已经以逻辑的方式达到完满,而且同一个理念还应当以实在的方式达到完满。正是理念才造成了向着自然界的过渡。

在谈论这个过渡之前,我希望谈谈黑格尔对于我的绝对同一性体系的另一个指责。那个著名的指责——绝对者在我的哲学里面仅仅是一个单纯的前提——可以这样来表达:我的哲学在讨论绝对者的时候,不是通过科学的方式来证明,而是诉诸一种莫名其妙的**理智直观**(intellektuelle Anschauung);与此同时人们已经断定,理智直观不是什么科学的东西,而是某种纯粹主观的、最终说来仅仅个人的东西,是一种神秘的直觉,是少数幸运儿的专利,是他们在科学里得以轻便行事的幌子。

这里首先要指出,在同一性哲学的第一个原始文献里(这是我一直以来唯一认可的具有严格科学性的表述)①,"理智直观"这个词语**根本没有**出现,如果有谁能够在那里找出这个词语,我可以给他奖励。不过,在我的稍早于那个表述的一篇论文里,确

[X, 147]

---

① 《思辨物理学杂志》第二卷,第 2 册。——谢林原注。即《谢林全集》第四卷,第 105 页(IV, 105)以下。——原编者注。译者按,这就是前面提到的谢林于 1801 年发表的《对我的哲学体系的阐述》。

实是第一次提到了理智直观。①但我在那里是**如何**谈论理智直观的呢？为了澄清这一点,我必须追溯到理智直观在费希特那里的意义。虽然"理智直观"这个词语起源于康德,但费希特才把它应用到哲学的开端上面。按照费希特的要求,开端应当是一个直接确定的东西。他认为这个东西就是自我,他希望通过理智直观来确保自我是一个直接确定的东西,亦即一个无可置疑的存在者。"理智直观"所表达的意思,恰恰就是伴随着一种直接的确定性而说出来的"我存在"。理智直观之所以被用来称呼行动,是因为这里不像在感性直观里那样,主体和客体彼此不同,而毋宁是同一个东西。我在那篇论文里所讨论的,并非那个在理智直观里具有直接确定性的自我,而是那个在理智直观里通过摆脱主体而赢得的东西,亦即那个从理智直观那里**提炼出来**的、普遍的、无规定的"**主体—客体**",就此而言,它不再是一个直接确定的东西,毋宁说,从理智直观那里提炼出来的,只能是"纯粹思维"这件事情:这才是客观的、摆脱了一切直观性的哲学的开端。——费希特诉诸理智直观,是为了证明自我的存在,既然如此,他的后继者怎么可能企图用同样一种理智直观来证明绝对的"**主体—客体**"(它根本不再是自我)的存在呢？对于自我,理智直观的证明依据仅仅在于它自己的直接性;"我存在"包含着一种直接的确定性——然而在"它存在"里面也包含着普遍

---

① 《论自然哲学的真实概念》(1801),刊于《思辨物理学杂志》第二卷,第1册(即《谢林全集》第四卷,第79页以下,IV, 79 ff.)。这篇论文想要表明,作者并不是像人们轻易指责的那样,没有**意识到**他的方法以及那个在第一个概念里面就设定下来的、推动着发展过程的矛盾,而是正好相反。参阅本书第98页(X, 98)。——谢林原注

的"主体—客体"的存在吗？这里已经失去了直接性的全部力量。整件事情的关键不再是有什么东西存在，而是在于纯粹的内容，在于那包含在理智直观里面的东西的本质。自我仅仅是一个特定的概念，是"主体—客体"的一个特定的形式，这个形式应当被剔除掉，以便一般意义上的"主体—客体"作为一切存在的**普遍的**内容而出现。我的那个宣言——"人们必须从理智直观那里提炼出'主体—客体'的普遍概念"——已经足以证明，事情的关键在于**事实**，在于内容，而不是在于存在。如果黑格尔想要批评我没有足够清楚明白地进行表达，大概也是可以的（尽管我已经足够清楚地说道，事情的关键不再是像费希特那样去关注存在）①，但他并没有这样做，而是假定：**因为**费希特的目标是用理智直观来证明自我的存在，**所以**我的目标同样也是用理智直观来证明普遍的"主体—客体"的存在。黑格尔并不反对我们的目标，他所指责的仅仅是一种不够充分的证明方式。诚然，事情的关键在于**那存在着的东西或存在者**（das, was Ist）：但我们恰恰应当首先寻找这个东西。人们还从来没有拥有这样一个现实的被思维的东西，也就是说，这样一个逻辑上已经得到实现的东西；毋宁说，刚开始的时候，它仅仅是我们**意愿得到的一个东西**；"这个东西从手枪里面发射出来"，而手枪就是对于这个东西的单纯意愿，但与意愿相矛盾的是，我们没有能力掌握这个东西

[X, 149]

---

① 因为同一性哲学研究的是事物的纯粹**本质**，而不是谈论现实的存在，只有在这个意义上，它才自称为**绝对唯心**主义，以别于那种纯粹相对的唯心主义，后者由于始终保存着与存在的一种关联，所以否认外物的存在。而理性科学之所以是绝对唯心主义，就在于它根本不关心对于存在的追问。——谢林原注

的转变过程,让它出现在我们面前,因此意愿被直接卷入到一个向前推进的、向前牵扯的运动之内,在这个运动里,存在者直到最终都一直表现为一种永远未曾实现的、仅仅**有待实现**的东西。

是的,问题本身首先在于:存在者首先应当被寻找,既然如此,**那存在着的东西或存在者**,作为出发点,如何可能本身已经存在着——如何可能已经是一个存在者?诚然,黑格尔想要的不是一个单纯的绝对者,而是一个存在着的绝对者,他假定我的哲学也是想要这样的绝对者,又由于他在我的哲学里面没有发现用来证明绝对者的存在的部门(就像他希望用他的逻辑学来证明的那样),于是他就简单认定,我的证明已经包含在理智直观之内。

我要指出,在我最初那个关于同一性体系的表述里面,"**绝对者**"这个词就和"理智直观"这个词一样,根本没有出现;这个词也**不可能**出现,因为那个表述还没有完全展开。我的同一性哲学仅仅把那个停留在自身内的、**存在着的**、**摆脱**了任何前进发展、不会进而转变为他者的潜能阶次称作绝对者。这个潜能阶次是最终的东西,是纯粹的**结果**。至于那个**贯穿着**整体的东西,我的同一性哲学并不称之为绝对者,而是称之为"绝对同一性",以避免让人联想到任何基体或实体。只有到了最后一个环节,绝对者才成为实体,成为**存在者**,因为整个运动的目的仅仅在于把存在者(那存在着的东西)当作存在者而拥有,而这在开端是不可能的,也正因如此,我才把开端称作"无差别"。最初,**关于一个东西**,我具有一个概念,但这个东西并未存在着,毋宁说我

[X, 150]

的那个概念仅仅意味着,一切存在者都是后来才有的。这是一个从未存在于过去的东西,是一个只要被思考就消失的东西,它始终只是在后来才存在着,而且仅仅以某种方式存在着,因此直到终点才真正存在着。只有到了终点,它才获得"存在者"的名称,正如只有在那个时候,它才获得"绝对者"的名称。正因如此,我在最初的那个表述里面小心翼翼地仅仅采用了"绝对无差别""绝对同一性"之类抽象的表述方式,只有到了随后的一些表述里,为了迁就那些无论如何要求有一个基体的人,我才容许自己从一开始就使用"绝对者"这个说法。①

至此我已经反驳了黑格尔企图扣在我头上的**那种意义**的理智直观。但这并不是说,理智直观在我这里不具有另外一种意义。现在我就要明确指出理智直观在我这里的真正意义。

我刚才所说的那个绝对地运动着的东西,那个持续不断地转变为他者,在任何环节都不能固定下来的东西,那个只有到了最后一个环节——请你们好好注意这个说法!——才现实地被思考的东西,它与思维是什么关系呢?很显然,它从来都不是思维的真正对象,因为人们所理解的"对象"是某种静态的、静止不动的、持久不变的东西。它并不是真正意义上的对象,毋宁说纵观整个科学,它仅仅是思维的**质料**,因为现实的思维恰恰只有一个表现,即对这个自在的无规定的东西、这个从未与自身保持一致、始终转变为他者的东西,作出规定,赋予其形态。所以一切思维的最初根基,这个真正的原初质料(prima materia)不可能

---

① 参阅《谢林全集》第十三卷,第85页(XIII, 85)。——原编者注

是真正意义上的被思考的东西,**也就是说**,不可能是类似于个别形态的那样的被思考的东西。如果思维是与这种质料的规定打交道,那么它所思考的并不是这个根基本身,而仅仅是它"注入到"——按雕塑家的方式——根基之内的这个概念规定,因此这个根基就是一个虽然包含在思维之内,但其实并未被思考的东西。但是,一种不思考的思维就和一种直观着的思维没有多大差距了,就此而言,那种以理智直观为**基础**的思维贯穿着整个哲学,就像贯穿几何学一样,在后者这里,对于形状(不管它是画在黑板上还是画在别的什么地方)的外在直观从头至尾不过是承载着一种内在的、精神性的直观。以上所说的就是针对一种无论如何缺乏直观的哲学有感而发。①

  回到黑格尔。在还没有把绝对者确立为本原之前,他就想要一个作为科学的结果的绝对者,而这种科学就是逻辑学。因此贯穿着这整个科学的,是一个处于转变过程中的理念。所谓"理念",黑格尔也理解为一个有待实现的东西,一个在整个过程中转变着的、哲学家想要得到的东西:它是那个在开端就被排除在纯粹存在之外的理念,理念仿佛蚕食着存在,而这一切恰恰是通过后来附加的概念规定而发生的。当理念完全吞噬了存在,将其吸纳到自身之内以后,它本身成了一个**已实现的**理念。这个在逻辑学的终点得到实现的理念,和同一性哲学最终得到的绝对者,根本就是具有同样的规定性,即成为"**主体—客体**",成

---

① 参阅《谢林全集》第四卷,第369页(IV, 369)的注释,以及《论大学研究的方法》第98页(《谢林全集》第五卷,第255页,V, 255)。——原编者注

为思维和存在、观念和实在的统一等等。然而作为已实现的理念,它恰恰已经触及到了纯粹逻辑的**界限**,因此它要么和逻辑学一起止步不前,要么就只能摆脱这个界限,而在后面这种情况下,它必然会完全离开它作为逻辑学的单纯结果而在逻辑学里面获得的位置,过渡到一个非逻辑的、甚至可以说与逻辑相对立的世界。 [X, 152]

这个与逻辑相对立的世界就是自然界;但**这个**自然界不再是那个先天的自然界,因为**后者**只能存在于逻辑学之内。而在黑格尔看来,自然界是完全位于逻辑学之外的,于是他认为,**逻辑终止**的地方,自然界就开始了。在这个意义上,他认为自然界**总的说来**只不过是概念的一种苟延残喘。——在他的《哲学科学百科全书》第一版里,黑格尔说道:"自然界已经被规定为理念自身的堕落,**这是有道理的**。"①而在该书的第二版里,黑格尔删掉了"这是有道理的"这几个词,仅仅说道:"自然界已经被规定为理念的堕落"②,于是这句话只剩下一种历史叙事的意义。这里所说的"堕落"与人们通常对于自然界的观点是完全一致的:在自然界里面,概念被剥夺了光环,变得软弱无力,言不由衷,不再能够坚持自己。我们看到,就连雅各比都没有像黑格尔这样贬低自然界,因为黑格尔把自然界与逻辑看作水火不容的东西,把自然界从逻辑那里排除出去,于是他只得把二者**对立起来**。但在理念里面**根本没有**包含着一种必然的运动,仿佛理念可以

---

① 该书第128页。——谢林原注
② 该书第219页。——谢林原注

继续在自身之内推进发展(这是不可能的,因为它已经达到了完满),毋宁说它必须完全脱离自身。位于逻辑学终点的理念是主体和客体,达到了自我意识,既是观念也是实在,因此它没有必要继续以另外的方式转变为实在的东西(它本来已经是这样的东西)。假如这种情况真的发生了,那也不是基于一种包含在理念自身内的必然性,而仅仅是因为自然界本就存在着。诚然,人们为了找到一个让理念继续前进的根据,就这样来自圆其说:理念虽然在逻辑学的终点存在着,但它还没有经受**考验**,因此它必须脱离自身,以接受考验。但这种说法不过是人们用来欺骗那些不动脑筋的人的众多幌子之一。因为,理念应该为着谁而经受考验呢?为了理念自己吗?但理念已经是一个自信的、自身确定的理念,它从一开始就知道,它不会沦落为一种他者存在;对于理念来说,那种考验或抗争不过是无的放矢。那么理念必须为了一个第三者,为了一个旁观者,经受考验吗?但这个旁观者又位于何处呢?最终说来,理念只应当为着一个**哲学家**而经受考验,也就是说,哲学家必然会希望理念投身于这种外化活动,这样他就有机会来解释自然界、精神世界和世界史。

[X, 153]

如果一种哲学仅仅是黑格尔意义上的逻辑学,对于现实世界一无所知,那么它肯定会遭到人们的嘲笑;事实上,黑格尔哲学的引人注目的方面,并不是在于逻辑学,而仅仅在于逻辑学之后的自然哲学和精神哲学的理念。逻辑学里面没有任何能够改变世界的东西。黑格尔**必须**走向现实性。但在理念自身之内从头到尾根本就没有一种继续运动或转变为他者的必然性。黑格尔说:那具有无限自由的理念——亦即已经完成的理念,而自由仅仅出现在这样的地方，即只剩下完满的绝对者，摆脱了任何必然的前进运动——"掌握着自身的真理，**作出决断**，放任自己成为自然界，或者说放任自己具有他者存在的形式。"①"放任"（entlassen）这个表达方式——理念放任自然界——属于最离奇、最含混不清、因此也是最吞吞吐吐的表达方式之一，而且黑格尔哲学一旦遇到困难的关键点，马上就会遁身在这些表达方式后面。雅各布·波墨说："神圣的自由绽放在自然界之内。"而黑格尔则说："神圣的理念放任自然界。"那么人们应当如何思考这种"放任"呢？至少有一点是清楚的：如果人们把这种解释自然界的方法称作是神智学方法，那么已经是对它的最大尊重了。除此之外，如果有谁还在怀疑，理念在逻辑学的终点被认为是一个现实存在着的理念，那么他现在必须说服了自己；因为，那个自由地作出决断的东西必定是一个现实存在着的东西，一个单纯的概念不可能作出决断。这是一个邪恶的点，黑格尔哲学在这里安全着陆了；这个点在逻辑学的开端是没有被预料到的，它是一个污秽而开阔的沟渠，而黑格尔哲学对此作出的标示（我在为库桑的著作撰写的前言中首次简单谈到了这一点②）虽然制造出许多邪恶的血液，但除了一些欺骗性的答复之外，根本没有提供任何有用的信息。 [X, 154]

现在，人们完全不能理解，既然理念已经提升为最高主体，并把存在完全蚕食，那么还有什么东西能够推动理念，使之重新

---

① 《百科全书》第一版第191节（第二版第244节）。——谢林原注
② 参阅《谢林全集》第十卷，第213页（X, 213）。——原编者注

成为一个无主体的东西,降格为单纯的存在,并且分散在空间和时间的糟糕的外在性之内?如今理念已经把自己抛到自然界里面,但不是为了停留在物质之内,而是为了经过自然界而重新成为精神,首先成为人的精神。然而人的精神仅仅是一个舞台,在这个舞台上面,一般意义上的精神通过自己的行为而重新拿走它在人的精神那里得到的主体性,成为**绝对精神**,后者最终把运动的全部环节当作它自己的环节囊括在自身内,它就是上帝。

同样在这里,只要我们注意到,黑格尔的体系与我的自然哲学在讨论这个最终的和最高的东西的时候是什么关系,那么我们就会无比贴切地发现黑格尔的体系的独特之处。黑格尔指责我的哲学,说上帝在其中不是被规定为精神,而是仅仅被规定为实体。诚然,通过基督教,通过教义问答手册,每个人都获得指示:不仅要思考,还应当意愿和意谓那个作为精神的上帝。既然如此,谁都没有资格吹嘘道,"上帝是精神"乃是他的发明。人们也不可能有这样的看法。事实上,关于同一性哲学是否应当使用"**精神**"这个表达方式,以便陈述那位于终点的绝对者的本性,或表明绝对者是一个最终的结果,对于这些问题,我不想去争论。不消说,"精神"这个**词**听起来确实更具有玄思的意味。但就事情本身而言,我坚定地认为,上帝在我的自然哲学那里已经被规定为一个存在着的、**持久不变的**自主客体("主体—客体"),借用亚里士多德的说法,这个自主客体就是那个思考着自己的上帝(ὁ ἑαυτὸν νοῶν),即使它没有被**称作**精神,但本质上就是精神,就此而言并不是实体(假若"实体"在这里意指一种盲目的存在者)。再者,上帝没有被称作精神,这样做也有很好的理由。

[X, 155]

因为人们没有道理在哲学里面大肆玩弄辞藻,既然如此,用"精神"这个词来标示那仅仅作为**终点**的绝对者,就是一个值得反省的做法。严格说来,对于"上帝"这个词的使用也应当有同样的反省。上帝,仅仅作为终点而言(就像他在纯粹理性主义哲学里只能作为终点那样),不具有未来,不能造成任何开端,只能是一个目的因,无论如何不可能是本原,不可能是一个造成开端的、创造性的原因,而这样一个上帝,很显然仅仅就**本性**和本质而言是精神,因此实际上仅仅是一个实体性的(substantieller)精神,而不是具有虔诚信仰的人或通常的语言运用所理解的那种意义上的精神;在这些地方使用"精神"这个词,这不过是一个欺骗性的表述罢了。而且在黑格尔这里,绝对者也只能是一个实体性的精神,正如一般说来,"**精神**"这个词所具有的否定意义多过肯定意义,因为这个最终的概念只有通过逐步否定其他一切东西才产生出来。对于这个最终的东西的命名,也就是说,对于这个东西的**本质**的标示,不可能取材于任何具有形体的东西,它始终只是**一般**名义上的精神,而且由于它也不是人的精神或有限的精神(有限的精神已经被设定为一个较早的环节),所以它必然是一个无限的、绝对的精神,但仅仅就本质而言是如此。那个被设定在终点位置、不能离开半步的东西,它的功能仅仅在于作为一个**无所不包**的东西把之前的全部环节包揽在自身内,本身不可能是开端,也不可能是什么东西的本原,而这样一个东西,怎么可能是一个**现实的**精神呢?

刚开始的时候,黑格尔还保存着对于这个终点的否定性意 [X, 156]
识。总的说来,如果谁热切地追求肯定性事物,他会希望在这种哲学里面得到满足,但这种追求也只是逐步地从同一性体系那里抽离否定性意识。在**第一个**产生活动里,这个意识**必定**是现成已有的,否则的话,这种哲学也不可能产生。黑格尔在他的最早的表述里,当他到达终点的时候,至少仍然承认,这里所思考的根本不是一件现实发生的事情。我在这里所指的是他的《哲学科学百科全书》第一版里面的某个段落①,这个段落在该书第二版里已经歪曲走样了;他在那里说道,在最后一个思想里,那具有自我意识的理念**净化**自身,摆脱了诸如"发生""偶然性""环节的分化和相继"之类一切假象——理念的内容在**宗教**里尚且具有这类假象,而在黑格尔看来,宗教是一种分裂的东西,它仅仅是对于一种时间性的、外在的先后秩序的**表象**。

在最后的阶段,黑格尔还试图达到一个更高的攀升,甚至想要得出"自由的创世"这一理念。黑格尔的这个尝试出现在他的《逻辑学》第二版里,而这个值得注意的地方在《逻辑学》的第一版里则是另外的说法,而且显然具有一种完全不同的意义。在该书第二版里他是这么说的②:一切东西都汇聚到最终的东西里面,把它当作它们的根据,而最终的东西又是这样一个东西,从中产生出最初的东西(它首先被确立为一个直接的东西),"至于绝对精神,它的情况还要更加丰富,它作为一切存在之具体的、最终和最高的真理而出现,在发展的**终点**认识到自己自由地发生外化,放任自己具有'直接存在'这一形态——决定创造出一

---

① 该书第472节。——谢林原注
②《逻辑学》1832年版,第43页。——谢林原注

个世界,这个世界包含着一切落入到先行于结果的发展过程里的东西,于是所有这些东西(所有在发展过程里先行的东西)通过这个颠倒过来的地位同时与它们的开端一起转化为一个以结果为本原、依赖于这个结果的东西。"①也就是说,那作为结果的东西,转变为本原,而那在第一个发展过程里作为开端而走向结果的东西,反过来转变为一个**依赖于**结果的东西(现在结果反而成了本原),一个无疑还有待推导出来的东西。

现在,假若黑格尔想要的**这种方式**的颠倒是可能的,假若他不是空谈这种颠倒,而是真正尝试着把它现实地建立起来,那么他本人就得在他的第一种哲学旁边提出第二种哲学,作为前者的颠倒,而这第二种哲学大致就是我们在"肯定哲学"的名义下想要得到的东西。假若是这样的话,既然两种哲学不可能具有同等的意义和地位,那么不可避免会得出这样一个结果,即认识到他的第一种哲学是一种纯粹逻辑的和否定的哲学,在这种哲学里,向着自然哲学的过渡诚然只是一件虚构的事情,因此自然界也只是存在于单纯的可能性里面。然而黑格尔仅仅是以应景的和顺带而过的方式通过改动原本的文字来表达出这些观点,这种做法已经表明,他从来没有作出一个严肃的尝试,去现实地作出那种颠倒,于是他所表述的那种颠倒仅仅在于,顺着第一种哲学里面逐步上升的那些环节重新往下走。现在让我们来看看,这会导致什么后果。

---

① 而在1812年的《逻辑学》第一版(第9页)里是这么说的:"在纯粹知识的发展过程的终点,精神也将放任自己自由地发生外化,具有'直接意识'这一形态,成为一种以存在为对象的意识,而存在则是作为一个他者而与这种意识相对立。"——谢林原注

在我的同一性哲学里,事情诚然是这样的:每一个先行的东西都包含在派生出来的相对更高的东西里面,最终一切东西在上帝里面才获得它们的**真理**。黑格尔对于这个观点的表述有些不同,他说,一切东西都汇聚到最终的东西里面,把它当作它们的**根据**。黑格尔的说法是不太确切的。实际上人们必须这样说:每一个先行的东西之所以奠定自己的根据,就在于它把自己当作那派生出来的东西的根据,也就是说,把自己降格为这样一种东西,它本身不再是存在者,而是成为另一个东西的存在的根据,它通过它的消沉或走向根据的行动(zu-Grunde-Gehen)而奠定自己的根据,因此它本身就是根据,而不是把派生出来的东西当作根据。世界上的物体,其本性就是要下落,物体的下落——因为一切派生自物的本性的东西都是**无限地**派生出来——因此是一种无限的下落,而物体之所以有这个根据,就在于它把自己当作一个更高的东西的根据,并通过这种方式一般地保持在它的位置那里(保持着与中心的同等居中的距离)。一切东西最终都是这样奠定自己的根据,即让自己从属于绝对者,从属于最终的东西,把它当作根据。

在纠正了黑格尔的说法之后,我们现在讨论事情本身。在黑格尔看来,那作为终点的东西,只有当它成为终点**之后**,才使自己成为开端,既然如此,它在第一个运动里(因此就是在它成为结果的那种哲学里)就尚未表现为动力因,而是表现为目的因,就此而言,只有当一切东西都努力走向它的时候,它才可以说是一个**原因**。但由于最终的东西是最高的和最终的目的因,所以整个序列(第一个环节是唯一的例外)无非就是一系列不间断的、持续的目的因;每一个东西在其位置都是前面东西的目的因,正如最终的东西是一切东西的目的因。如果我们回头追溯到那个无形式的、仅仅被思考的质料,那个作为一切东西的**根据**的质料,那么可以说,无机自然界是质料的目的因,有机自然界是无机自然界的目的因,而在有机自然界里,动物是植物的目的因,人是动物世界的目的因。在这种情况下,为了达到一种**创世**,唯一所需的就是顺着那些上升的环节,重新往下走,而假若通过这个简单的颠倒,绝对者就已经成为动力因,那么通过这个颠倒,人也应当显现为动物世界的动力因或创造因,动物世界显现为植物世界的创造因,一般意义上的有机界显现为无机自然界的原因,如此等等,因为我们不知道,按照黑格尔的意思,这个序列究竟应当推进到什么地步,是不是甚至延伸到逻辑学里面,直到回溯到那个等同于"无"的纯粹存在。够了!我们看到,这样理解的颠倒会导致何其荒谬的结论,那种观点——哲学通过这样一种简单的颠倒就能转化为一种理解把握了自由创世的哲学——是何其的虚幻。 [X, 159]

除此之外,在刚才提到的《逻辑学》的那个地方,黑格尔这样描述绝对精神的外化:"它[绝对精神]自由地听任自己具有一种直接存在的形态。"这个说法和前面谈到逻辑学向自然哲学过渡时的那些说法是完全背离的,因为如果是这样的话,那么绝对精神——通常说来它毫无疑问仅仅位于**整个**发展过程的终点,亦即在自然哲学和精神哲学**之后**,才被确定下来的——现在就已经外化为自然界。即使人们不去理睬**这个**矛盾,那么通过这种在形式上向**自由**创世学说靠拢的做法,也还是没有任何收获。就事情自身而言,人们到最后就和起初一样,距离一种自由创世的学说还很遥远。因为绝对精神**自身**外化为世界,它在自然界里忍受煎熬,它投身于一个它从此不能摆脱的演进过程,仿佛无可救药一般纠缠于其中,不再有任何自由。上帝不是自由地独立于世界,而是和世界纠缠在一起。就此而言,这种学说是一种泛神论,但不是斯宾诺莎的那种纯粹的、清静无为的泛神论,在后者这里,事物是神性自然之纯粹的、逻辑上的流溢。黑格尔抛弃了斯宾诺莎的那种泛神论,企图建立一个充满了神性活动和神性作用的体系,但在这个体系里,神性自由却是以一种更加屈辱的方式迷失了,因为人们一厢情愿地以为他们能够挽救和维护神性自由。黑格尔离开了纯粹理性科学的领域,因为那个外化是一个自由决断的行为,它彻底打破了单纯的逻辑秩序,但尽管如此,这种自由仍然表现为一种虚幻的东西,因为人们最终还是不可避免地逃向思想,那重新扬弃一切事件、扬弃一切历史的思想,因为人们在思虑着的时候必然会再度返回到纯粹理性的领域。

[X, 160]

假如人们询问黑格尔哲学的一个追随者:"绝对精神是否已经在某一个特定的环节外化为世界?"那么他必然会回答道,"上帝不是**已经**投身于自然界,而是一再地投身于自然界,以便同样一再地置身于自然界之上。"这个事件是一个永恒的、亦即始终持续着的事件,但正因如此,反过来也可以说,这不是一个真正的事件,亦即不是一个现实的事件。进而言之,上帝确实有外化为自然界的自由,也就是说,他有**牺牲**自己的自由的自由,因为自由的外化这一行为同时也埋葬了他的自由;从此以后他进入到演进过程当中,或者说成为演进过程本身;没错,他不是一个无所事事的上帝(假若他是一个真正意义上的纯粹终点,那么他就会是无所事事的),毋宁说他是这样一个上帝,永恒地、始终持续地行动着,处于永不止息的躁动中,永远都找不到安息日,他是这样一个上帝,始终只是做着他做过的事情,因此拿不出任何新的东西;他的生命是一个由许多形态构成的圆圈,因为他始终持续地外化着,以便重新返回自身,他不断地返回自身,只为了重新外化自身。①

在那个最后的、也是最流行的、面向广大公众的版本里,黑格尔是这样阐述外化这一主题的:"上帝虽然自在地看来(亦即尚未作为一个自为存在)已经是绝对者,但他在此之前——在一个纯理性的发展过程里,这个'在此之前'是咋回事呢?——也已经是第一位的东西或绝对者,但是为了达到自我意识,他外化自身,把世界树立为一个与他相对立的他者,以便从外化的最低层次,从那个尚且始终飘移在意识和无意识之间的层次,上升为人,在**人的**对于上帝的意识里获得他自己的意识。因为人的意识,作为人对于**上帝**的知识,是上帝对于自己唯一具有的意识。"伴随着这样一个表述,这个体系拿出一副最为平易近人的腔调;既然如此,人们已经可以估量,这个体系究竟会在哪些社会阶层那里最为长久地扎根下来。因为我们很容易观察到,某些理念

---

① 参阅《谢林全集》第十三卷,第106页(XIII, 106)注释。——原编者注

总是首先出现在一些较高层次的、尤其是具有学识的、或一般说来具有良好教养的阶层里面,随后在他们那里失去效准,并在这个过程中已经降落到社会的较低阶层,在那里保留下来,尽管上流社会已经不再谈论它们。因此我们也很容易就发现,这个新的、发源于黑格尔哲学的宗教主要是在所谓的**广大**公众那里,比如在实业家、商界服务人员、以及这个在另一方面非常值得尊重的社会阶层的其他成员那里,赢得它的信徒。在这些渴求着启蒙的公众那里,黑格尔宗教将会度过它的余生。诚然,人们可以假设,黑格尔思想的这种广为流传的情况并没有给黑格尔本人带来丝毫满足。然而这一切都是起源于唯一的一个失策,也就是说,那些**自在地看来**真实的、亦即单纯在**逻辑上**真实的关系,当它们转化为现实的关系之后,就失去了自己的全部必然性。

来自一份较早(埃尔兰根时期)手稿的补记

黑格尔有一个广为流传的说法:人应当通过哲学而超脱于单纯的表象之外。如果说"表象"(Vorstellung)是指那种在我们里面、把现成的对象**当作现成的对象**而与之相关联的东西,那么黑格尔的说法是无可辩驳的。因为哲学确实不应当把任何东西当作**现成的**而予以接纳——不应当仅仅去排列组合各种给定的反思。但是,如果这里所说的"超脱于……之外"是在一种绝对的意义上来理解,那么黑格尔的说法就只是一个"丐题论证"（petitio principii）,也就是说,它假定了一个不言而喻的前提:那些**更高的**关系（世界通过这些关系而得到理解把握）不能与表象联系起来,不能澄清表象,而是凌驾于一切表象之上,或者反过来说,只要人们始终是在表象层面的范围内谈论那些关系,那么各种观点必然不但**在其自身**、并且恰恰因此而与理性相悖。诚然,如果人们首先假定一个前提,那些关系必须凌驾于一切表象之上（绝大多数前提在走向哲学的时候都会附带上这个前提）,那么人们必定会亲自去寻找一种非自然的哲学。然而科学的最高胜利恰恰在于,把那个只有通过超越表象才能认识到的东西,即是说把那个不能通过单纯的表象,而只能通过纯粹思维而把握的东西,向下导入到表象层面之内。因此,假如哥白尼的世界体系没有把世界超脱于单纯表象之外,没有冲击人们头脑里的单纯表象,那么它也不可能建立起来;而在最初的一段时间里,它曾经是一个极为冷僻的、与一切表象相悖的体系。但是当这个体系完全展现出来,并帮助人们理解把握了太阳围绕地球运动这一表象,单纯的表象也就重新与自身达成了和解,把之前看起来悖理的表象看作是清楚明白的,反过来把之前认为是清楚明白的表象看作是模糊不清的。

——黑格尔的哲学自诩没有任何前提,然而事情并不是这样的。如果人们审视它的根据,审视它虽然没有公开说出来、但却悄悄地设定的前提,审视那正因如此很难被认识到的东西,就会发现一个最终贯穿一切的基础,即那种最为令人愉悦的唯理论准则,而黑格尔哲学把这些准则看作是不言而喻的原理,没有任何人可以质疑它们。同样,那已经被康德证明为纯粹独断论的东西,被黑格尔当作是无条件的、已经得到普遍证明的东西。但是,如果谁佯言这只不过是一些有限的知性规定,并企图摆脱一切自然的概念,那么他就会因此失去一切帮助理解的工具,因[X, 163] 为我们只有借助这些形式才能理解任何东西。康德已经表明,人们在运用知性的这些形式时所犯下的错误,在于仅仅把概念**应用**在那些不依赖于概念而已经被假定下来的对象上面——而这些对象是真正意义上的对象,即与知性相对立的对象,而概念和对象并不是结伴产生出来的,因此必然会出现一种单纯的反思性哲学,使得科学的任何活生生的创造都不再可能。但是,证明这些概念遭到混乱的**应用**,不等于要**完全排斥**这些概念,这里面有着巨大的区别,而如果按照后者,那么一切深明事理的争论都是不可能的了。很显然,这种类型的哲学是心胸狭窄的,它不能敞开心扉来谈话和说话,仿佛被剥夺了呼吸和声音,只能嘟哝着一些没人能够理解的词语。人们抱怨这种哲学晦涩难懂,看起来是把责任归咎于黑格尔的个人的缺陷,但这对他是不公平的,因为当黑格尔摆脱了自己的狭隘性,或当他谈起那些贴近生活的对象的时候,他其实是非常确定、非常易于理解的,甚至很擅长进行机智的表述。也就是说,其实是事情本身难以理解,至于那种绝对难于理喻的东西,绝不可能变得易于理解;假若它要变得易于理解,那么它首先要改变自己的本性。指责一个哲学家晦涩难懂,这是一个糟糕的做法。因为"晦涩难懂"是一个相对的概念,即使声名卓著的张三或者李四没有理解一个东西,这并不意味着这个东西就一定是晦涩难懂的。而且哲学确实包含着某些东西,这些东西就其本性而言始终是广大人民群众所难以理解的。但是如果事情本身就晦涩难懂,这就完全是另一回事了。①

经常有这样的情况,某些人虽然训练有素,身手敏捷,但却缺乏真正的想象力;如果交给他们一些机械力学的任务,比如去发明一台麻纺机,那么他们确实能够组装起来这样一台机器,但是这台机器装置是如此之复杂和难以操作,而且齿轮总是发出嘎吱难听的声音,在这种情况下,人们宁愿重新按照旧的方式来手工纺织麻布。这种事情在哲学里面也可能发生。每一个敏感的、不迟钝的或不满足于自得其乐的人,如果他对那些最初的、最伟大的对象处于一种无知状态,就会感到非常痛苦,而且这种痛苦有可能达到一个难以忍受的地步。但是,如果一个不自然的体系所带来的折磨甚至超过了无知带来的那种重负,那么人们宁愿忍受后者。诚然,人们可以断定,即使哲学的任务总的说来是不可能完成的,但这个任务最终还是必须通过少数伟大而单纯的特征把自身揭示出来,而且,既然人们在一切无关紧要的任务里都承认有所发现,那么恰恰在人类的这个最伟大的任务里,不应当没有任何发现。

---

① 参阅《天启哲学导论》中的表述,《谢林全集》第十三卷,第18页以下(XIII, 18 ff.)。——原编者注

雅各比　神智学

假若单凭经验论就足以在哲学里面解释一切,那么只需通过单纯的经验,我们就必然获得了那个最高的概念(亦即"最高本质"**概念**),同时还获得了最高本质的存在。这里有多种可能性可供考察。我们会问,通过**直接的**经验而获得最高本质的概念,同时获得最高本质的存在,这是一件可能的事情吗?直接的经验要么是外在的经验,要么是内在的经验。但是,如果一个**概念**始终都是属于**知性**的领域,它怎么能够通过一种外在的经验而被给予呢?很显然,只有通过一个直接刺激着我们的知性的事实或作用,我们才能获得一个概念。但那种直接刺激着或作用于我们的知性的外在经验,只能是**学说**、**授课**之类。在这种情况下,我们必定是通过一种从外面灌输进来的学说,确切地说,通过一种具有不可追究和不可违抗的权威性的学说,才获得那个最高的概念,而既然这种不可违抗的权威性仅仅属于**那种**来自于最高本质自身的学说(因为惟有最高本质自身就是一种不可违抗的权威性),那么我们必定是通过一种最终可以溯源到最高本质自身的学说而获得最高的概念。这个溯源本身只能以历史的方式(按着历史的道路)发生。

除此之外,如果一个外在的权威被当作哲学的最高原则而接纳下来,那么这里只能设想两种可能性。要么这是意味着一 [X, 166] 种完全盲目的屈从,要么人们必须通过一些理性理由(且不管是具体什么理由)来证明,这个权威本身是有根有据的。如果是前面那种情况,那么这就完全颠覆了哲学。而如果是后面那种情况,那么人们必须要求有一种独立于这个权威的哲学来论证这个权威(如果这不是一个循环论证的话),而且这种哲学必须和那种自由而独立的哲学一样,具有尽可能广袤无垠的领地。

但是,哲学也可以不是立足于一种直接的外在经验,而是求助于一种直接的**内在**经验,求助于一道内在的光明或一种内在的情感。这里同样可以区分出两种情况。要么人们把这种(真实的或捏造的)情感仅仅当作一个论战工具,用来反抗那些纯粹唯理论体系,但本身并不对知识提出诉求,也就是说,不认为可以**依据**这种情感或这种精神直觉而发展出一种科学。**要么**人们试图把这种(真实的或捏造的)内在经验同时塑造为一种科学,让它作为科学而产生效力。

现在我们首先考察前一个可能性。假若那种情感放弃了对于科学的诉求,这就等于它已经亲自宣称自己是一种纯粹主观和纯粹个人的情感。因为,假若它是一种客观的和普遍有效的情感,那么它必定能够发展成为一种科学。否则的话,这种情感对于唯理论体系的反抗,充其量只是一种个人的宣言:"**我**不想要这个结果,它让我不舒服,它与我的情感有冲突。"我们不能剥夺人们作此宣言的权利,因为我们自己也承认,至少对于哲学的初步的概念规定而言,**意愿**具有一种重大的意义。甚至可以说,哲学的第一个宣言(或者说那个先行于哲学本身的宣言)**只能**是一个意愿的表达。就此而言,当一种思想形态充分地显露或者展示出来之后,每个人都必定有权利说:"我**不喜欢**它,我不想要它,我没法同意它。"

[X, 167]

在这个意义上,雅各比的如下这些话是很漂亮的:"我想要的是一个人格性上帝,一个我能够与之发生个人关系的最高本质,一个能够对我的'我'作出回应的永恒的'你',而不是一个仅仅存在于我的思维中的本质,或者说一个完全停留在我的思维之内、完全等同于我的思维的本质——我想要的不是一个纯粹**内在性**的本质,一个离开我的思维就什么都不是的本质,我想要的是一个超越性的本质,它即使离开我的思维,对我来说也还是某个东西。"这些话是值得赞美的,问题只在于,这类表述仅仅是一些孤立的美丽辞藻,缺乏任何对应的行为。假如有一种知识,它不但与我们的情感和我们的更好意愿相矛盾,而且自诩为一种必然的和不可违抗的知识,那么对我们来说,只剩下一个合乎理性的选择,就是要么屈服于必然性,命令我们的情感保持沉默,要么通过**现实**的行为来克服这种知识。

如今有一种哲学,我们可以把它看作是经验论哲学的下一个阶段,把弗里德利希·海因里希·**雅各比**看作是它的代表人。这种哲学不是现实地去攻击那种让它感到讨厌的知识,而是把各种地盘**完全**拱手让给知识,然后自己退回到无知里面,同时断言道,只有无知才是解脱之道。由此可知,这种哲学自己就认为,那种纯粹实体性的、排除了行动的知识,那种在唯理论里面占据着支配地位的知识,乃是唯一可能的知识和真正的知识,而这种哲学拿出来与之抗衡的东西,不是另一种**知识**,而是一种纯粹的无知。然而问题的关键在于,那种唯理论的知识本身并不等于**知识**。雅各比毫不讳言,按照他的**个人**看法,那种实体性的知识乃是唯一**可能的**知识。在他的最早的那些观点里,有这样一个高高在上的观点,即一切科学性的哲学都不可避免地走向宿命论,也就是说,走向一个纯粹的必然性体系。对于康德、费希特、还有费希特之后的那个人①,雅各比保持着一种个人联系。他所攻击的不是理性真理,不是他们的体系的结论;毋宁说他承认他们的结论是一个理性真理,同时却兴高采烈地指出:现在大家看到了吧,真正的知识,完整的知识,不可避免地走向斯 [X, 168] 宾诺莎主义,走向宿命论,如此等等。

也就是说,雅各比亲口承认,他发现那些纯粹唯理论体系的知识是无比强大的,而面对这种知识,他剩下来能做的事情就是求助于情感。他承认,他不知道如何通过科学的方式超越这种知识;他承认,站在知识本身的立场上看,他不知道还有什么比这更为优秀的东西,比如,从他的**科学的**认识来看,他本人只能成为一个斯宾诺莎主义者。真的,从来没有哪个哲学家像雅各比这样,承认纯粹唯理论——如你们所知,我在这里指的不是一种专门的神学思想,而是一种哲学思想——具有**如此之多**的优点。他真正是把各种强大武器都塞到唯理论的手里。既然如

---

① 即谢林本人。——译者注

此,每个人都会认同我的合理做法,即把雅各比放在从唯理论到经验论的过渡位置。他在理智上完完全全属于唯理论,同时企图用情感来超越唯理论,但却是徒劳无功。**就此而言**,在整个近代哲学史里面,雅各比也许是最具有教育意义的一位人物。当然,我并不想说,他对于**每一个人**而言都是这样一位人物,而且我认为,他对于**初学者**来说也不可能是这样一位人物,因为雅各比的各种著作虽然对于行家来说具有重要的价值,但由于雅各比本人的模棱两可的立场,这些著作几乎只会给初学者造成极大的困扰,而且会让初学者的精神在不知不觉中习惯于一种疲软状态,无力理解人类理智的崇高使命,而且这种疲软状态即使通过一种心醉神迷的情感表述也不能很好地掩饰起来。

话虽如此,我已经不能比这**更加**公正地对待雅各比了,因为我承认,在近代的所有哲学家里面,是他最为迫切地感受到了对于一种历史性哲学(当然是在我们意义上的那种历史性哲学)的需要。从他年轻的时候起,他就坚决反对那种把一切事物都归结到**纯粹的**理性关系、不给自由和人格性留下半点余地的体系。这方面的证据包含在他早期的一些著作里面,比如在他写给施罗瑟尔①的讨论有神论的书信里,他就已经充分地认识到,那种绝对非历史性的有神论,亦即所谓的**纯粹的**理性宗教,是一种空洞无聊的东西。沿着这条道路,**他**本来应当比所有别的人都更早认识到一种历史性哲学的概念。他认识到了近代所有体

---

① 约翰·格奥尔格·施罗瑟尔(Johann Georg Schlosser, 1739-1799),德国历史学家和启蒙运动主义者,歌德的朋友和妹夫。——译者注

系的真正特征,也就是说,他发现,这些体系所给予我们的,不是我们真正想要知道的东西(或者坦白地说,唯一**值得**我们去努力认识的东西),而仅仅是一个令人讨厌的替代品,仅仅是这样一种知识,思维在其中永远都不会超出自身,仅仅在自身的范围内向前推进。但真正说来,我们的目标是要**超越**思维,以便通过那种**高于**思维的东西而摆脱思维带来的痛苦。这就是早期的雅各比。在他的最早的那些著作里面,他甚至使用了"历史性哲学"(geschichtliche Philosophie)这个表述;但是当他把"历史性"和"哲学"这两个概念组合在一起的时候,并不是将其理解为一种内在的历史性哲学,而是理解为这样一种哲学,它把天启和历史当作一种**外在**的基础。就此而言,可以说雅各比的哲学属于第一种类型的经验论哲学。

当时的雅各比给人的印象是,他完全同意那些真正意义上的天启信仰者(比如拉瓦特尔①、施罗瑟尔等所谓的超理性主义者或超自然主义者)的观点。这导致他曾经有一段时间声名狼藉,因为当时的人们努力想要掌握一种普遍的、或者说单纯主观的合理性(这也是所谓的启蒙运动的全部宗旨),而雅各比则反其道而行之,鼓吹所谓的心灵和诗意本性。话说回来,雅各比还得感谢他当初获得的那个恶劣名声,因为直到今天,还有许多严肃的具有基督教倾向的著作家把他引以为真理的见证人之一。

---

① 约翰·卡斯帕·拉瓦特尔(Johann Caspar Lavater, 1741-1801),瑞士宗教活动家、哲学家和作家,代表作为四卷本《促进人类认知和仁爱的面相学片断集》(*Physiognomische Fragmente zur Beförderung der Menschenkenntnis und Menschenliebe, 1775-1778*),其中许多观点对于黑格尔在《精神现象学》中的相关讨论产生了重要影响。——译者注

[X, 170] 尽管如此,雅各比还是愈来愈迫切地想要摆脱那个恶劣名声,告诉世人他根本不是什么超理性主义者,但另一方面,他的忠贞不渝的追随者仍然觉得有必要把他纳入到超理性主义者的阵营之内,甚至在雅各比去世以后,还有人继续宣称道,如果人们把雅各比看作是一个通常意义上的天启信仰者,认为他的信仰——雅各比是一个有信仰的人,这是毋庸置疑的——是一种纯粹的理性信仰,这对于他是多么地不公正。但这些宣称是无济于事的,因为雅各比在他的晚年已经投入到唯理论的怀抱之中,对于这件事情,不仅他的那些相对优秀的崇拜者,甚至那些曾经遭到他攻击和迫害的人(他们由于具有自由而独立的心灵,仍然一直承认雅各比是一个相对优秀的人物),都由衷地感到悲伤——对此我还要补充一句,即雅各比后来投靠的是一种最为空洞的唯理论,这不是那种在哲学里面已经达到高度发展、可以自豪地说通过它而让理性达到自我认识的唯理论,而是一种枯燥无聊的、单纯主观的唯理论。真正说来,正是后面这种唯理论构成了整个启蒙运动的主要内容,而由于这些内容,它脱离了过去那个由斯宾诺莎、莱布尼茨和其他伟大人物组成的团体,最终沿着这个方向堕落为一种最为低级的平庸哲学。在雅各比的后期著作里,他关于基督和基督教的各种言论与最愚蠢的神学唯理论的那些观点完全合拍。

雅各比的哲学既然最终落到这个地步,他就和那两位曾经给予他巨大影响的人物有着天壤之别了。在我看来,如果在这段历史发展过程中忽略了那两位人物,这是很不公正的。

其中一位就是**帕斯卡**。

如果谁处在探索的过程中，如果谁想要得到一个尺度，用来衡量一种真正的历史性哲学所必须达到的可理解性和可领会性，**他**应当读读帕斯卡的《思想录》。如果谁还没有遭到另外某种违背自然的哲学的不可挽救的败坏，完全丧失了理解自然的和健康的东西的能力，那么只要他认真仔细地研究帕斯卡的思想，还是能在大体上感受到一种历史性体系的理念。

另一位则是约翰·格奥尔格·**哈曼**。曾经有一段时间，人们很难接触到他的那些如同神秘莫测的纸片般的著作，如今这些著作已经被结集出版①，这无疑是最近时期的学术界所获得的最为重要的充实。我说这些话的目的不是要直接向你们推荐这些著作，因为为了理解其中大量的隐喻暗示，人们必须具有渊博的知识，而为了掌握这些著作的全部意义，人们还必须具有一种更深刻的体验。作为读物，这些著作不适合于年轻人，而是适合于成年人，甚至可以说，一个成年人绝不会把这些著作丢在一边，而是始终把它们看作是一块试金石，用来检测他自己的理解能力。——雅各比曾经评价道，哈曼是一个真正的"大全"($π\tilde{α}ν$)，在哈曼那里，既有合理的东西也有荒谬的东西，既有光明也有黑暗，既有唯灵论也有唯物论。

哈曼不具有任何体系，也未曾建立起任何体系。但是，如果有人意识到了这样一个整体，它把哈曼的全部或者密切相关、或者毫不相干的言论——这些言论既是合理的，看起来又是荒谬

[X, 171]

---

① 《哈曼全集》，弗里德利希·罗特（Fr. Roth）编辑，柏林，1821-1825年版。——谢林原注

的,既是极为自由的,另一方面又是坚决正统的——归结为一个意思,那么他可以自豪地宣称,他已经获得了**某些**洞见。**现实中****的**哲学是一种深刻的科学,是伟大经验的一个作品;那些**缺乏精神性经验**的人,那些单纯的匠人,如果让他们通过对哈曼作出一个自由的评价来展示出**他们的**本性,那么他们只会不知道何从说起,因为他们根本就没有能力深入了解哈曼的思想内核,反而纠缠于哈曼的一些个人错误和个人缺陷。但是,如果**没有**这些错误和缺陷,哈曼也就不会是哈曼了,而且这些错误和缺陷与他的精神的德行和优点是如此紧密地结合在一起,以至于彼此根本不能分开。作为哈曼的朋友,雅各比曾经指责他胡说八道。当然,就哈曼的某些表述而言,**雅各比**无疑会是坚决赞成的。指出一切事物都是和纯粹理性联系在一起,这不是什么难事,但是某些体系**必须**把这个认识当作是一个最为盲目的前提。**如果**事情是另外的样子,那将多好啊!事情确实是另外的样子;当然,这不可能以先天的方式被认识到;因为但凡存在着的东西,一般说来都只能通过后天的方式而被认识;人们以先天的方式认识到的东西,仅仅是那**不能不**如此的东西。

[X, 172] 因此万事万物并不是像人们所想象的那样,四平八稳地联系在一起,而是以一种奇妙的方式联系在一起,人们甚至可以说,以一种荒谬的方式联系在一起。在《旧约》里面,上帝本身就号称是一个令人惊叹的上帝,也就是说,人们必须为上帝感到惊叹,**在这个意义上**,哈曼带着他那无比独特的幽默来理解西蒙尼

德①对叙拉古国王所说的那句著名的话:"我愈是长久地思考神,就愈是没法理解他。"哈曼对于这句话的理解,就和人们对于一个令人惊叹的、甚至充满矛盾的人的理解没什么两样。不管怎样,有时候对于一个具有原创性的人,我们必须承认他是令人惊叹的,更何况即使是一个普通的人,也不可能以先天的方式被完全理解。

现在我们回到雅各比。到目前为止,我们已经在雅各比那里区分出两个时期:在前一个时期,他的哲学看起来是一种超自然主义的哲学,而在后一个时期,他宣称自己**反对超自然主义**,反对那种认为天启依赖于历史的观点,同时始终坚持着一种单纯主观的情感,而且满足于他曾经攻击过的那种空洞无聊的有神论。也就是说,在后一个时期,他不仅试图与**通常的主观的**唯理论缔结和平协议,更是与那种**客观的**、科学的唯理论保持距离,因为他在这里提出了一个独特的发明,这个发明的关键在于,用"**理性**"这个词语来取代他最初使用的"情感"一词,同时赋予"理性"以一种**直接的**、仿佛盲目的关于上帝的**知识**,甚至宣称"理性"是一个用来认识上帝和神性事物的直接机能。这是雅各比赠予哲学的最坏的礼物,因为这种简单方便的直接知识可以让人们单凭一个词语就超脱了所有困难,于是被许多无能的头脑抓住,他们通过雅各比的影响而大行其道,在大学和初级学校里,尤其在我们对于青年的真正的科学教育中,造成了极为严重

---

① 西蒙尼德(Simonides von Keos,前 557-前 468),古希腊著名的抒情诗人,被认为是"记忆术"(Mnemotechnik)的发明者。——译者注

的损害。就雅各比所宣扬的这种"理性"而言,我们只能说,这是对于同时期的那个哲学①的一个误解,或者说是这样一个尝试,即通过一种简单方便的处理方法而确保自己在与那个哲学的对抗中站稳足跟。

[X, 173]   雅各比的荒谬之处在于,这种直接的"理性知识"所认识到的上帝仅仅是一个普遍的实体,而不是一个现实的具有人格性的上帝,不是一个完整具备各种精神属性和道德属性的上帝,亦即普遍的信仰所惯常思考的那个上帝。但是,如果我和一个具有人格性的本质有一个**直接的**关系,那么这个关系**同样**只能是一个人格性关系,我必须与这个本质打交道,和它建立起一种真正经验性的联系;但是理性完全排斥这样一种经验性关系,正如它也完全排斥**任何人格性的东西**;**理性**恰恰应当是非人格性的东西。理性所直接认识的东西,必须和它一样,完全摆脱了任何经验性规定,因此也完全摆脱了任何人格性规定。如果上帝通过理性就直接被设定,被认识到,那么人们确实不需要任何中介性的知识,也就是说,不需要任何科学,既不需要掌握上帝的概念,也不需要确证上帝的存在。无疑,正因为理性排斥任何**人格性**关系,所以雅各比在他的早期著作里面(这是他的相对较好的时期)总是贬低那个排斥一切经验性事物的理性,把它置于知性之下。然而雅各比后来完全背离了他最初的愿望和刚开始的目标,对此的证据在于,在他晚年亲自安排出版的个人著作全集里,只要是过去曾经提到"理性"并指出其否定特性的地方,他都

---

① 指谢林的"同一性哲学"。——译者注

要提请读者注意,必须把这里的"理性"理解为"知性",同时把这里的"知性"理解为"理性"——仿佛恨不得通过这个方式来完全抹杀他早期的相对优秀的努力追求。

过去的雅各比认为,知性在哲学里面占据**第一位置**,理性处于第二位置,因为按照他的要求,一切东西都应当经过**加工**而让理性可以理解把握,而这恰恰意味着,理性**不是原初的理解把握者**,而且存在着许多东西,它们是理性不能原初地就理解把握到的。如果有一个东西,它把一切超越了理性自身的直接内容的东西进行加工,让理性可以理解把握,如果人们不把这个东西称作"**知性**",还能有别的什么称呼呢?上帝恰恰只有通过知性才被认识到,确切地说,只有那个最高的、最具有教养的、达到了思维的目标的知性,才认识到上帝。理性仅仅认识直接的东西,亦即那个不可能存在的东西,理性就和女性一样,必须待在家里守护着实体(οὐσία),以使让家里有知性和秩序;因此理性是整合者、划界者,而知性则是扩张者、推进者、行动者。理性是静止不动的东西,是一切事物都必须建基其上的根据,但正因如此,理性本身不是建筑师。理性只能直接地与纯粹实体相关联,这个实体是理性可以直接确定的东西,除此之外,理性想要理解把握的一切东西,都必须通过知性的中介。理性的功能就在于坚持否定的东西,而正因如此,知性不得不去寻找肯定的东西,而且惟有知性才听命于肯定的东西。同样,理性也不是一个用来认识肯定东西的直接机能,毋宁说,只有**通过**理性遭遇到的矛盾,知性才上升到肯定东西的概念。

[X, 174]

早期的雅各比与理性的关系或者说他对于理性的态度是这

样的,即他几乎不信任理性,而是希望以一种直接的方式(即排斥否定的东西,不去考虑克服否定的东西)认识神性的东西和肯定的东西。至于他后来与理性的关系,则是一种最为颠倒的关系,也就是说,过去他认为,必须通过**排斥**理性才能获得一种直接的知识,而现在他却认为,只有理性本身才具有一种直接的知识。

假若理性的直接知识是一种关于**上帝**的知识,那么上帝就只能是一个**直接的存在者**,也就是说,上帝只能是一个实体,但这恰恰是雅各比坚决反对的观点,因为他想要的是一个人格性的、经验性的上帝。关于上帝的直接知识只能是一种盲目的知识,亦即一种无知的知识;但在这种情况下,上帝也只能是一个"**并非存在着**的存在者"(das *nicht seyend* Seyende, τὸ μὴ ὄντως ὄν),因为"存在着的存在者"(das seyend Seyende, ὄντως ὄν)只能是**肯定的**、**公开的**,只能通过**认知**的方式而被认识到。雅各比有一句名言:"如果上帝是能够被认识的,那么他根本**不是**上帝。"这句话的意思仿佛是说(人们必须这样来理解),上帝仅仅是一个并非存在着的存在者(否定的东西)。换言之,上帝是一个否定的东西,一旦他被认识到,一旦他被纳入到知识的光明之中,他就不再是上帝。雅各比的这个命题和另外一个命题听起来是完全一样的意思:"如果黑暗被**看见**,那么它就不再是黑暗。"古人也曾经说过,黑暗是一种既不能借助于光、同时又不能不需要光而被看见的东西。当然,我们不能认为后面这个命题是雅各比想要表达的意思。原因在于,一方面,雅各比总的说来

[X, 175]

是一个性情温和的人,他不希望最终提出某种极端的主张,另一方面,那个意思违背了雅各比的另一个愿望,即他想要的是一个人格性的、属人的上帝,人们和这个上帝能够有一种人格性的关系或属人的关系。真正说来,按照雅各比的原本的思维方式或思维意向,应当这样来表述雅各比的意思:假若人们像在数学里面认识某个东西那样来认识上帝,也就是说,假若人们通过一种真正说来**并非知识**的知识来认识上帝,那么这种情况下的上帝就根本不是上帝。但是,如果这是雅各比的**真正的**看法,那么恰恰**由此**可以得知,上帝不可能以**一种直接的**方式被认识到,因为直接的知识只能是一种盲目的知识,一种并非知识的知识,这种知识不是通过**运动**而认识到什么东西(因为任何运动里面都包含着中介环节),而仅仅是在静止不动的情况下进行认识。现在,人们可以看出雅各比是一个多么动摇不定的人,无异于一根在风中东倒西歪的芦苇,对此的证据恰恰在于,雅各比先是主张"那被认识到的上帝根本不是上帝"(刚才我们已经解释了这个命题的真正的意思),然后又主张可以通过一种直接的理性知识而认识到上帝。

后期的雅各比用"理性"来替代"情感",以便与唯理论达成和解,在这种情况下,他的哲学就失去了它曾经具有的真理。本来,情感表达出了一种人格性关系。如今雅各比却主张,那种非人格性的理性与**人格性的**上帝之间有一种直接的关系,而这是完全不可想象的。雅各比曾经最为确切地认识到,那些唯理论体系最终说来其实不能解释任何东西,正如几何学其实也没有

[X, 176] 解释任何东西,因为它仅仅告诉我们:"事情**是**这样。"雅各比曾经作出一个巧妙的比喻,即一切理性体系都像那种纽伦堡跳棋游戏,一旦我们搞清楚它的全部运行规则,马上就变得索然无趣。尽管如此,由于雅各比自身的不幸,除了那个否定的东西之外,他不知道知识还有别的什么对象。除了那种实体性的知识之外,他唯一承认的是这样一种知识,就是在面对那个否定的东西的时候闭上双眼,不想对它有**任何**了解。这样一来,他就亲自剥夺了自己的全部工具,不可能达到一种更高的科学。任何哲学,如果它不是在否定的东西那里获得它的根基,如果它企图**抛开**否定的东西,直接达到肯定的东西或神性的东西,那么它最终都会死于一种不可避免的精神性痨病。这样一种科学痨病就是雅各比哲学的真正特性。即使雅各比按着**他那条**走向上帝或神性事物的道路认识到了某些东西,这些东西相比真正的宗教认识的丰富内容而言也是如此地枯燥和贫瘠,以至于人们必须抱怨道,可怜的人类精神竟然只能认识到这么一点东西。雅各比哲学的结局是这样一个宣言,即不仅对于上帝和神性事物,而且对于非神性的、与神性相对立的事物而言,它都不具有一种**真正的**知识,也就是说,不具有一种科学的知识。

　　早期的雅各比之所以是一位优秀的人物,是因为他对于精神性事物或超感性事物抱有一种崇高的追求。只不过他的本性缺乏一种必要的平衡力量。因为真正说来,精神性事物只有在与非精神性事物的关系中,并且克服非精神性事物,才能站稳足跟。**一切**片面的东西,即使它展示出它的相对优秀的一面,在哲学里面也是遭人厌烦的。雅各比在他的哲学思考里从一开始把自然界排除在外，在这一点上他和康德非常不同，因为康德通过他的全部著作表明，他对于自然界具有一种伟大的爱，具有非常丰富的知识，而雅各比却好像是对于自然界抱有一种惊惶失措的畏惧，即使他对于自然界获得了一些知识，也总是仅仅注意到其中的非自由、非神性、非精神性等方面。之所以造成这个情况，或许也有一个偶然的原因，即雅各比曾经师从一位优秀人物学习物理学和哲学，这个人就是日内瓦大学的乐·萨奇教授①，作为一名坚定的笛卡尔主义者，他在18世纪中叶提出了一个与笛卡尔的涡流体系很相似的原子论——机械论重力体系。雅各比也许是从他的老师那里继承了一种偏执的毛病，就像他经常对我说的那样，他根本不能**想象**物质是一种活生生的东西；与此的对照是，歌德曾经有一次对我说，如果不把物质看作是一种活生生的东西，他根本不知道如何开始研究。

雅各比直到晚年都保持着这个特点，即使读了康德的《自然科学的形而上学开端根据》乃至《判断力批判》之后也不为所动——附带说一下，《判断力批判》是康德的最深刻的著作，假若康德不是以这部著作作为结尾，而是作为开端，那么他很有可能已经给予他的整个哲学以一个完全不同的方向。当雅各比最终发现，自然界已经作为一个根本性的重要因素被纳入到自然哲学之内，他手中唯一剩下的武器，就是责骂这个体系是一种最为

[X, 177]

---

① 乔治-路易·乐·萨奇（Georges-Louis Le Sage, 1724-1803），瑞士物理学家和数学家，曾经提出"乐·萨奇重力理论"，用来解释牛顿的万有引力理论。除此之外，乐·萨奇是电报的发明者之一，同时也是动力学气体理论的先驱。——译者注

普通和最为粗糙的泛神论,然后变换着各种法子对其进行攻击。但是哲学**不可以**仅仅热衷于最高的东西,它必须把最高的东西和最低的东西**现实地**联系在一起,这样才能真正成为一种无所不包的科学。如果谁从一开始就把自然界当作一种完全非精神性的东西而加以抛弃,那么他就亲自剥夺了自己原本可以掌握的质料,但惟有基于这个质料、从这个质料出发,他才能够发展出精神性的东西。雄鹰之所以能够在高空翱翔,并不是因为它和下方的空气**没有**任何联系,而是因为它克服了下方的空气,甚至以之作为它的飞升的**媒介**。如果一棵树是深深扎根在土壤里面,即使它的树梢很难开花,但还是可以尽力朝向天空生长,但如果某些思想从一开始就脱离了自然界,那么它们就好像一些无根的植物,或者说充其量像那些柔和的柳絮,一到暮春时分,就飘荡在空气里,既不能飞向高空,也不能借助自己的重量而回落大地。我们可以说,**主要**是在雅各比的那些机智的、以精雕细琢的方式表达出来的思想里面,人们可以看到这类老处女一般的念头飘来飘去。

[X, 178]　　因此雅各比哲学的结局是一种普遍的无知。雅各比说,哲学没有能力提供它所最为迫切地追求的东西,也就是说,哲学没有能力揭示出那超出于通常经验的界限之外的东西,在这个问题上,他和唯理论是完全一致的,唯一的差别在于,他抛弃了**一切**在哲学里面堪称真正的最高奖励的东西,转而投靠"非哲学"和无知——投靠情感、某种憧憬,或者说(尤其在他的早期著作里面)投靠**信仰**;但因为在一个完全崇尚理性的时代里,信仰是

某种令人抵触的东西,所以雅各比后来用"直接的理性知识"的说法取代了"信仰"的说法,但无论是这种所谓的"直接的理性知识",还是情感,都不可能发展成为一种科学,因此这里始终有一个矛盾。此外需要指出的是,像这样抛弃一切真实的、真正意义上的肯定的东西,转而把人们推向**信仰**,并不是雅各比哲学的专利,而是一种长久以来就流行的做法:因为长久以来,相比天启的丰富内容,人们早就注意到通常的哲学是一种空无内容的东西。

既然这里谈到了知识和信仰的关系,我希望就此作出一些澄清。人们必须区分以下情况。**首先**,那些对于哲学漠不关心的人,或者说那些认为哲学充满缺陷的人,恰恰宣称,信仰(他们在这里理解的是历史中的基督教信仰)包含着某些东西,这些东西没有包含在哲学里面,而且不可能包含在哲学里面。按照这个理解,知识和信仰,或者说**哲学**和信仰,是两个彼此**分离**的东西,就好像两个分割开的领域,而这个对立是可以理解的、甚至可以说是显而易见的,因为自从笛卡尔让哲学获得解放以来,这个对立就必然会出现。从那个时候起,哲学就把肯定宗教[实定宗教]的内容抛在一边。比如,笛卡尔在他的全部著作里都明确宣称,他不希望提出任何与教会学说**相对立**的东西,毋宁说他的目标是完全依靠自己而创造出他的哲学的内容。本来,自从经院哲学时期以来,哲学已经习惯于完全以肯定的内容为前提,如今它完全依靠它自己,对于那些肯定的内容不置一词,在这种情况下,它必然而且自然会陷入到否定的东西里面。**其次**,我们更

[X, 179]

难理解的是,如果信仰和知识之间的区分**取决于**知识,**取决于哲学自身**,那么无论知识还是信仰都成了一种哲学意义上的东西,于是一方面有人主张哲学意义上的知识,另一方面有人主张哲学意义上的信仰。无论如何,这里只有两种可能性:要么信仰和知识是一致的(至少不会相互矛盾),要么信仰和知识是**相互对立**的。雅各比属于后面这种情况,因为他一方面认为,知识不可避免会导致宿命论和无神论,另一方面认为,惟有信仰才能够走向一个作为天命、自由和意志的上帝。但是,如果相互对立的信仰和知识都是包含在哲学**里面**,也就是说,如果二者都是一种哲学意义上的东西(这里雅各比忘记了自己曾经鼓吹的无知,反而极为坚定地主张,他**也**建立了一种哲学学说),那么无论是信仰还是知识都必须在哲学的意义上加以解释。但是,如果一个体系一方面主张一种哲学意义上的知识,另一方面又主张一种**与这种知识完全对立**、但同样也是哲学意义上的信仰,那么即便仅仅是从**形式**上来看,它也必定是一种哲学意义上的(亦即能够以哲学的方式得到理解把握的)二元论体系。

对于这样一个二元论体系,人们不妨按照如下方式来思考。一方面,唯理论知识或单纯的实体性知识被看作是完满的,在这种情况下,理性认识到自己实际上是**全部**存在——确切地说,是全部有限的存在(因为假若理性无条件地认识自己是全部存在,那么它也会认识到自己是上帝,那么上帝无非就是理性)。但是,知识要认识到自己是全部有限的存在,或更确切地说,认识到自己是全部有限的存在的本原,那么它必须通过它的纯粹的主观性来认识自己,而这种主观性(作为一种独特的无限的主观性)必须在自身内就包含着与一种同样无限的客观性的联系。为了达到这个知识,理性经历了一条漫长的道路,并在这 [X, 180] 个过程中认识到自己是一个普遍的实体,因此这条道路恰恰是一条走向完满知识的道路,而知识**恰恰**是在这个目标这里,在这个达到完满的地方,也认识到自己仅仅**是**一个单纯的**载体**(Substanz),在这种情况下,知识作为实体或载体是归顺于**某个东西**,**相对于**这个东西而言,知识表现为一个非存在者,而且知识必须把**自己**和这个东西区分开来,承认这个东西**不是**一个单纯实体性的或主观的存在者,而是一个具有纯粹无限的客观性的——无限地摆脱了一切主观性的——**存在者**。因此,在最后这个行为里,知识将会认识到,自己**不是**一切,也就是说,**不是**真正客观存在着的东西;当知识否认自己是**全部**存在,它就会把那个无限肯定的或无限否定的存在者设定在上帝**之内**。这个最终设定上帝的行为的根据恰恰在于,知识摆脱了它之前的自身客观性(即亲自作为一个客体而存在),返回到完全的主观性之内;就此而言,这个行为本身必然是一个主观的行为,大致可以比拟于祈祷行为,因为祈祷就是在一个更高的东西面前否定自己,在和这个更高的东西的关系中,我们把自己设定为一个完全的主体存在,亦即一个完全不由自主的存在。这个纯粹主观的行为与知识相对立,可以被看作是**信仰**行为或信仰本身——理由如下。知识通过否定自己而确信有一个高高在上的存在者;但是,只要知识还保留着一丝客观性,只要知识**还没有**消灭自己,它就认识不到那个高高在上的存在者,因此知识只有在**信仰**里面才消灭自己,然后通过这种自我否定——仿佛作为放弃自己的独立性而获得的奖励——认识到那个高高在上的东西。当然,知识仅仅是把作为客观东西的自己,而不是把作为主观东西的自己加以消灭,而且既然知识只有通过主观性才成为一种完满的**知识**(在这之前,当它想要成为一个客观的东西的时候,它还是自然界里面的创造者),那么它确实可以**作为**知识而保留下来,而那个最终的、同时出现的结果,就是一个完满的、在信仰里面消灭了自己的知识,但正因如此,这是一种真正设定了肯定东西和神性东西的知识。通过这个方式,哲学自身内部就出现了从知识到信仰的过渡。当然,雅各比还远远没有达到提出这一主张的地步。他的哲学的结局是一个纯粹的分裂,这个分裂不能通过任何东西,不能通过任何更高的理念而得到克服。

[X, 181]

不管怎样,前面指出的那个主张只有在这样一个体系里面才是可以想象的,这个体系必须还能够回答如下一些必然出现的问题。纯粹**知识**既然位于主观的内心里面,那么它是一个**非存在者**(因为知识相对于存在者而言就是一个非存在者),现在,如果这种知识来到自身之外,从而创造出一个客观的存在,那么问题就是,这个非存在者——这个不仅**应当**存在,而且原本就肯定存在着的东西,作为一个本原,是从哪里获得力量,使自己客观化,把自己设定为一个存在者呢?它凭什么获得存在(*Existenz*),亦即来到自身之外(außer sich),凭什么离开它本来应当呆着的**地方**(亦即内心)?如果它通过这种外化而成为一个创造世界的本原,那么它是如何**转变为**一个外在的东西呢？是的,它必然已经**转变为**一个外在的东西。正如当初的终点已经表明的那样,它**不应当**是一个外在的东西,正因如此,它不可能原本就作为一个外在的东西**存在着**。如果它原本就是或曾经是一个内在的东西,它如何可能设定自己**成为**一个内在的东西呢？

以上问题必须得到解释。简单地说,这些解释只有在这样一个体系里面才是可能的,这个体系要么已经是一个历史性的体系,要么接近于一个历史性的体系。但雅各比已经斩钉截铁地宣称,这样一个体系是绝不可能的；因为在谈到**知识**的时候,他的观点和唯理论完全一致。就此而言,如果人们承认雅各比有一个体系,那么只能说他的哲学是一种绝对二元论的哲学,而且人们必须补充道,这是一种完全不可克服的、且正因如此完全无法解释的二元论。一方面是自由,另一方面是必然性,但是,**如果**存在着自由,那么必然性**如何**可能存在呢？或者说如果存在着必然性,那么自由如何可能存在呢？还有,自由和必然性是如何联系在一起的？雅各比根本就**没有想到这些问题**,更遑论知道这些问题的答案。雅各比宣称,自由和必然性之间的对立是一个如此不可调和的对立,以至于二者的统一是根本**不可想** [X, 182]
象的。

人们根据雅各比的全部言辞得出的一个最为低廉的观点,就是认为他站在两个时代的分界处,前面那个时代被他有意识地看作是一片贫瘠的、令人厌恶的**荒漠**,而后面这个时代则是他从远方眺望到的一片乐土。但是在雅各比和那个以色列立法者、那个带领他的民族走出荒漠的人之间,**唯一的**巨大差别在于，摩西虽然本人没能进入那片乐土，但毕竟凭着最大的确定性和自信预言道，他的民族有朝一日将会来到那片乐土，并且在那里安居乐业，反之雅各比不仅本人没有进入那片乐土，而且公开宣称，任何别的人都不可能进入那片乐土。就此而言，我们必须承认雅各比是早先时代的一个活生生的对立面，是一位在不甘不愿的情况下预言了一个更好时代的先知，并对他表示尊敬。但我们之所以说他是**不甘不愿的**，原因在于，他认为这个更好时代**绝不可能**来临，因此也**不愿意**预言这个更好时代的来临，而之所以说他是一位先知，又是因为他实际上违背自己的意愿预言了这个时代的来临，就像先知巴兰（Bileam），他被召来诅咒以色列，但最终却不得不祝福这片土地。①

  有这样一种知识，它是雅各比所不愿承认的，而且，尽管这种知识一方面是一种唯理论知识，但另一方面就内容而言，亦即就它的对象而言，在自身内也包含着信仰——这种知识真正理解了作为世界的**原因**的自由和天命，理解了人类**意志**的自由、个体在死后的延续、以及信仰所要求的其他东西——在**这个**意义上，这种知识不仅**不排斥**信仰，而且在形式上把信仰当作一种事关本质的东西包含在自身内。

  在这里，我首先只是想提醒大家注意到一个普遍的、固定的惯用语，按照这个惯用语，信仰并不是在任何意义上都与知识绝

---

① 按照《旧约·民数记》(22-24)的记载，摩押王巴勒把先知巴兰召来，给他大量财物，让他诅咒以色列人："因为我知道你为谁祝福，谁就得福；你诅咒谁，谁就受诅咒。"但是上帝亲自现身劝阻巴兰。因此虽然巴勒三次把巴兰请上祭坛，但巴兰每次说的都是祝福以色列的话语。——译者注

对地对立起来,而是仅仅与一种**直接的**知识相对立,即与直观相对立,正如那个独一无二的谚语已经揭示出的那样:"那些没有看到,但却相信的人,是有福的。"至于那种**间接的**、亦即仅仅通过中介环节才得以可能的知识,根本没有与信仰相对立,而是在 [X, 183] 本质上与信仰联系在**一起**,而在这种情况下,哪里有间接的知识,那里必然也有信仰,而且信仰恰恰主要是通过一种间接的知识而显示出来,得到把握。在日常生活中,"信仰"的意思是指"确信某种东西是可能的",这种东西在直接的情况下是不可能的,而是只有借助于一系列环环相扣的条件和行为才是可能的,简言之,只有借助于或多或少的一些中介环节才是可能的。就此而言,人们可以说,**一切**都是在信仰里面发生的。当一位艺术家拿着一块大理石,准备用它来制作一件艺术作品的时候,他并没有**看见**这件艺术作品;假若他没有一个信仰,也就是说,假若他不能确信,那现在**看不见**的东西,将会通过他的努力,通过他针对大理石采取的一系列行为,成为看得见的东西,那么他是不会动手的。信仰总是以一个目标为前提,而且在本质上包含在**任何**想要达到某个具体目标的行动里面。哥伦布**相信**,存在着一块在他那个时代尚且未知的大陆,于是他勇敢地向西航行。那么是否可以说:即使哥伦布从未**离开**西班牙的海岸线,他也还是**相信**有那块大陆呢?但实际上,如果没有同时具备**意愿**和**行动**,那么信仰也是不存在的;一方面有信仰,另一方面却无所事事,这是一个矛盾,好比有人一方面宣称他**相信**一个目标,另一方面却懒于走向那个目标,这同样也是一个矛盾。

也就是说,雅各比一方面自诩为一个有信仰的人,另一方面却对于他所信仰的东西袖手旁观,这是一个矛盾。真正的信仰必须经受这样的考验,即不畏任何艰辛努力,去发现那些中介环节,以便表明,信仰的**对象**是理性以及最严格的科学都能理解把握的。如果信仰必然包含在任何目标确凿的行动里面,那么信仰也是真正的哲学的一个根本要素。**一切**科学都仅仅是在信仰里面产生出来的;那些初次接触欧几里德的基本命题的人,不仅认为几何学的那些最高成就是不可能的,而且根本不理解那些成就,但是,当他通过全部中介环节吃透了几何学,他就会非常容易地理解把握到那些成就。一切科学,尤其是哲学,都把信仰当作一个**内在的**坚固要素而包含在自身内,也就是说,以一种内在的方式把信仰当作一个事关本质的东西而包含在自身内。那些把知识和信仰分割开来,甚至将其对立起来的人,可以被归入到庸众的行列之中——遗憾的是,这类庸众在当今时代是何其之多;他们根本不知道他们所意愿的是什么东西,而这对于一种天生具有理性的存在者亦即人而言,委实是一件最悲哀的事情。在那些号称有信仰的人里面,有些人并不是把信仰理解为直观,既然如此,他们就不应当抛弃一般意义上的知识,随之也抛弃间接的知识,而是应当仅仅承认一种间接的知识;另外一些人把信仰理解为一种直接的知识,一种真正的直观,在这种情况下,他们就不应当把自己称作理性的有信仰的人,而是应当把自己等同于另外一类人,这类人宣称自己直接受到了上帝的激励,因此他们不是自称为哲学家,而是自称为**神智学家**。

[X, 184]

相比那些以无知为旨归的哲学家,神智学家虽然也和他们一样,坦诚自己不具有一种**科学的**知识,但是绝不会因此就和他们一样,认为自己是**无知的人**,而是认为自己是更高程度上的——甚至可以说最高程度上的——有知识的人。相比那种贫乏而空洞的以无知为旨归的学说,神智学看起来具有如此丰富和充盈的内容,因为它扬言自己完全基于一种直观或一种直接的经验,就好像通过一种**心醉神迷**的状态而**看见**了万物在上帝之内的样子,看见了万物的真实的、原初的关系。

因此这种类型的经验论所主张的,不是一种单纯的、言之无物的、充其量只是以抗争的形式(亦即以否定的方式)表现出来的情感,不是一种直接的理性知识(实则这根本算不上是一种知识),而是一种直接的**直观**,仿佛看见了上帝的本性,以及万物在上帝那里的起源。(就此而言,可以说神智学是那种以直接的**内在**经验为基础的哲学的第二个分支。)但因为这种直观是没法与人分享的,是某种玄妙的、神秘的东西,所以神智学也可以说是一种神秘主义。确切地说,有两种神秘主义:1)一种是纯粹实践的或主观的神秘主义,它根本不标榜自己是一种科学;2)另一种是客观的神秘主义,它对于客观的知识是有所诉求的。后面这种神秘主义就是神智学,作为一种思辨的或理论上的神秘主义,它不仅具有一个科学的(唯理论的)**形式**,而且还**要求**具有一种思辨的内容。

[X, 185]

神智学家所主张的那种直接的直观,不仅看见了神性事物,而且看见了创世的过程,或更确切地说,看见了万物从上帝那里流溢出来的转变过程；这种直观**如何**表明自己是正确的呢？如果你们回想一下我在谈到自然哲学的时候所说的话，那么可以说，那在人里面意识到自身、走向自身的东西，就是一个贯穿了整个自然界的东西，它仿佛承载着一切，经验了一切，然后摆脱它的自身异化，重新返回到自身之内，返回到它的本质之内。但是，如果这是一个返回到自身之内的开端，那么人类本质就是**那个**曾经位于创世的开端的东西，它不是归属于被造物，而是归属于创世的**源泉**——就此而言，人类意识，作为终点，同时又重新回到了创世的开端；**人类意识**必定已经目睹了从开端到终点的整个运动，因此可以说它是一种天生的科学，仿佛在天性上就已经通过**它自己的**转变过程而成为一个无所不知的东西。但是人类意识并没有**发现**自己是这样一个东西，而且，如果说这样一种科学只能被设想为一个实体性的东西包含在人类本质之内，那么这种科学至少不是**现实地**包含在其中，而是作为一个晦暗的东西仅仅具有**最低限度的**潜能。

[X, 186] 现在，如果我们认为那个理论——那在人里面意识到自身的东西，贯穿了整个创世过程——是一个正确的前提，那么上述一切就可以这样来解释：也就是说，人类本质离开了它通过原初的创世而被规定下来的那个地方，在这种情况下，人失去了他相对于万物而言曾经拥有的普遍地位或中心地位，重新成为一个物，因为当人归属于普遍性的时候，他就是本原、源泉、存在者，不依赖于任何事物，而是凌驾于万物**之上**，但是当他脱离普遍性，转而归属于特殊性，希望按照他自己的存在来提出各种要

求，他就**等同于**物，甚至在某种程度上**低于**物；与此同时，人离开了他原初所处的、**被规定下来的**中心直观，跌落到一种边缘性的知识之内，在那里，万物不仅相互反对，而且也反对人——万物不仅**相互**排斥，而且也排斥**人**。人类本质遭遇的这样一个灾难以这样或那样的形式出现在一切宗教里面，比如在基督教那里，这就叫做"**堕落**"。现在，人已经失去了那种中心知识。神智学家本身也承认这一点。——但是，有人说，即使承认这个灾难，人类知识的**实体**在根本上或就质料而言仍然始终是一个无所不知的东西，它始终在自身内包含着一切知识的**质料**，尽管它不再是一个现实地无所不知的东西，而是成了一个在人类之外追求着知识的东西（亦即知性）。总而言之，人已经离开了他通过创世本身而被规定下来的地方；通过这样一个错误的"出离"（Ekstasis），他被驱逐到中心之外，而当初处于中心的时候，他曾经拥有关于万物的知识。既然如此，通过一个反向的"出离"，人是否能够重新回到那里，回到万物的中心点，随之回到神性自身之内呢？——这是神智学必须解释的一个问题。

关于这个涉及灵魂的问题——人类本质有没有可能达到一些非同寻常的状态？我们在这里不可能详加讨论。但是，**假如**我们必须承认某些个别的人能够通过这样一种"复位"（Wiederversetzung）而返回到原初本质，返回到中心之内，承认某些人能够通过内心的提升而融入到神性之内，那么这个状态只能比拟于使徒保罗所说的那种情况①,即在这个状态下,语言和认识停止了,也就是说,恰恰是那种借助于语言而进行争论的、交谈式的、与区分活动联系在一起的认识停止了。但这样一个状态也会使得认识的分享成为一件根本不可能的事情;**这样一个**迷狂的人所听到的,就像保罗所自述的那样,是一些不可言说的词语(ἄρρητα ῥήματα)。②再者,他应当和**谁**一起分享这些认识呢?很显然,他只能和那些没有处于这个状态下的人分享这些认识,但是他的话在那些人听来必定是一种根本没法理解的东西。他的话语就像保罗谈到的那种谜一般的方言,而保罗本人是这样解释的:"在教会里面,我宁愿凭借我的**理解**(也就是说,按照我所理解的每一个意思)说五句话,以此教导别人,也不愿说一万句方言,因为事实表明,说方言就等于不想让别人听懂自己的说话。"③现在看来,那些理论上的神秘主义者(亦即真正的神智学家)所说的话绝大多数时候都是一些极为难懂的东西,我们看到,他们并没有处于一种极乐的宁静状态(而我们本来认为那些心醉神迷的人必然都是处于这种状态),而是陷入到一种艰难的搏斗状态之中,忙着进行一场重大的抗争;他们的话语是如此地口是心非,以至于我们必须认为,他们尚且处在一个**演进过程**之中。假若他们真的处于中心,那么他们必定会沉默下来,但是

---

① 《新约·哥林多前书》(14)。——谢林原注
② 《新约·哥林多后书》(12,4)。——谢林原注。译者按,《新约》中此处相应的原文为:"他被提到乐园里,听见隐秘的言语,是人不可说的。"
③ 《新约·哥林多前书》(14,19)。——谢林原注。译者按,《新约》中此处相应的原文为:"但在教会中,宁可用悟性说五句教导人的话,强如说万句方言。"

——他们同时还想要说话,想要表达,向**那些**位于中心之外的人表达他们的感受。这就是神智学的自相矛盾的地方。如果那个本原里面虽然有一个印象,但却是一个黯淡的印象,那么在那个本原里面,所有过往环节的混沌状态都仅仅体现为一种情感;而如果情感想要独自发挥作用,也就是说,抛开那个自由的精神(它在当前状态下管理并约束着情感),那么情感只能显现为一个没有自控能力的本性。当情感以这种方式作用于个体的精神,后者就失去了一切尺度,再也掌控不了自己的思想,而是陷入到一种徒劳的搏斗状态之中,亦即拼命想要说出它根本没法说出的东西;在这种情况下,个体的精神不具备任何确定性,就像雅各布·波墨在谈到自己的精神时所说的那样,"遇到什么算什么",但对他所遭遇到的东西没有确定性,不能把它摆在面前,不能借助于知性(好比借助于一面镜子的反映)来仔细端详它;神智学家没有成为对象的主人并凌驾于对象之上,反倒是他本人成为一个对象,他没有解释现象,反倒是他本人成为一个有待解释的现象。 [X, 188]

当然,我在这里说的是这样一些人,他们真正是原原本本就通过自己的独特天性而成为神智学家。我说的不是另外一些人,他们仅仅是一些头脑发热的骑士,热衷于科学的冒险,或者乔装打扮成神智学的样子,让人觉得他们具有深刻的洞见;此外还有一个原因,即他们认为,相比通过严肃的科学劳作,这样能够更快和更方便地赢得声誉。

神智学完全否认当前生命的使命,神智学家自己抛弃了当前状态的最大优点,抛弃了一种清楚明白的、作出区分的、把一切事物分析停当的认识活动;但不管怎样,这种认识活动是一个过渡,正如整个当前的生命也是一个过渡。我们的使命不是要生活在直观里,而是要生活在信仰里,亦即生活在一种经历了中介的知识里。我们的知识是一个片断作品,也就是说,我们的知识必须以片断的方式,按照不同的层次和部门逐渐产生出来。如果一个人分析自己的思想,分析知识和认识的逐渐产生过程,同时感受到了愉悦,那么他会不惜任何代价去保持那种深思熟虑的双重性。在直观里面,自在且自为地看来,没有任何知性。在外部世界里,所有的人看到的都或多或少是同一个东西,但并不是每一个人都能够把它表述出来。任何一个物,为了达到自己的完满,都必须经历某些环节:这是一系列前后相继的演进过程,每一个后起的演进过程都融入到之前的演进过程里面,使之达到完满;比如,对于植物内部的演进过程,农民和学者一样都看得清清楚楚,但是农民并没有真正认识到这个演进过程,因为他不能把其中的各个环节分析停当,不能说出各个单独的环节及其相互对立的状态。同样——即使人们**能够**像神智学家自诩的那样,在自身内部体验到那个先验的演进过程,体验到万物的形成过程,从这里也不可能得出一种现实的科学。因为一切体验、感触、直观就其自身而言都是缄默的,需要借助于一个中介性的机能,才能够被表述出来;如果直观者缺乏这个机能,或者说如果他故意抛弃这个机能,以便直接从直观出发来说话,那么正如我们已经指出的,他就和对象融为一体,在旁人看来就和对

[X, 189]

象本身一样难以理解。

一切以潜在的方式包含在那个本原(我们把它称之为灵魂的真正**实体**)里面的东西,首先都必须借助于知性或者精神进入到一种现实的反思里面,这样才能够达到一种最高程度的呈现。这里也是神智学和哲学之间的界限,是"爱科学者"[哲学家]坚定不渝地想要维护的一个界限,因为哲学家不会被神智学体系里面的那些貌似丰富的内容所误导。诚然,之前的那种以无知为旨归的哲学和神智学之间的主要区别在于,前者是一个绝对缺乏实体的东西。这两种形式就好像两个不同的本原,惟有当它们共同发挥作用,才会产生出一种现实的科学。我们可以说,在雅各比哲学里面是这样一个本原,它是一个缺乏实体的**无知者**,但正因如此,它是一个渴求着知识的东西,亦即知性。雅各比所说的"情感"其实就是一种对于知识的渴求。知性,作为知识的肯定性本原,在雅各比哲学里面是一个半截子的意志,这个意志受到一个单纯的情感的驱动,但是它没有能力把这个情感作为情感而加以扬弃,相比之下,饥饿的情感却可以通过吸引或攫取食物而扬弃自身。雅各比不但没有攻击实体,反而把实体从自身那里排除出去,于是他也把整个自然界置于自身**之外**;他的哲学是所有自然哲学的一个反面。与之相反,就神智学家具有思辨性而言,他在根本上而且首要地是一名自然哲学家。但是,如果说那种以无知为旨归的哲学是受累于知识的匮乏,那么神智学家却是受累于知识的过渡充盈的单纯质料。通过迄今对于神智学的一般描述,我同时也描述了神智学的那位最为突出的代表人物,即声誉卓著的**雅各布·波墨**。①

[X, 190] 人们必须把雅各布·波墨和另一类神秘主义者明确区分开来,因为在波墨那里,一切都还处于纯粹的和原创性的状态,而在后面一类人那里,我们再也看不到任何活生生的和原创性的东西,一切都已经败坏了;这类人物尤其包括那位著名的**圣·马丁**②,他不像波墨那样是一个原创性的激动人心的人,而仅仅是他人思想的一个搜集者和文字秘书,更何况那些思想本来是服务于另外的目的;那在波墨那里尚且活生生的东西,在圣·马丁这里已经僵死了,就好像野兽的尸体标本、一具熏干的尸体、或一个原初活物的木乃伊,正如人们在一些以炼金术、魔法和巫医为追求目标的秘密团体那里看到的那样。我们有义务提醒人们要警惕这样一类神秘术数,更何况人们很容易就会发现,这类神秘主义的信徒不是处于一些健康的社会阶层里面,而恰恰是处于一些最为腐败的社会阶层里面。这样一种加满香料的红酒,即使没有包含着一些更为糟糕的成分,充其量也只能对一种长久以来已经麻木不仁的味觉产生刺激作用,而歌德在《浮士德》里面已经指出,只有女巫的厨房里才有这些东西。但愿上帝保佑德国的青年们,让他们现在和将来都永远不要接触这样的或类似的地狱毒汁!

在当今时代,那些无知的人以一种最为奇特的方式来使用

---

① 关于雅各布·波墨,可进一步参阅《谢林全集》第十三卷,第123页(XIII, 123)。——原编者注

② 圣·马丁(Louis Claude de Saint-Martin, 1743-1803),法国神智学家和神秘主义者,共济会成员。——译者注

"神秘主义"或"神秘主义者"等概念,比如他们认为,任何一个人,只要他一般说来信仰一种在历史里面发生的天启,那么就可以被称之为神秘主义者。在这些人看来,比如约翰内斯·冯·缪勒也是一个神秘主义者。这个时代的人习惯于把一切事物都搅和在一起,对各种概念和词语不予区分地加以滥用。人们之所以错误地使用"神秘的"或"神秘主义"等词语,根本原因在于他们对这些词语有一个普遍的误解,也就是说,他们之所以使用这些词语,是为了表明,有些学说或主张具有某种**质料性的**性质。许多人在使用"神秘的"这个概念的时候,是这么想的:"一切超越了**我**个人的理解能力的东西,都是神秘的。"——哪怕是一个通过纯粹科学的、完全符合章法的发展过程而得出的命题,在他们看来也是"神秘的",因为他们认为,没有什么东西应当超越**他们的**理解能力,而且,如果他们已经一劳永逸地宣称某个东西是不可理解的,那么任何别的人都不可以宣称他理解了这个东西。针对一个首先应当加以审查的主张,这种投机取巧的做法,即通过一个单纯的词句就预先作出裁决,当然要比科学研究要轻松得多。所谓"神秘的"(τὸ μυστικόν),是指一切隐秘的、秘密的东西。但从质料上来看,一切东西都是隐秘的,一切东西都是神秘的,而那些自以为知识无比渊博的人,总喜欢把"人的精神不能洞察自然界的内核"这句话挂在嘴边,而这恰恰就是宣称自然界本身是神秘的。实际上,自然界确实是一种首要的神秘东西,同样,那在自然界里面最为质料性的东西,比如人们对于美食和美酒的情感,虽然在那些反对任何神秘主义的人看来是最

[X, 191]

不神秘的，但真正说来，一般意义上的感性，还有感官的作用方式，这些东西在整个自然事物里面恰恰是最为隐秘的。除此之外，借助于那些词语，人们企图从一开始就把某些概念和主张排除出去，或扼杀其声音，就此而言，那些词语完全配得上这个以"**自由主义**"自诩的时代，但真正说来，这是一个最不自由的时代，在这个时代里，各种浅薄的、明显无知的人热切地追求着"思想自由"，唯独对于知识和天才不屑一顾。

[X, 192] 在学术界里面，"神秘的"这个词语首先而且始终只是标示着一种**形式上的**区分。假如人们想要把这个概念扩大到质料方面，那么他们必须把那种已经获得最高形态或客观形态的唯理论称作是**神秘主义**，尽管一直以来，人们都把神秘主义看作是唯理论的对立面，但实际上二者就质料或内容而言是完全一致的，二者都仅仅认识到一种实体性运动。① 也就是说，一个人不是通过他所主张的**内容**，而是通过他主张这些内容的**方式**，成为一个神秘主义者。神秘主义仅仅意味着一种形式上的**科学**认识的对立面。可以说**没有任何一种**主张是仅仅由于它的内容（无论什么样的内容）而被称作"**神秘主义**"，不仅如此，即使这种主张就内容而言偶然地与某一个神秘主义者的主张相契合，我们也不能说它是"神秘主义"。因为，如果只要某个观点是过去某位神秘主义者曾经提出的，人们就**不应当**再提出这个观点，那么最终说来，人们根本就没法提出任何观点。——神秘主义只能用来指称那样一种精神状态，它蔑视一切科学的论证或分析，只希望

---

① 参阅《谢林全集》第十三卷，第124页（XIII, 124）。——原编者注

从一个所谓的内在的光明出发（而且这个光明不是遍照一切，而是**封闭**在个体里面），从一个直接的天启出发，从单纯的心醉神迷的直觉或单纯的情感出发，推导出一切真正的知识，在这种情况下，如果人们理解了"神秘主义"这个词语的真正意思，也可以把雅各比的情感哲学称之为神秘主义，而且人们确实已经不厌其烦地把这种哲学称之为神秘主义；唯一需要指出的是，这种哲学完全缺乏那种真正思辨性的神秘主义的基本内容。同样一个真理，它可以在某个人这里是神秘主义的，而在另一个人那里是科学的，反之亦然。因为，如果一个人借助于一个单纯主观的感觉或一个所谓的天启来表述这个真理，那么这就是神秘主义的，而如果一个人是借助于一种深刻的科学来推导出这个真理，并且惟有在这个意义上真正**理解了**这个真理，那么它就是科学的。

神秘主义的真正标志是对于一切明晰知识的**仇恨**——它仇恨那在我们这个时代已经获得如此显赫地位的知性，仇恨任何科学。但现在的情况是，不仅是神秘主义者，甚至有一些通常叫喊着**指责**和**反对**神秘主义者的人，都和神秘主义者一样沦为科学的**敌人**，既然如此，假若人们不打算宣称这些人是一些货真价实的、真正意义上的蒙昧主义者，那么就必须把**他们本身**称作是神秘主义者。

论哲学里面的民族对立

如果谁一直追随我们迄今为止呈现出的历史发展过程,他就不难看出,这个过程在向前推进的时候,愈来愈集中到**德国**哲学里面。如果他进而在我的演讲里面认识到了"德国哲学"这个特殊的类型,认识到哲学在**德国**所关心的事情,同时看看哲学在欧洲其他国家那里的处境,他肯定会作出这样一个判断:这个意义上的哲学虽然存在于德国,但却不是存在于全世界。如果人们对于自己的第一印象深信不疑,那么这个情况尤其值得深思。因为如果我们不是把那个意义看作是一个单纯偶然的意义,而是必须看作是一个根本重要的意义,那么人们就不得不进一步说道:总的说来,只有德国才有哲学,世界上的其他地方没有哲学。既然如此,在勾勒完这段发展过程之后,我们有必要提出这样一些问题:第一,在德国人和欧洲其他民族之间,是否以及在何种意义上真的存在着这样一个差别?第二,如果确实存在着一个差别,如何理解和解释这个差别?

现在看来,这个差别本身无论如何是不能否认的,因为很明显,德国人始终对于哲学抱有一种巨大的兴趣和热忱,而其他的欧洲民众,尤其是英国人和法国人,不仅表现出对于思辨的强烈反感,而且很长一段时间以来就已经完全放弃了对于一种科学的哲学的推动。既然如此,看起来我们可以首先谈谈形成这个差别的原因。当然,我们很难找到一个普遍有效的答案,即是说一个既让德国人也让法国人感到满意的答案,或反过来一个既让英国人也让德国人感到满意的答案。因为,我们虽然不能确切知道,但大致也可以想象,法国人会怎样解释我们德国人对于思辨和哲学的偏爱;同样,当德国人希望从本民族的更为深刻的心灵禀赋和精神禀赋出发来解释他们对于哲学的偏爱时,对此我们也可以想象英国人的反应。假如德国人想要标榜自己的语言的优越性——莱布尼茨曾经断言,德语天生就具有思辨的能力——那么至少英国人在这件事情上也是当仁不让的;英国人会回应道:恰恰在那些根植于一门语言的基本概念的表述方面,英语和德语在绝大多数时候都是近似的;除此之外,即使德国人的更深刻的天赋加上德语的更深刻的哲学性质能够解释各个民族在哲学里面取得的不同程度的**成就**,但这仍然不能解释那个关键的问题,即法国人和英国人根本不承认有一种"德国意义上的哲学"(Philosophie in deutschem Sinn)。

[X, 194]

在这个问题上,也许更合适的是一种历史性解释。这种解释认为,德国人之所以持续拥有、并且一再激发起对于哲学的兴趣,是基于德国人在信仰上的分裂,基于两种具有同等权利的宗教流派在德国的并存;人们只需看看哲学在德国经历的演进过程,就会很容易透过一种真正的宗教严肃,透过一种狂热的作派本身(德国人在某种程度上是靠着这种狂热作派来推动哲学的进步),看到一种迫切需要,即去实现那个解放行动(众所周知,所有德国民众无一例外都或多或少参与到这个行动之中),把那种外在地失去了的统一性在内部,在科学的领域里面重新建立起来。诚然,这种历史性解释确实能够说明,在德国,对于哲学的兴趣如何以及通过何种方式保持着活力,而且即使这兴趣偶尔也会沉寂下来,但总是重新又被激发和唤醒过来。

[X, 195] 但是我们在这里谈论的,不仅仅是兴趣的强弱问题,而是包含在事情本身里面的一个对立,因为其他民族并不是在任何意义上都指责全部哲学,比如法国人在上个世纪就率先获得了"哲学民族"的荣誉称号,而且哲学在法国一直以来都是那些最重要的作家乃至政治家的联络口号——也就是说,其他民族并不是指责全部哲学,而仅仅是指责"德国意义上的哲学"。当然,我们有权利回应道:**他们**心目中的哲学根本就不是哲学,只有**我们德国人**才知道,什么是哲学。但一方面看来,这个主张**并不是**像它乍看起来那样意味深长,因为在我们德国人中间也有一些人,他们认为自己心目中的哲学其实并不是哲学;没错,德国人同样也是龙蛇混杂的;另一方面,认为其他那些具有卓越天赋的民族整个都没有能力进行哲学思考,这看起来毕竟有悖于任何理性,而且这确实是一个奇怪的解释,因为不管怎样,它只能是一个针对特定时间段的解释;再者,假若人们宣称,一个曾经拥有笛卡尔、马勒布朗士、帕斯卡的民族竟然完全缺乏进行哲学思考的心灵天赋和精神天赋,恐怕人们自己都不会相信自己的这些话。因此最终说来,我们不得不认为,或至少承认这样一种**可能性**:当

我们发现，其他民族偏离了"德国意义上的哲学"，这件事情在根本上可能包含着某种真实的和正确的东西。既然如此，我们就不得不承认，对于前面所说的第二个问题，唯一可能的答案只能是这样一个假定，即从某些方面来看，其他民族一直以来对于"德国意义上的哲学"的反感确实是有道理的。这个答案又把我们导回到第一个问题，即这件事情上的差别究竟存在于什么地方？而既然这个差别只能归结为哲学的**不同类型**，那么现在的问题就是：其他民族所唯一认可的，是怎样一种哲学类型？我们德国人首要认可的哲学类型和那种哲学类型之间是什么关系？

关于这些问题，人们用不着费心思虑。因为众所周知，其他那些民族主张，哲学是一种经验科学，而且他们仅仅想要这样一种哲学；与此同时，德国人至少直到现在都坚持认为，哲学是一种纯粹的理性科学，而且他们同样仅仅想要这样一种哲学。现在，人们可以把"经验论"理解为这样一种观点，即除了经验之外没有任何别的知识，就此而言，只有合乎经验的东西才能够被认识；但如果人们把"**合乎经验**"这个词和另外一个意义联系在一起，那么经验论的那个观点也会具有另外一个意义。

[X, 196]

关于"经验"，人们通常而且首先想到的，就是一种通过感官对于外部事物及其性质的认识而获得的确定性。除此之外，人们也谈到了内感官的经验，这种经验是通过自身观审（即观察自己内心里面的活动和变化）而获得的。如果人们停留在这一步，仅仅把"合乎经验的东西"理解为那种能够直接成为外感官和内感官的对象的东西，那么外感官的经验就被吸纳到经验的自然科学之内,只剩下内感官的经验留给哲学。在这种情况下,哲学需要做的事情,就仅仅是去分析和组合意识的内部现象和内部活动,一言以蔽之,这种意义上的哲学就是我们当今所说的好的(完整的)经验心理学。这就是法国人对于哲学的流行观点。按照**我们德国人**迄今用来把握哲学的概念的标准,不得不说,法国人的观点确实是相当微不足道的。但如果我们考虑一下,在我们德国人中间也有很多人,他们不仅对于哲学不具有任何较高级的概念,而且完全照搬法国人的观点,认为哲学一般说来不可能超越意识的事实(亦即不可能超越心理学或主观人类学的范围),在这种情况下,我们就搞不清楚,某些著名人士在德国所宣扬的"哲学",相比法国人称之为"哲学"的那种东西,究竟有什么巨大的差别?

是的,尽管我们对于康德的声名始终保持着巨大的尊敬,但很显然,如果仅仅从**结论**来看,那么我们实在难以断定,一个宗奉康德的人,相比早先那些宗奉洛克和孔狄亚克①的人,究竟取得了多大的进步?洛克写了《人类理智论》,而康德写了《纯粹理性批判》,后者虽然更有章法,但其中很大一部分不仅晦涩难懂,而且就其主要思想而言甚至是难于理喻的。洛克认为,不仅是人类的一切观念,而且人类的一切概念(甚至那些科学的概念也不例外)都是借助于经验推导出来的。而康德虽然承认我们拥有一些不依赖于经验的概念,但同时又认为,这些概念只能应用

---

① 孔狄亚克(Etienne Bonnot de Condillac, 1715-1780),法国唯物主义哲学家和启蒙主义者,著有《人类知识起源论》《体系论》《感觉论》等等。——译者注

到经验的对象上面,既然如此,我们就并没有因为这些概念而减少对于经验的依赖——对我们来说,康德的结论和洛克的结论是一回事。至于康德在他的道德哲学里面发现的一条特殊的进入超感性领域的道路,在某种程度上是经验论也可以接受的。因为,尽管康德宣称,我们内心里的那个无条件地颁布命令的道德法则见证了上帝的存在,但洛克同样提出过类似的观点,以表明我们的意识也包含着上帝的存在的观念。当然,康德和洛克之间有一个巨大的差别,即康德在理论哲学里面把上帝当作是一个理性理念的对象。但这恰恰是近代哲学的基本谬误(πρῶτον ψεῦδος);人们很难理解,如果人类还没有渺小到这种地步,以至于不会在理性之外还要求认识更多的、更实在的东西,那么康德凭什么断定,恰恰是那个最高的、最完满的人格性,除了借助于一个纯粹的理性理念之外,就不能显现在我们面前呢?也就是说,通过康德的影响,唯理论在哲学里面发出了胜利的宣言,而在这之前,尤其是关于"上帝"这一理念,人们还没有获得如此清楚的意识。康德虽然抵制和禁止这个概念的一切理论上的使用,但问题在于,他又能做些什么呢?如果上帝是一个**理性**—理念,那么理性就**不能**推卸这个任务,即把这个理念**完完全全**加以实现;当然,不出意料,这件事情同样只能在一个单纯的理性体系里面进行——不出意料,后来的哲学就采取了这个做法。

反之,当经验论像推演另一个人格性的存在一样,从一些经验性的、合乎经验的蛛丝马迹或象征出发,推演出上帝的存在,它就恰恰因此奠定了我们和上帝之间的一种有益的、**自由的**关系,而这种关系是唯理论已经扬弃了的。人们必须承认,当今时代,整个形势和希腊文明和罗马文明的没落时期没有什么区别。当时只剩下斯多亚主义和伊壁鸠鲁主义分庭抗礼,而伊壁鸠鲁体系的特色恰恰是一个看起来很愚蠢的观点,即所谓的 clinamen atomorum [原子的变向],由于这个观点,伊壁鸠鲁体系在某种意义上把偶然性作为最高本原引入到哲学里面。我想说的是,尽管有这个荒谬观点(确切地说,正因为有这个荒谬观点),伊壁鸠鲁体系即使在今天都仍然作为自由的一个避难所而必须被每一位自由的、热爱自由的精神所接纳,必须优先于斯多亚体系而得到守护。①就此而言,如果我们必须在经验论和那种走向极致的唯理论的压倒一切的思维必然性之间作出抉择,那么任何自由的精神都会毫不犹豫地选择经验论。

因此经验论本身就容许一种更为高超的观察方式,换言之,我们应当从一个更高的立场出发来理解经验论,而不是从传统的、至少从康德以来已经习以为常的概念出发来理解它,因为后面这种理解不仅把一切理知东西都驱赶到知性概念之外,更是在根本上从一开始就驱赶到一切经验之外。由此产生出那个现在通行的说法,即经验论否认一切超自然的东西;但真正的经验论并不是这样的。实际上,正因为经验论是经验论,所以它不一定否认超自然的东西,而且它也不认为法律规章、道德法则、宗

---

① 关于伊壁鸠鲁,谢林在1827年的《世界时代体系》里已经提出相同的观点。Vgl. F. W. J. Schelling, System der Weltalter. Münchner Vorlesungen 1827/28 in einer Nachschrift von Ernst von Lasaulx. Hrsg. von Siegbert Peetz. Frankfurt a. M.: Vittorio Klostermann, 1990. S. 73. ——译者注

教的内容等等是某种纯粹偶然的东西,也就是说,经验论仅仅把一切事物都还原为单纯的情感,而情感本身仅仅是教育和习惯的产物,就像大卫·休谟所认为的那样;除此之外,当休谟谈到我们借以在思想里面把原因和后果联系在一起的那种必然性的时候,也是主张同样的观点。关于经验论,有一个高级概念和一个 [X, 199] 低级概念。因为,如果哲学所能够达到的最高认识——毫无疑问,即便是那些直到现在都另有想法的人也会一致认同——恰恰就在于理解把握到,世界是一个自由地创造出来的东西,那么就哲学所能够掌控的主要事务来看,或者说就哲学已经达到的最高目标来看,哲学乃是一种经验科学;我想说的是,不是在形式的意义上,而是在质料的意义上,哲学的最高成就按照其本性而言本身是一个合乎经验的东西。——就此而言,如果说迄今为止,哲学里面确实存在着民族的对立,那么这个分裂情况只不过表明,那种可以促使人类本身达到自我认识的哲学,那种真正普遍的哲学,迄今都还不存在。真正普遍的哲学不可能是个别民族的私有财产,而且,只要一种哲学还没有超出个别民族的界限,那么人们就可以很有把握地断定,她还不是真实的哲学,哪怕她正在走向真实的哲学。

当然,如果哲学像在法国那里一样,在整个广袤无边的经验王国里面仅仅关注一块细长而狭窄的领地,仅仅从事一些鼠目寸光的、所谓的心理学上的观察和分析,那么这确实是一种可悲的小肚鸡肠的和心胸狭窄的做法。那种在法国土生土长的哲学,或者按照他们最近的称呼,那种"意识形态学"(Ideologie),

根本得不到任何真正的尊重,人们与其说是认可她,不如说仅仅是出于礼貌而容忍她和对付她。①尽管有些年轻人成功地在法国激发起人们对于哲学的某种狂热,但他们的**主要目的**仅仅在于把那种外来自康德的道德与法兰西民族的轻浮浅薄对立起来,同时相信,在康德提倡的道德那里找到了一个工具,可以用来帮助他们民族暂时达到一种道德上的重生。在法国和英国,真正促进哲学发展的是那些伟大的自然研究者,就此而言,人们可以赞许英国人的做法,即在他们那里,"哲学"主要乃至完全意味着物理学。——另一方面,德国的理念看起来主要是在自然科学方面影响到法国。比如,只要有人读读法国人关于大脑解剖学的最新研究,他就会惊奇地看到一种新颖的语言,一种新颖的表述方式(就在不久以前,德国人还给这种表述方式扣上"诗意"的帽子,对其大加斥责),一种新颖的、完全德国式的理解方式;甚至居维叶②在他的最新的关于远古世界的地质学和自然史的著作里面也表明,除了那些伟大的自然现象之外,德国人关于地球的自然史的理念、甚至德语表述方式本身,都对他产生了巨大的影响。同样我们也可以指望(这是从某些事情出发可以推断出来的),德国科学尤其将在历史研究和古典研究方面影响到法国和英国。反过来(正好反过来),其他那些民族想要复兴他

---

① 这些话是在随后发表的《为维克多·库桑先生哲学著作所作序》之前几年写下的。——原编者注

② 乔治·居维叶(Georges Cuvier, 1769-1832),法国动物学家和地质学家,比较解剖学和古生物学的奠基人。作为一名"神童",居维叶在德国斯图加特接受了中学教育和大学教育,毕业后回到法国。他的各种研究在当时取得了巨大影响,被人们誉为"第二个亚里士多德"。——译者注

们的经验论学说,毕竟他们遵循这种学说曾经取得另外一些巨大的成就;对**他们**来说,现在发生的一切在事实上是一个倒退运动。

自从有自然哲学以来,德国人就已经摆脱了一种可悲的两难局面,即要么选择一种飘游在空气中的、缺乏任何根基的形而上学(德国人很有理由在这方面乐此不疲),要么选择一种只开花不结果的、贫乏的心理学。——我想强调,不是在其他民族那里,而是在我们德国人这里,我们可以指望达到和掌握的那个体系,即那个肯定的体系——正因为它的本原本身就具有一种绝对的肯定性,所以这个本原不再是先天地(a priori)可以认识的,而只能是以经验的方式(a posteriori)加以认识——应当上升到这样一个高度,在那里,它将和那种同样得到扩展和升华的经验论融为一体。①

---

① 参阅《谢林全集》第十三卷,第109页以下(XIII, 109 ff.)。——原编者注

为维克多·库桑先生哲学著作所作序

1834

F. W. J. Schelling, *Vorrede zu einer philosophischen Schrift des Herrn Victor Cousin, in ders. Sämtliche Werke*, Band X, S. 201-224. Stuttgart und Augsburg 1856-1861.

维克多·库桑①的《哲学片断集》(*Fragments Philosophiques*) [X, 203] 于1833年在巴黎得以**再版**,为此他撰写了一个**序言**,而眼前的这本书就是该序言的一个成功的翻译(就我有能力作此评判而言)。其实去年我就已经针对该序言的主要内容为一份本地出版的刊物(即《巴伐利亚年鉴》②)撰写了一篇简短的书评,如今既然我的朋友(也是我曾经的学生)贝克尔斯教授已经把库桑的序言翻译出来③,那么我很乐意他把我的这篇书评以序言的形式放在他的译作的卷首。不过需要指出的是,这篇书评是在《哲学片断集》出版之后立即为那些没有读到该著作的读者撰写的,所以它不是包含着原作的一个单纯的摘要,而是包含着原作的一些逐字逐句翻译过来的段落。对于当前这部译作的读者来说,已经不需要那些翻译的段落了;因此我不得不作出一个决定,即把另外的评判性的段落加以扩展,更多地以作者本人的一些说法为契机,来作出一些粗略的(因为只能是针对性的)评论。

作者[库桑]曾经多次造访德国并在此逗留,因此他不仅在他的专业同行那里,而且在整个德国学术界都赢得了巨大的尊敬和深厚的友谊。由于坚持不懈地参与到德国的事务中,他的

---

① 维克多·库桑(Victor Cousin, 1792-1867),法国哲学家。他先是学习康德和雅各比的哲学,后来深受黑格尔和谢林的影响,并与后面两位哲学家保持着密切的私人关系。从哲学史的角度来说,库桑的主要贡献是他在法国推广黑格尔和谢林的哲学;与此同时,海因里希·海涅在他的《论浪漫派》里尖锐地批评了库桑对于德国哲学的理解。——译者注
② 第135号,《文艺卷》第90号。——谢林原注
③《维克多·库桑论法国哲学和德国哲学》,胡伯特·贝克尔斯博士(现为慕尼黑大学哲学教授)译自法文。斯图加特和图宾根:科塔出版社1834年版。——原编者注

[X, 204] 努力获得了这样的回报,即除了那位机智的、埋头耕耘于讲坛的**基佐**①和少数其他人之外,库桑是第一个在大革命战争结束之后不久就激发起他的同胞对于德国文艺和德国科学的热切关注的人。库桑尤其在传播德国哲学方面作出了巨大贡献。如果我们中间有人认为,这件事情仅仅对法国人有利,那么他实在是太过于心胸狭窄了。因为说到对于科学材料的清楚的、简单的、同时又审慎的表述,我们西边的邻居有一些值得我们学习的地方,这是早就已经公认的。一旦人们认识到表述方式的价值,那么它总是会立即反过来对事情和内容产生影响。长期以来,德国人都是关起门来进行哲学思考,以至于他们越来越远离那种**普遍的**(而不是仅仅与德国相关的)可理解的东西,甚至最后确立了一个标准,以为一种哲学愈是晦涩难懂,就愈是高超杰出。具体的例子我就不需要列举了。这就好像一些离群索居的家庭,他们不与任何人进行交往,到最后,除了形成一些令人厌恶的怪癖之外,他们只能使用一些只有他们自己才懂的说话方式——德国人在哲学里面就是这样的情形。他们曾经试图把康德哲学传播到德国之外,但在这些尝试失败之后,他们就放弃了让其他民族理解他们的努力,然而愈是如此,他们就愈是把哲学看作是某种仅仅为着他们自己而存在的东西,却没有想想,一切哲学的原初的、虽然经常遭到挫折但却绝不会放弃的目标恰恰在于达成一种**普遍的**理解。当然,由此不能得出,对于思想作品的评判就和对于 Exercitia Styli [文风习作]的批判一样,但确实可以推知,

---

① 弗兰索瓦·基佐(Francois Guizot, 1787-1874),法国政治家和作家。——译者注

如果一种哲学的内容不能被每一个有教养的民族所理解、不能被一切语言文字所掌握,那么单是这一点就已经表明,它不可能是一种普遍的和真实的哲学。就此而言,国外对于德国哲学的关注必须对德国哲学本身产生一种有益的反作用。如果一位哲学著作家虽然在过去的几十年里没能摆脱那种曾经通行的学院派语言和形式,但却不必担心被人们看作是一个较少具有科学品格的人,那么他会更容易地从这些强制里面解脱出来。他将会在**思想**里面寻找深刻性,而且正如人们看到的那样,至少那种完全没有能力进行表达、完全没有准备好进行表达的做法再也不会被认为是一种哲学灵感的标志。 [X, 205]

现在我们的任务是为库桑的哲学立场给出一个概括,同时提出一些较为具体的讨论,这时我们立即就发觉,在德国哲学家和法国哲学家之间,始终横亘着如此之多没有解释清楚的东西,在这种情况下,几乎不能指望双方很快就达成相互理解。更何况,我在这里还得限定在一篇书评或一个序言的篇幅之内,因为书评或序言对于著作本身应当有一种谦虚的关系,不可以喧宾夺主。

在我们谈到库桑与德国哲学的关系之前,我们必须考察他对于法国哲学的态度。为了公正地评价他所做的工作,人们必须注意到他唯一能够选择的那个出发点。也就是说,库桑为了让他的同胞理解他的工作,不得不首先站在他们的立场上来看待哲学。毕竟即使在德国,也不能忽视各个哲学体系之间的演进过程中的任何一个环节!哲学有一个根深蒂固的特点,即在哲学看来,除非一切先行于真理的可能性都得到穷尽、被表述出来并加以克服,否则真理本身是不可能顺利出现的。

如果要用少数几个词语概括库桑的特点,那么我们想说的是,他感觉到了一种必然性,即必须从他所面对的经验论出发(他本人一直承认这是他的出发点),走向一种**唯理论的、基于一些普遍本原**的哲学。经验论作为所谓的"十八世纪哲学"的基础,是一种纯粹的感觉论,亦即这样一种学说,它认为一切高级的精神性功能、一切行为和概念,甚至三段论本身,都仅仅是一种固定下来的、不断重复的、组合起来的、或者说经历了转化的感觉。而库桑对于经验论的认可甚至到了这种地步,以至于他认为,所有的**观察**,尤其是对于**人类本性**的观察,乃是哲学的唯一合法的出发点,而在各种心理事实里面,感觉是最初和最贴近的一个事实;尽管如此,库桑并没有停留在感觉上面。虽然就方法的**原理**而言,库桑接受了法国哲学的立场,但他在使用这个方法的时候却与之分道扬镳了;在他看来,一种不偏不倚的观察表明,对于意识里面的一些现象,任何建构都不能以有效的方式把它们归结为单纯的感觉。在他看来,这些现象里面的第一个现象,就是那个在感官印象里面与单纯的**被动性**相对立的东西;他把这个现象称作**主动性**,进而称作**人格性**和**意志**;他认为,**主体**,还有主观性,就是限定在这个层面上面。这些观点看起来是一个严峻的跳跃;因为,那种被我们无意识地应用到感官印象上面、并把它提升为表象的行为,又处于何种位置呢?如果我们熟悉感觉主义哲学的那些早期表述,就会不出意料地看到,库桑为

[X, 206]

了促成从接受性到自发性的过渡，主要使用了"**注意力**"（Aufmerksamkeit）这个现象，而且就像他在本书第17页以下讨论的那样，我们是**出于自己的意愿**而把注意力应用到感官印象上面。至于另外一种与感觉形成对立的方式（这个对立只能让人在感觉里面认识到众多精神性功能**之一**），接下来我们再讨论；这里我们依据的是库桑最近为**梅恩·德·比朗**先生①——他在本书第33页称之为他在法国的最早的老师之一——的一部遗著②撰写的另一个序言。库桑在那里说道，**孔狄亚克**及其所有学生都是用感觉（亦即用一种被动的要素）来解释我们的全部机能。在他们看来，注意力仅仅是一种已经封闭起来的感觉；记忆是一种得到延伸的感觉，而概念则仅仅是一种得到领悟或澄清的感觉。但是，究竟是**什么东西**使感觉得到领悟，从而使之转化为概念呢？是**什么东西**保持或召唤着感觉，从而使之成为记忆？是**什么东西**把感觉孤立出来，从而使之成为一种封闭的东西？如果一个感觉是**通过它自己的活力**而成为封闭的，那么它就不是那种指向自身的注意力，而如果没有注意力的话，那么印象作为一种封闭的东西恰恰很少被知觉到。

[X, 207]

  在这个问题上，即承认自发性和意志是心理现象的一个独立于感觉的源泉，可以说刚才提到的比朗先生是库桑的一位先驱。然而比朗仅仅停留于这个观点（即仅仅停留在单纯的主动性上面），没有认识到库桑置于感觉和自发性之上的第三个东

---

① 梅恩·德·比朗（Maine de Biran, 1766-1824），法国哲学家。——译者注
② 《关于物理学和人类道德状况的最新评论（梅恩·德·比朗先生遗著）》，巴黎1834年版。——谢林原注

西。库桑(在本书第XXVIII页)不仅区分了"感觉事实"和"意愿事实",还区分出了第三种事实,它和前面两种事实是同样真实的,因此可以称作是"理性事实";那种居于感性和主动性之上的**认识**能力,就是人们所说的**理性**。对于真理的理解和认识是一种单纯的、不可分割的、**独特的**事实,既不能还原到意志,也不能还原到感觉。人思考他能够思考的东西,而不是思考他想要思考的东西。我不仅有感觉,而且知道我有感觉;我不仅有意愿,而且知道我有意愿,而对于意愿的知识和意愿本身是完全不同的两个东西。借助于单纯的主动性,我们只能得到原因的单纯**观念**,但是既不能得到真正的因果性**原则**,也不能得到**实体**概念(见本书第XXXII页);然而惟有因果性原则和实体概念这两个东西才能够促使我们走向"最高原因"和"最高本质"等概念。假若比朗活得更久一点,也许他会达到**费希特**的认识。借用库桑本人的话来说:"费希特是自我哲学或意志哲学的真正的英雄(尽管这种哲学在他那里仅仅立足于一些深层次的心理学基础),他具有更严格的推演方式,也得出了更勇敢的结论。对于这个无所畏惧的唯心主义者,这个理论上和实践上的斯多亚主义者,很难说究竟是他的性格塑造了他的体系呢,还是他的体系塑造了他的性格;他的天性是如此地浑然一体和坚实,这个特别

[X, 208] **强悍的**人,深陷在一个充斥着分析和辩证法的枯燥圆圈里面,不达目的决不罢休;尽管如此,就他能够说出那些话而言,他还是改变了自己的学说;他走出了自我,祈求上帝来到人们中间,祈求一个神秘莫测的、从天上降临人间的恩典。但是,这个恩典必

须在我们里面激发起某种有能力认识它、接纳它、理解它的东西,我们才能够领悟和相信这个恩典。"我们再说一遍,这个高级机能就是理性,它不仅对于那些没有拘泥于片面的体系精神的哲学家,而且对于人类本身,都启示出一些伟大的真理,这些真理既不是怀疑主义所能撼动的,也不是神秘主义所能扭曲的。这些真理包括:我们自己的存在(它与意志联系在一起)、外部自然界的存在(它无疑与自我有着某种类比关系,但同时又有别于自我)、以及一个凌驾于自我和非我之上的最初的独立自主的原因,至于我们在人格性里面认识到原因,还有我们在外部世界里面认识到的原因,都仅仅是那个原因的一些不完满的肖像(见本书第 XL 页、第 XLI 页)。惟有借助于因果性原则和实体概念,我们才能够掌握哲学的一个学理性的、超越了直接经验的部门;但惟有理性才提出因果性原则和实体概念,而在库桑看来,按照正确的推论,理性恰恰也只是一个事实,严格说来,仅仅是我们感觉到的一个强制性事实,即不得不信赖实体概念和效果性原则。但因为理性作为单纯的事实最终说来仅仅是一个感觉,所以人们对库桑的这个观点不会感到诧异,即理性首先借助于反思的形式(包括那种通过理性而获得法则威望的三段论形式),然后借助于一个**更轻松**(plus degagé)和**更纯粹**的形式,亦即借助于**灵感**或者**启示**(按照雅各比的方式),让我们认识到真、善、美。除了理性的这两种表现形式之外,还存在着理性的一个**阴影**,也即是说,如果人们忽视了理性,没有注意到理性,那么就会对科学感觉绝望,堕落到神秘主义的怀抱里面,而神秘主义的全 [X, 209]

部真理都是从刚才所说的理性那里借用过来的,只不过它对此完全没有反省,因此经常把一些令人厌恶的胡思乱想与理性混淆在一起(见本书第XXXIX页)。

我们有意识地在某种程度上详细复述了库桑的完整观点,以便提出这样一个问题:在他看来,哲学究竟立足于什么东西?因为按照迄今的叙述,我们看到有两个根本不同的部分,而且它们根本不能结合在唯一的一个科学里面。第一个部分完全限定在心理学的范围之内(因而限定在主观事物的范围内),仅仅在意识里面**找到**一种对应于普遍原则的能力,借助于这些普遍原则,才出现了第二个推进到客观事物里面的、学理性的部分,它应当证明外部世界的存在、我们自己的人格性的存在、还有上帝的存在。但是,如果只有第二个部分才真正有资格被称作科学和形而上学,那么第一个部分只能是第二个部分的一个奠基。这样才能够与库桑在本书第6页的那句话相一致:"心理学虽然不是整个哲学,但却是哲学的基础。"不管怎样,库桑心目中的哲学不是雅各比所说的那种**由一个片断**形成的哲学;除此之外,库桑心目中的形而上学和康德之前的那种形而上学在这个问题上是完全一致的,即它们都是基于一种单纯的三段论,而且在任何时候都是满足于单纯的"**如此这般**"(Daß),比如"世界有一个最高原因",却不去关心"**为何如此**"(Wie)。尽管从形式和基础来看,库桑心目中的形而上学和经院哲学没有什么共同之处,但是就其想要达到的、而且据说已经达到的目标而言,它并没有超出早先的学院派形而上学所规定的范围,而且远远谈不上是一种实在哲学,而这种实在哲学是近代的**哲学体系**所孜孜追求的。在我们看来,库桑的其他观点也是模糊不清的,现在我们就按照他在本书第2页提出的框架来作出一些更为细致的讨论。

I. 方法论①

在这个问题上,库桑首先对德国哲学提出异议,即是说在他看来,德国哲学是从本体论走向心理学(而不是反过来)。但同样的情况也出现在早先的形而上学那里;就此而言,当代德国哲学和早先的形而上学没有多大差别。确切地说,当代德国哲学"试图复述事物本身的秩序"。库桑承认,在这个秩序里,人类确实只是一个**结果**,仅仅是一切先行事物的归总;在他看来,心理学客观上确实是以本体论为根据。但他接着问道:"**我是怎么知道这些的**,我是怎么学习这些的呢?"对于这个问题,库桑的答案是,为了学习这些,确切地说,为了首先让自己相信这个客观的秩序,尤其是让自己相信有一个客观的开端,人们必须在主观上从心理学出发。但是,假若这是库桑和德国哲学的唯一不同的地方,那么他必须承认,如果沿着这条研究道路,即通过回溯的方式上升到那些开端,随之上升到那个绝对的开端,那么他最终会到达一个地方,在那里,没有什么东西阻止他反过来从已经找到的开端出发,走上一条向前演进的道路,以逐级下降的方式现

[X, 210]

---

① 这里及随后的几个章节标题(I. 方法论;II. 方法论的应用;III. 从心理学到本体论的过渡;IV. 关于哲学史的普遍观点)是库桑的原著就有的。——译者注

实地制造出事物的自然秩序。但我们已经看到，库桑心目中的形而上学不是这种类型的形而上学，他不仅不承认一种缺乏心理学论证的客观科学，甚至根本不承认有这样一种复述着事物本身的秩序的客观科学，因为在他看来，无论通过什么方式，都不能达到这样一种客观的科学。既然如此，如果我们德国人反过来不能赞同他的哲学出发点，那么这并不是因为我们根本不以经验为前提，换句话说，这不是因为我们否认一切哲学都**以个别的方式**立足于经验。**康德**在他的书里的第一行字就指出，一切认识都**始于**经验，而如果人们询问康德及其同道，他们究竟是通过什么知道存在着一些独立于经验的、先天的概念，那么他们会毫不迟疑地回答道：仅仅通过经验；因为，假若我们没有关于普遍性和必然性的经验（而那些概念就是伴随着经验隐藏在我们的意识里面），那么我们就没有办法把那些概念和另外一些缺乏这个特性的概念区分开。因此库桑的那个断言，即人们不能脱离已有的经验来进行哲学思考，对于德国哲学来说只不过是多此一举。事情的关键根本不在这个地方。

[X, 211]

　　同样，我们和库桑之间的分歧也不在于我们德国人全都像约定好了一样，坚持认为任何哲学都必须以某些考虑、甚至以某些形式上的原理为前提，我们根本不是像库桑想象的那样，仿佛是从一些从天而降的开端出发。即便是最纯粹的唯理论，如同它在斯宾诺莎的体系里呈现出来的那样，也是预先确立了一个前提，即人们必须从这样一个东西出发，cujus conceptus non eget conceptu alterius rei [它的概念无须借助于另一个东西的概念]。①这是一个纯粹形式上的原理,是人们借助于科学的单纯概念就已经确切把握的某个东西,对此不需要任何专门的经验。一旦这个东西确定下来,那么人们就可以放心地从这个"**必定得思考的东西**"(das *nothwendig* zu Denkende)出发,确切地说,从这个"**无论如何不得不**思考的东西"(das nur nicht *nicht* zu Denkende)出发;只要那个原理已经确定,余下的就只是一个必然的结果。事情的困难不是在于为这样一个开端作出辩护,而是在于如何能够从这个开端出发,向前推进。斯宾诺莎断言,有限事物派生自实体的概念或本性(实体在他看来就是一个"无论如何不得不思考的东西"),就好像从三角形的本性派生出一个结论,即它的三个内角之和等于两个直角;但是斯宾诺莎并没有展示这些情况,而仅仅断言事情是这样。至于那个在近代经常遭到指责,说它和斯宾诺莎主义完全一致的哲学②,它的本原是一个**无限的**"主体—客体",亦即一个绝对主体,这个东西按照自己的本性使自身客观化(成为客体),同时又成功地摆脱了每一个客观性(有限性),重新返回到一个更高潜能阶次的主观性里面,最终,在穷尽了自己的全部可能性(即客观化的可能性)之后,绝对主体作为一个凌驾于一切事物之上的主体,固定下来;无论如何,通过这个绝对主体,那个哲学拥有一个必然推进发展的本原。也就是说,虽然那个**纯粹**唯理论的东西,那个无论如何不得不思考的东西,是一个**纯粹**的主体,但是就**这个主体**按照前 [X, 212]

---

① 这是斯宾诺莎《伦理学》(第一部分)对于"实体"的定义。——译者注
② 指谢林自己的"同一性哲学"。——译者注

述方式从每一个客观性那里重新推进到一个更高的主观性而言，它**具有一个规定**，而在这种情况下，这个主体就不再是一个无论如何不得不思考的东西，不再是一个纯粹唯理论的东西，因为这个规定恰恰是一个**经验性的**规定，而这意味着，那个哲学贯穿着对于现实性的活生生的领会把握，贯穿着一种必然性（即必须确保自己有一个向前推进的工具）。

这些经验性东西被一个后来者①抛弃了，这个人似乎天生就注定要在我们这个时代复兴一种**新的**沃尔夫主义，他仿佛出于本能就对经验性东西避之唯恐不及，于是用**逻辑概念**取代了那种**活生生的**、**现实的东西**（这些东西在先前那个哲学那里具有这样的属性，即先是过渡到对立面或客体，然后从那里返回到自身之内），不仅如此，他凭借一种最为罕见的臆想或虚构，甚至赋予逻辑概念以一种类似的必然的自身运动。后面这一点完全是**他的**发明，而这令那些空虚浅薄的人惊叹无比；类似的发明还有，逻辑概念在它的开端被规定为一个纯粹的**存在**。他必须保留运动的**本原**，否则他就动弹不得；但是他更改了运动的**主体**。正如我们已经指出的，他认为这个主体是**逻辑概念**。据说逻辑概念是自己推动着自己，因此他把这个运动称作是一个辩证的运动，又因为在先前的我的体系里，那个向前推进的运动确实**不是**这个意义上的辩证运动，所以在他看来，我的这个体系**根本没有**任何方法论，但实际上，完全是依靠着我的这个体系，他才获得了方法论原则，也就是说，他才有可能建立起他自己的一个体系；

---

① 指黑格尔。——译者注

这是一种最简便地把先前的体系的独特发明据为己有的方式。不管怎样,正如我们可以预见的那样,概念(这是**怎样一种**概念啊!)自身的逻辑运动一定会持续下去,因为他的体系是在单纯的逻辑性东西内部推进;但是,一旦概念不得不拖着沉重的步伐进入到**现实性**里面,辩证运动的轨迹就完全中断了;于是他有必要提出第二个虚构,即理念有一个计划或想法——人们根本不知道为什么理念会有这个念头,除非它无聊透顶,想要突破自己的纯粹的逻辑存在——要亲自分裂为许多环节,以便让自然界产生出来。这个据说不以任何东西为前提的哲学的**第一个**前提,就是认为纯粹的逻辑概念本身就具有一种特性或天性,能够**依靠自己**(因为哲学家的主观性应当被完全排除在外)而转变为自己的反面(就好像把自身颠覆了一般),然后重新返回到自身之内。然而这些情况只有对于一种活生生的、现实的东西而言才是可以思考的,而对于单纯的概念,则既不能思考,也不能想象,只能**说说而已**。至于理念(已臻完满的概念)之脱离自身,则是**第二个**虚构,因为这个(走向自然界的)过渡不再是一个辩证的过渡,而是另外一种过渡,对于这种过渡,不但一个**纯粹唯理论体系**里面没有任何对应的范畴,而且那位发明者在他自己的体系里面也拿不出任何对应的范畴。这是一个尝试,即借助于一个早已充分发展的实在哲学(自从笛卡尔以来,人们一直追求着这种哲学)的一些概念而回归经院哲学的立场,以及借助于一个**纯粹**唯理论的、排斥一切经验性东西的概念来建立形而上学;如果人们没有发现或正确认识到这个尝试,就会通过理念的"自身转变"或"自身背叛"这个后门而把那些从一开始就遭到驱逐

[X, 213]

的经验性东西重新引入进来；作为近代哲学史的一段中间插曲，这个尝试虽然不能推动近代哲学的继续发展，但至少能够再一次表明，人们不可能借助于**纯粹**唯理论的东西来达到现实性。

现在我们回来继续讨论库桑。如果人们从一开始就认为，哲学的开端就是仅仅从一个无论如何不得不思考的东西出发，那么这没有任何困难，只需考虑到我们刚才简要指出的那些情况即可。其实所有那些所谓的先天要素在一切认识里面都仅仅包含着**否定的东西**（即如果**没有**它，任何认识都是不可能的），但没有包含着**肯定的东西**（即唯有**通过**它，认识才产生出来），而在这种情况下，认识本身承载着的普遍性和必然性等特性就仅仅呈现为一个否定的特性；既然如此，人们在那个绝对的前提——它作为一个**绝对普遍和必然的东西**（即无论如何**不得不**思考的东西）只能是**存在者本身**（αὐτὸ τὸ ὌΝ）——里面同样只能认识到一个否定的普遍者，这个东西对于事物的存在而言是一个**必要**条件，但不是一个**充分**条件。现在，如果人们要求掌握后面这个条件，也就是说，如果人们要求掌握万物的一个肯定的原因，随之也要求掌握一种**肯定的**科学，那么我们很容易就会发现，为了达到那个肯定的开端（但它在自身内也承载着一个否定的开端），人们既不能单纯沿着经验论的道路（因为经验论得不出"**普遍本质**"的概念，这个概念**就其本性而言**是一个先天的、唯有在纯粹思维里面才**可能**的概念），也不能沿着唯理论的道路（因为唯理论本身不能超越单纯的思维必然性）。**在这里**（亦即就人们的现在这个立场而言），为了提出**上述**方式的开端，那个简单的

[X, 214]

考虑就不够了；人们会在那个位置提问道；"我是怎么知道这些的呢？"或更确切地说："我怎么会**想要**知道这些呢？"

但无论如何，上述准备工作都不能降格为一些心理事实，既不是像库桑所表述的那样，也不是像其他人或许会表述的那样；在这个场合，我们总的说来愿意承认，即使我们在另一个意义上同意库桑的第一个命题，即"一切健康的哲学都必须从观察和经验出发"，那么我们还是不会赞成库桑的那个做法，即坚持把**心理**事实当作哲学的基础。这些心理事实相对于那些伟大的运动本原而言始终是一种极为贫乏的东西；比如在柏拉图的《斐勒布》里，那些运动本原虽然总的说来是通过分析经验而被发现的，但恰恰不是通过分析心理经验而被发现的，同样，即使毕达哥拉斯主义者是从**数**的本性或**几何学**的原理推导出那些运动本原，但因为这些本原始终是作为一种**给定的东西**而出现，所以它们最终还是仅仅得自于经验。我们承认那种心理学具有**某种入门性的**用处，即可以当作**一般的哲学**的入门基础，但是我们绝不会认为它奠定了哲学的基础。心理学并没有给一种**特定的**哲学做好准备工作，尤其没有给这里谈论的"肯定哲学"做好准备工作。如果一个进行哲学思考的人在前后相继的各种哲学体系里面经历他的学习岁月，并且在**唯理论**和**经验论**里面揭示出那个最高对立，那么可以说他已经为"肯定哲学"做好了主观上必要的准备工作，在这种情况下，或许这里确实应当为某种东西保留位置，这种东西和库桑以如此真实和贴切的方式表述出来的折衷主义（尽管这或许是一个不太恰当的词）非常相似。尽管如

[X, 215]

此,正如我们所说的,这仅仅是一个主观上必要的准备工作,仅仅对一个想要上升到"肯定哲学"的人来说是必要的;只有凭借这个准备工作,我们才能理解那个宣言,亦即"肯定哲学"的那个纯粹**开端**:"我**想要**的不是**单纯的存在者**;我**想要**的是一个**存在着**或**实存着**的存在者。(Ich *will* nicht das *bloße* Seyende; ich *will* das Seyende, das *Ist* oder *existiert*.)"①

[X, 216]　　因此在这个意义上,哲学还面临着一个巨大的、但就其主要事务而言最后的转变,一方面,这个转变将会提出对于**现实性**的一个肯定的解释,另一方面,它不会剥夺**理性**的那个重大权利,即把那个绝对的前提,甚至把**神性本身**掌握在手里。理性仅仅是在后来才掌握那个绝对的前提,只有当它做到了这一点,它才把自己从任何实在的、人格性的关系里面解放出来,获得它理应得到的**自由**,以便亲自把**肯定**科学作为**科学**掌握在手里。同样

---

① "**单纯的存在者**"是一切唯理论的、逻辑的概念里面的最高概念,这个概念在之前提到的那个哲学[黑格尔哲学]里被"纯粹的存在"概念(这是一种"抽象之抽象")替代了,对于后面这个概念,人们确实可以说,它是一个纯粹的、亦即**空洞的概念**;但正因如此,它就是"无",而且这个"无"的意思根本不是像那个哲学宣称的那样,仿佛"白"也是"无"(没有白色的东西),或"红"也是"无"(没有红色的东西)。把"**存在**"设定为**第一位的东西**,意思就是,把它看作是一个"没有存在者的存在"(das Seyn ohne das Seyendes)。但是,谁知道这个"**没有存在者的存在**"是什么东西呢?实则"**存在者**"(das, was ist)才是第一位的东西,而"**存在**"仅仅是第二位的东西,一种就其自身而言根本没法思考的东西。按照同样的用法,"**单纯的转变**"(它是"**存在**"过渡而来的)也是一个完全空洞的思想,亦即一个在其中没法思考任何东西的思想。这类浅薄空洞的东西竟然被当代人们看作是一种深奥的思想。除此之外,我们不能忽视或者误解法语的"Etre"这个词语,即虽然它确实能够意味着两种情况,但作为一个哲学术语,它是"存在者"的意思,而不是"存在"的意思。就此而言,这本译作第13页第7行的"la science de l'Etre"也不应当译为"关于存在的科学",而是应当像本书其他地方一样,译为"关于**本质**或**存在者**的科学"。——谢林原注

也是在这里,唯理论和经验论的对立在一个更高的意义上表现出来,而不是像库桑迄今所做的那样,在整体上按照当代哲学的立场来表述那个对立。在这里,经验论不是像法国人和绝大多数德国人所理解的那样,仅仅是一种感觉论——仅仅是一个**否认人类认识里面的一切**普遍和必然的东西的体系;它获得了一个更高的意义,在这个意义上人们可以说,真实的**上帝**不仅是一个普遍的本质,而且同时也是一个特殊的或经验性的本质。同样,唯理论和经验论也会在人们迄今还没有想到的一个意义上达成**统一**,也就是说,二者统一在同一个概念里面,这个概念作为二者共同的源泉,一方面推演出思维的最高法则和一切派生的思维法则,推演出一切否定的(即所谓纯粹的)理性科学的本原,另一方面推演出那种最高的科学——惟独它才有资格被称作**真正的**(sensu proprio)科学——的**肯定**内容。

既然如此,我们很乐意站在法国人和其他同样具有卓越天赋的民族一边,他们由于自己的哲学的经验论立场而显著地不同于德国人,而他们对于经验论的坚持长久以来就表现为一种单纯的、即使在某种程度上仅仅是盲目的抗议——不是针对哲学,而是针对一种片面的唯理论,而德国人迄今都还没有摆脱这种唯理论;恰恰是通过他们对于**这种唯理论**的反感,我们看到,将来有办法和他们达成相互理解,虽然这还是一件相当遥远的事情。① 与此同时,我们并不会因此就赞同他们对于那种总的说

---

① 关于这个问题,我在1827年或1828年写给库桑的一封信中就已经有所提及。——谢林原注

来徒劳无益的心理学的固执坚持,因为在我们看来,这种心理学在面对经验王国的广袤领域时仅仅表现为一种可悲的鼠目寸光。

关于库桑的方法论,尤其是那些与德国哲学相关的地方(见本书第78页),我们的评论到此为止。我们相信,通过我们以此为契机作出的详细解释,已经充分地表明,其中包含着许多正确的和思维敏锐的东西。

II. 方法论的应用

在库桑看来,方法论的**原则**就是一般意义的观察,尤其是心理学的观察。关于方法论本身,他作出了如下进一步的解释。他认为,哲学不仅是一种关于事实的科学,而且也是一种关于**推理**(Raisonnement)的科学——说实话,我们不知道库桑的这个说法是什么意思,因为没有哪种哲学像法国哲学那样,早已毅然决然地把推理排除在哲学之外;他认为,哲学是这样一种科学,它借助于一些普遍的原则来进行推论,以便扩展到具体事物或一些不再包含在单纯的观察里面的真理。在库桑看来,只有理性才提供一些对于人格性普遍有效的(且正因如此超越了主体的)客观原则。然而理性和人格性对库桑而言是一些**事实**,为了发现这些事实,他不得不使用推理,而且他确实使用了推理。我们想看看,库桑在随后的一个章节里是如何尝试解释这个循环,而该章节无疑是本书的最重要的一个部分,因为它解释了从单纯的经验到唯理论知识的过渡,或者像库桑所说的那样,解释了从单纯的经验到本体论的过渡。

III. 从心理学到本体论的过渡 [X, 218]

如果一位饶有兴致的读者认真仔细地阅读这个章节的开头,他就会轻松地发现,当谈到从被动性(感受性)到主动性的过渡的时候,就已经出现了"**原因**"概念。为了解释这个问题,可以看看库桑为比朗先生的遗著撰写的序言里面的相关说法。他在那里(该书第XIII页)说道:"在所有概念里面,'原因'概念无疑是一个包含着最丰富的意蕴的概念,它也是整个形而上学的基础。但这个概念是通过观察我们的主动性而直接获得的。在这里,它不再是一个猜想,而是一个最确定的概念,这个概念是在一个原初的、本身就自明的事实里面,在意愿行为(仿佛意愿本身就是一个行为)里面,被把握到的。"随后他在该书第XXXV页又说道:"毫无疑问,因果性**原则**具有普遍性和必然性等特性,但反过来我们不能认为,对于一个个别的和偶然的原因(亦即我们的因果能力)的单纯知觉就能得出普遍性和必然性。这是理性的任务。无疑,假若我们没有在意志里面暂时获得一个关于**个别原因**的肯定观念,那么因果性**原则**也不会发展起来;但是,即使一个偶然的观念先行于一个必然的原则,那么它也不能解释这个原则,更不能说它就是这个原则本身。"

也就是说(按照我们对于库桑的理解),我们首先是在我们自己的主动性这一事实里面,在意愿行为里面,揭示出原因的**简单观念**(至于这句话的意思,我们暂时不用理睬);如果我把这个通过直接经验而获得的概念**应用到**感官印象上面,也就是说,如果我假定感官印象也有一个原因,而且这个原因不可能是我自己,那么我对于这个概念的应用仅仅是**以类比的方式**进行的,因此仅仅是在思维里面进行的;但是,只有理性才给予我权利,宣称感官印象与原因之间的关联是一个**客观的**关联,亦即宣称那个被思考的原因现实地**存在于**我之外。库桑在本书第15页宣称,只有理性才为我们**揭示出**那种并非我们自己的东西,揭示出那些位于主体的范围之外的客体,揭示出一个外部世界的**存在**。因此理性的作用就在于,借助于我的意识认识到的那个因果法则,让我相信,**存在着**一个外在的原因,因而**存在着**一个外部世界。

但这里有一个问题:"是什么东西给予我'**存在**'(Existenz)这个概念呢?"很显然,这个概念必定是一个更高的概念,因为我不仅可以把它应用到"原因"本身上面,而且必须把它应用到"实体"上面,而库桑接下来就会谈到这个东西。我们必须追问,库桑究竟是否正确理解把握了自己的发展思路?不管怎样,通过我们的阐述,他将会看到,他的思路里面至少有一些在我们看来始终模糊不清的东西。在我们看来,库桑的困难在于,按照他的心理学发展思路,为了达到理性,他必须借助于一些**普遍的**概念和原则,但与此同时,只有理性才能为他提供那些普遍的概念和原则,而这是一个循环论证。就"原因"概念而言,看起来他以如下方式摆脱了循环论证,即他认为,"原因"概念作为一个直接的观念已经在我们对于自己的行为的感觉里面给定了。但"实体"概念又是怎样的情形呢?在库桑看来,这个概念完全是伴随着理性而出现的。也就是说,"实体"概念和"原因"概念并没有根本的区别。实体仅仅是自在的原因(cause en soi),包含在本质和潜能阶次里面,没有发挥作用,而真正的原因(亦即我们通常所说的原因)仅仅是现实的原因,亦即一个发挥着作用的原因。现在,那种(基于自己的意愿的)直接经验仅仅给我们提供了现实的原因,但没有提供这个原因的不可捉摸和不可见的**原则**(虽然我们必定会思考它),而这个原则就是实体。因此惟有理性才能够提供那个原则,亦即提供实体(参阅本书第XXXIII页)。但是,在这条走向理性的道路上,不是已经使用了"实体"概念吗?不管怎样,在我们看来,库桑不仅使用了"实体"概念,而且甚至使用了实体**原理**,对此他虽然没有明言,但实体原理和因果性原理一样,都应当得到承认。但是库桑需要实体原理,更需要实体概念,因为他已经谈论起感性、主动性、理性等机能。在纯粹的事实里面,根本没有什么单纯的**能力**(Vermögen),而是始终只有现实的行为;既然如此,从纯粹事实到能力的**推论**就以实体原理为前提,随之以实体概念为前提;因为,如果能力不是一个自在的原因,如果它不是一个静态的、处于潜能阶次的原因,它还能是别的什么东西呢?并且,如果没有那样一条原理,即意识里面的各种偶然表现和偶然现象都是以一个持续的、本质性的东西为基础,而这个东西相当于它们的实体或载体(id quod sub-

[X, 220]

stat），库桑怎么可能得出"能力"概念呢？

如果我们**一般地**考察库桑尝试表述的从心理学到本体论的过渡，可以看到，库桑和法国学派的感觉论确实有所不同，即他不是在感性里面寻找本体论概念的源泉，换言之，他认为那些概念的源泉是在**理性**里面，而理性则是一种既不依赖于感性、也不依赖于人格性的能力。但对库桑而言，理性同样是某种事实性的东西、经验性的东西、只能接纳而没法澄清的东西，就和感性一样；他之所以需要理性，仅仅是为了终止任何进一步的探究，因此理性本身是一种无根据的东西，它在日常用语中（这里可以看到雅各比的某些惯用说法的影响）只不过变得更加神秘；比如，他反复说道："理性**启示**我们"；在这个措辞里面，人们认识到一个意图，即给予某个本身只具有否定意义的东西以一个肯定的意义，而这个意义在另外一些说法里面是得到认可的；类似的说法还有"理性**阻止**我们""理性**不允许我们**（停留在有限的原因上面）""理性**强制**我们"等等。

[X, 221] 虽然我们把这样一种强制看作是某种**根植**在我们自身之内的东西，但我们并不认为它是不能解释的或没有来由的。**大卫·休谟**同样也不否认单纯的强制感（比如我们不得不假定每件事情都有一个原因），只不过他的合理之处在于他试图解释这种强制感，同时他并不承认什么 qualitas occulta [隐秘性质]，不承认有一种单纯假定的、本身不容许任何进一步的解释的能力。库桑认为，只需指出理性不依赖于感性，就把一切问题解决了，但理性的这种**独立性**还远远没有提供它所应当具有的客观性。**康**

德认为理性既不是依赖于意志也不是依赖于感性,但正如库桑(在本书第13页)指出的,理性对康德而言并不具备一种超出于主体的有效性。库桑并不认为理性是某种主观的东西(亦即起源于人格性的东西),但是他又断定,理性仅仅位于主体之内(在我们之内);对于**这样一种**理性,如果人们承认它同时具有一种**真正的**(而不仅仅是康德意义上的)客观性,那么它恰恰需要一个**解释**。不难看出,这个解释的唯一理由只能是,**理性本身起源于客体**,当然,这不是指理性以感性为中介(这是人们迄今想到的唯一的方式),而是指理性仅仅是一个**被设定**为主观的前提,亦即那个从客观性出发、重新获得原初的优先性和主观性的**前提本身**。不管怎样,这个解释以一个**演进过程**为前提,但库桑看起来始终不愿意接受这个东西。原因或许在于,一方面,库桑对于他自己的哲学的阐述是不完备的,另一方面,他对于德国哲学的阐述同样也是不完备的。然而"演进过程"概念恰恰是近代哲学真正取得的**进步**,而且德国哲学的真实本质不是在于本书第39页归结出的那些命题的具体内容,而是在于它的方法论。当然,我们在这里不是指那个非本真的、遭到滥用的"演进过程"概念(或许只有库桑注意到了这一点),即那种被应用到逻辑概念上面的演进过程;我们指的是那个在根本上最先提出"演进过程"概念的哲学里面的一个**实在的**演进过程。

通过那个由理性强加在意识上面的必然性,哲学达到了最终的形而上学顶峰,也就是说,从那两个有限的原因(自我和非我)出发——它们作为受限制的东西,还不是原因——达到一个

[X, 222]

不受限制的、**真正的**和**真实的**原因,**这个原因赋予自我和非我以存在,并且维系着它们的存在**。但是,一切东西都限定在普遍的规定上面,而正如每一个人都看到的,这些规定和真正的**知识**没有半点关系。此外需要指出的是,库桑简单地以为,只要找到那些普遍的规定,上帝就已经在"原因"的名下被给予了(他的意思是,上帝只有作为一个原因才能够是一个实体),他的哲学也就和泛神论完全划清界限了。在库桑看来,**斯宾诺莎**所说的上帝**仅仅**是一个实体,而不是一个原因;但实际上,虽然斯宾诺莎所说的上帝不是一个传递性的、偶然的(具有自由意志的)原因,但确实是一个内在性的、必然的原因。与此相反,库桑认为,上帝在**他的**体系里是一个**本质性的**原因,**因此上帝根本不可能不进行创造**(produire);但如果事情确实是这样的,那么上帝在库桑那里和在斯宾诺莎那里一样,都是一个原因。我们承认,至少我们不能完全清楚地看出库桑和斯宾诺莎之间的区别。

IV. 关于哲学史的普遍观点

一般说来,库桑在这里和别的地方发表的关于哲学史及其处理方法的观点,是完全正确的,而且表现出深刻的认识。这对于一名柏拉图著作翻译者和普罗克洛斯著作整理者来说,是一件再自然不过的事情。与此同时,这个段落的某个部分包含着一些非常隐秘的,而且是极为有趣的说法,就好像库桑的一个心灵独白,其中谈到了他自己接受哲学教育的过程,还有他和他的老师以及另外一些先驱的关系。这里有必要提到**雅各比**的名字,因为本书第36页谈到的那些东西(比如狂热、信仰、情感、直观等等)早就被后期的雅各比发现并加以使用,而且雅各比曾经说过,他是从直观出发而进入到理性之内。自从腾尼曼①把"**仇恨理性**"(Mysologie)这顶帽子扣在雅各比头上之后,雅各比就焦虑万分,再加上其他各种影响,以至于他在自己的著作全集的最终版本里面请求读者,任何地方,只要是以贬低的语气谈到"**理性**",那个词都应当替换为"**知性**",反过来,任何谈到"直观式知性"的地方,都应当替换为"直观式理性";但这些做法是根本不合适的,因为别的思想也还摆在那里。总的说来,雅各比的努力目标是,在力所能及的范围内,尽可能用唯理论来改造他的早期学,同时与理性缔结和平协议。雅各比有一位最为忠贞不渝的追随者,他在雅各比死后不久也去世了;这位追随者向我们保证到,雅各比的信仰是**一种纯粹的理性信仰**。

[X, 223]

除此之外,库桑也谈到了他和后来的一些德国哲学家的个人关系。在这里,人们不得不惊叹于年轻人的自信,就像库桑在本书第38页告诉我们的那样,虽然他很少或者说根本没有理解**黑格尔**的思想,但他仅仅瞄了一眼黑格尔的外貌,就立即作出**预言**:这是一位伟大的人物!库桑对于黑格尔有多么感激,这既可以从这本书,也可以从他别的地方的表述看出来。就那些对于本民族的哲学有一种真正的理解的德国人而言,库桑至少有把

---

① 威尔海姆·哥特利布·腾尼曼(Wilhelm Gottlieb Tennemann, 1761-1819),德国哲学家和哲学史家,曾任教于耶拿大学和马堡大学,代表作有四卷本《柏拉图哲学的体系》(1792-1795)及十二卷本《哲学史》(1798-1819)。——译者注

握认为,他们只会赞同他的明智的低调做法,绝不会因为他没有在法国制造出某一派德国哲学的信徒就来指责他。他真切地感到,德国哲学本身还处于一个演进过程之中,这个演进过程还面临着一个真正的、最终将其澄清的危机。库桑绝不会赞同一种只能带来短暂效应的哗众取宠的做法,虽然对于那些头脑空空的、麻木不仁的人来说,最为自相矛盾和最令人反感的东西反而是最有吸引力的,对此人们只需想想圣西门主义①的荒唐丑闻就明白了！我们欢迎那些更有活力的人,只要他们愿意**和我们一起**进行研究和考察;我们不欢迎那些不懂装懂、妄加评判的人,还有那些像海盗一样在德国科学的海岸边逡巡的人,他们一会儿在这里登陆,一会儿在那里登陆,然后就觉得自己已经是这片土地的主人了。当然,如果政治党派的语气和作派已经渗透到学术界里面,这确实是令人懊恼的,但即使在这种情况下,法国的真正的科学天才也不会因此沉沦,因为在法国,在经历了各种动荡之后,那些最深刻、最基本的研究仍然始终保持着它们的价值,而且——这里不妨从一个哲学所不熟悉的、但对于哲学研究来说并非不重要的领域里列举一个例子——始终会有**欧根·布尔努夫**②这样的人物挺身而出。——库桑曾经因为他对于德国哲学的热爱而遭到指责,说他有背叛本民族的嫌疑,但事实上正相反,**他**一直忠诚地维护着本民族的特性,并且指出,关联的纯粹性、精确性和清晰性对于法兰西民族来说是一种基本需要。

---

① 亨利·圣西门(Henri de Saint-Simon, 1760-1825),法国空想社会主义者。——译者注
② 欧根·布尔努夫(Eugen Burnouf, 1801-1852),法国语言学家、印度学家,译有《薄伽梵往世书》和《妙法莲华经》。——译者注

假如有人承担了一个使命,应当给法国提供一个关于近代哲学的整体和演变过程的真实概念,那么这个人就是库桑,他具有孜孜不倦的钻研精神、敏锐的洞察力、镇定自若的头脑、可敬的不偏不倚的态度,简言之,库桑是一个有着自己的哲学思想的哲学史书写者,他以一种杰出的方式把这种哲学史书写者的全部特点统一在自身之内,而且在他的整个学术生涯中都一直将其保持。

至于库桑专门谈到的他与法国的神学学派的关系,从某些方面来看,也值得德国人的关注。

1834年5月于慕尼黑

哲学经验论述要

1834

F. W. J. Schelling, *Darstellung des philosophischen Empirismus, in ders. Sämtliche Werke*, Band X, S. 225-286. Stuttgart und Augsburg 1856-1861.

最高认识以经验为中介，而经验本身只能是一种哲学经验 [X, 227]
（philosophische Erfahrung），换言之，这种经验只能是一个通过
哲学探索而得到的结果。在笛卡尔以来的各种哲学体系里面，
老派的形而上学之所以没有实现自己的目的，就是因为它太不
重视经验，太迷恋于单纯的普遍概念，与此同时，另外一些体系
（尤其是斯宾诺莎的体系）最终说来仅仅是立足于一个事实，一
个它们错误地以为是真正事实或最高事实的东西。既然如此，
我们可以说，所有这些体系所从事的工作，都仅仅是——直接地
或间接地——去探究或者勘察这个真正的事实，而哲学的任务
就是要解释这个事实，因为人们一旦发现这个事实，就再也不会
对于本原本身抱有任何怀疑。就此而言，人们可以把哲学（自笛
卡尔以来）的早先的全部探索工作比拟于自然科学里面的那些
实验。

哲学必须解释事实（Tatsache）。诚然，乍看起来，还有什么
比列举事实更为简单容易的事情吗？但请你们注意，即使在自
然科学里面，为了掌握一些极为具体的现象里面的真正事实，人
们也付出了多少辛劳努力。人们说："哲学应当解释世界上的事
实。"但在这个世界上，什么才是真正的事实呢？真正的事实在
任何时候都是某种内在的东西。比如，在一场获胜的战役里，
"事实"既不是指那些具体的列队进攻或炮火袭击等等，也不是
指任何在事情那里单纯以外在的方式而被知觉到的东西。真实
的、真正的事实仅仅存在于那位统帅的精神里面。就一本书而
言，字母和字句的排列是一个赤裸裸的、纯粹外在的事实；但是， [X, 228]

什么是这本书的**真正的**事实,则只有那个读懂了它的人才知道。仅就外表而言,一部充满了智慧和思想的著作和一部肤浅的或完全空洞无物的著作没有任何区别。因此如果一个人单纯拘泥于外表,那么他根本不会知道,在一部充满了智慧的著作那里,真正的事实是什么。通过这个例子可以得知,在一切可能的研究工作里面,对于纯粹的、真正的事实的探究乃是第一位的、最重要的事情,但同时也是最困难的事情。我们为什么尤其觉得自然界的个别事物里面包含着如此之多的完全谜一般的东西呢?那是因为我们还不知道其中的真正原因。现在,如果说探究自然界里面的事实是自然研究者的任务,而探究历史里面的事实乃是历史研究者的任务,那么对于世界上的伟大事实的探究就仅仅是哲学的任务。是的,哲学因此也获得了"世间智慧"(Weltweisheit)的名称,但这个名称仅仅适合于哲学的一个方面,因为哲学还包含着一个比世界更为广大的内容。

哲学史里面的第一件事情,换言之,哲学在历史上做出的第一个努力,就是去探究,**在这个世界上**,什么是真正的、纯粹的事实;就此而言,如果我们指出,早先的那些体系仅仅是一系列实验,以便把那个事实以愈加清楚和愈加纯粹的方式凸显出来,使那个事实脱离一切笼罩着它的遮蔽者,那么这绝不是一种贬损的说法。这绝不是一种谴责,即使那些体系本身另有所图,并不认为自己仅仅是一些实验。恰恰相反,正因为每一个体系都是一个实验,并且越来越接近于那个事实,所以这些体系才全都获得了一个公正的地位。没有任何一个体系是徒劳无益的。哲学精神对于它曾经停留的每一个层次都不会感到羞愧。真正说来,这些体系并不是一些不同的哲学,而仅仅是一些不同的尝试,即去探究并理解把握那些事实;每当一个早先的尝试把事实放下,一个后起的体系就在那里把事实接管过来。既然如此,整个直到我们这个时代为止的哲学研究的结果,就无非是那个最终的、完全纯粹地呈现出来的事实。 [X, 229]

毫无疑问,自然哲学比任何早先的哲学的都更为深刻地领会把握到了那个事实。这本来就是一件不言而喻的事情,因为自然哲学**面临着**所有别的尝试,随之也**面临着**一个通过所有早先的体系而赢得的经验。从根本上来说,自然哲学和早先的那些体系的差别仅仅在于,自然哲学以一种更为纯粹和更为完满的方式探究了这个事实,甚至可以说,正是自然哲学才首先陈述出了世界上的真正事实——哲学的任务就是要解释这个事实——因此它比任何一个早先的体系都具有一个更为开阔的经验基础。这个纯粹的事实在于什么地方呢?我们可以这样陈述这个事实:整个自然界的创生(Genesis)①都是仅仅基于主体相对于客体而逐步获得的一个优势地位(Übergewicht),这个优势地位会到达一个点,在那里,即在**人类**意识里,客体完全成为主体。

那被设定在意识**之外**的东西,就本质而言,与那被设定在意识**之内**的东西是同一个东西。因此整个自然界构成了**唯一的一**

---

① 这里需要指出,我不是像康德那样从一个认识着的**主体**出发,而是从**自然界**出发,而且我所赋予自然界的这种优先性在任何情况下都已经通过如下这个事实而得到捍卫,即一个认识着的主体必然以一个可认识的客体为前提。——谢林原注

条贯穿始终的直线,这条直线一方面向着占据优势地位的客观性延伸,另一方面一直发展到主观东西对于客观东西的最终征服,但在这个终点处,客体并不是被完全消灭了,因为它始终是那个已经完全获得主观性的东西的基础。毋宁说,在这个终点处,客观东西仅仅是相对主观东西而言而退回到隐蔽状态中,仿佛已经潜伏起来,这就好比一个透明的物体之所以是透明的,并不是因为阴暗物质已经消失了,而仅仅是因为阴暗物质已经转变为一种清澈的东西。在整条直线里,无论任何地方,都不会只有主观东西或只有客观东西;即使在那个末端的点,亦即在那个虽然对我们而言尚且不可认识、但却是通过占据最大优势地位的客观性而设定的实在东西里,客观东西也表明自己已经包含着主观东西,而同样的情形也出现在与之相对立的另一个末端的点那里,亦即主观性完全占据压倒优势的地方。即使在这里,客观东西就**实体**而言也没有被扬弃,毋宁说,只有同一个东西,它之前被设定为纯粹的客观东西(B),如今则被设定为纯粹的主观东西(A),但在这个过程中,B 始终是 A 的基础,因为 A 不是一个单纯的 A,而是一个从 B 出发并且克服了 B 的 A,而在这种情况下,尽管它作为 A 存在着,但始终都在自身内包含着 B,并且以之为前提。

[X, 230]

当人们觉察到这种首次被揭示出来的贯穿始终的主观性—客观性,马上欣喜地拿这种关系与自然界里面的贯穿始终的**极性**相比较。也就是说,正如在一块磁石里,相互联系的潜能阶次处于一种同性相斥和异性相吸的对立关系,正如对于对立面的不离不弃乃是自然界里面的生命的第一个标志,同样,人们断定,具体东西或实在东西之所以存在着,之所以维系着自身,原因仅仅在于,它既不是纯粹的主观性,也不是纯粹的客观性,毋宁始终是一个仿佛牵扯着主观性的客观东西。诚然,就**大的方面**和就**整体**而言,宇宙一方面是一种占据优势的客观性,另一方面又是一种占据优势的主观性,而在正中心——在人类意识里面——则是一个无差别之点。但我们不能这样想象这种情形,仿佛在某一个点那里,在道路的某一个部分那里,只有主观东西或只有客观东西,毋宁说,正如每一条磁性直线(不管这条直线的长短如何)在整体上都仅仅包含着三个点,亦即两个极点和一个中点(所谓的无差别之点),同样,在整条磁性直线里,虽然只有这三个点存在着,但是直线的每一个部分就其自身而言**又**包含着三个点,而这每一个点,从不同的角度来看,既可以是北极,也可以是南极,还可以是无差别之点——也就是说,正如在这里,每一个点的规定都仅仅是一个相对的规定,同样,在整个宇宙里,没有任何东西是绝对主观的或绝对客观的,毋宁说,**同一个东西**既能够相对一个东西而言是主观的,也能够相对另一个东西而言是客观的。一切可认识的东西都已经是一种包含着主观性的客观东西。从一方面(即所谓的僵死的自然界)来看,客观东西尚且占据着统治地位;但在活生生的有灵自然界里,客观东西已经表现为一种居于从属地位的东西,仿佛服务于主观东西,直到它在人类意识里面作为客观东西潜伏起来,成为主观东西的单纯的**根据**。如果有人认识到,通过费希特所坚持的那个

[X, 231]

僵硬对立,主观东西与客观东西已经处于怎样一种割裂状态,他就会理解到,自然哲学的这个形象的比喻比一切单纯的概念规定都更能帮助时代超出那个对立。就此而言,人们乐于看到,有些人在把握到事情的关键之后,会欣喜地认为自己找到了一些更好的表述方式。无论如何,我们可以用这个在最初的发展过程中所使用的类比来证明,整个这一切原本只是基于一个幸运的知觉,而这个知觉之所以有其价值,原因在于,那些曾经增添进来的虚假成分早就已经被重新清除出去,并遭到抛弃。

自然哲学所带来的纯粹收获,首先仅仅是一种**对于事实的洞见**,对于这个洞见,我们可以一般地表述如下:通常的世界进程的基础,乃是主观东西相对于客观东西的一个不断进步的、同时(或许甚至在自然界之内)始终遭到抵抗的胜利。——"从客观东西到主观东西的进步"这个说法就好像是科学所必须呈现出来的那个普遍运动的秘诀。从客观东西到主观东西的进步恰恰是事情的关键之所在,因为如果沿着相反的方向,那么无论进步还是科学都是不可能的。——尽管如此,自然哲学在其自身内部也看到了一个局限,一个它不能立即加以克服的局限。

自然哲学的这个局限在于什么地方呢?一言以蔽之,在于如下这个情况,即从根本上来说,自然哲学同样不能超越**单纯的事实**。在纯粹的事实里,真正说来无非只是包含着这样一个情况,即世界进程的基础是主体相对于客体而逐步获得的优势地位——至于这个优势地位究竟是从一个自我生产着、自我实现着的本质的本性那里必然派生出来的呢,还是通过一个自由的

[X, 232]

原因性而被创造出来的或被授予的,这是单纯的事实所不能裁定的。一切超出纯粹事实而增添进来的东西,都仅仅是一个推论的产物。然而任何单纯的推论本身就已经是某种可疑的东西,原因在于,我们始终不能排除这样的可能性,即任何推论的基础都只是一个在某种程度上对于事实的领会把握,而在这种情况下,一个更完满的、更为深入的领会把握就会导致另一个**完全**不同的推论。因此无论在什么情况下,我们都必须回溯到事实。除了上述原因之外,我们也必然考虑到了这个情况,即"事实"这个说法在根本上是很不确定的。为了陈述出事实,我们使用了"主体"和"客体"概念,但直到现在为止,我们都仅仅是把这些概念当作历史上传承下来的和众所周知的东西而加以接纳。对于真正的事实,惟有通过一个科学的发展过程,不是从任何早先的体系出发,而是从每一个开始进行哲学思考的人所置身的立场出发,我们才能够指望给这个事实带来完整的内容和最终的决定性规定。

因此从现在起,我们才开始对事实作出一种纯粹的科学阐述,通过这种阐述,任何一种自以为已经开始发言的哲学才真正能够开始发言。

在这里,看起来最自然的事情莫过于认为,每一种哲学都是开始于自身反思:既然哲学必然会意识到,它所从事的是一种认识活动,那么说它从一开始就试图探究它的这种独特的认识活动的方式和本性,这看起来同样是一件自然的事情;这样一来,哲学就不得不考察**一般意义上的**认识活动的本性。假若是这样

[X, 233] 的话,康德的那个主张就是正确的了,即哲学必须以认识能力的批判为开端,这个批判虽然绝不可能产生出科学本身,但毕竟能够产生出一种关于哲学的预备知识(Vorwissenschaft)——产生出那种通过寻求开端而获得的预备知识。问题只在于,这种对于认识能力的批判真的如此轻易吗?尤其是那个计划,即以一种抽象的方式来考察认识者,真的是可以实施的吗?

人们确实可以想象,当进行批判的时候,不妨把自己限定在单纯的认识活动上面,这样就可以首先把**存在**排除在外,不予考察;因为认识活动相比存在而言与我们更为亲近,所以人们就相信,对于认识活动的考察是一件更为轻松和更为简单的事情,在这之后,或许可以从认识活动出发,找到一条通往存在的道路。然而这种抽象的方式恰恰是站不住脚的。因为,这样做的目的是什么呢?答复是:为了对认识活动进行认识。但这样一来,我已经把认识活动本身当作是一个对象,随之宣称它是一个有别于其他存在者的存在者。于是从第一个反思开始,认识者和存在者之间的对立或者区分就失去了意义,也就是说,虽然我希望回避甚至逃避**存在**(就好像逃避一个敌人一样),但是我根本**不能**做到这一点。无论是认识者,还是那被认识的东西,都是一个存在者,而恰恰在这种情况下,二者看起来已经融为一体,换言之,二者看起来具有一种共通性,即它们都是**存在者**。

此外不可避免的是,如果一个人从单纯的认识活动出发,那么他会认为,认识者是一种仿佛具有优先地位的存在者,同时还会认为,那不是认识者的东西,要么仅仅具有一种无关紧要的存在,要么最终说来**根本**不具有任何存在。这就是笛卡尔的做法。他第一个把哲学的方向扭转到认识原则上面,第一个怀疑思维之外的一切存在,同时又承认那与思维同一的、现成地包含在思维之内的存在是某种存在。他说,Cogito ergo sum [我思故我在]。我思考,我怀疑,因此我存在;但在笛卡尔看来,思维并不仅仅是指认识主体的那个特殊的表现或行为——总的说来,**我们**仅仅把这个表现或行为称作思维。笛卡尔所说的思维是指认识主体的每一个功能,在这种情况下,他把各种感性表象,甚至把各种感觉都统统纳入到思维的普遍概念里面。我的意思 [X, 234] 是,当笛卡尔赋予认识者以第一位的存在,他马上就发现,必须要怀疑认识对象的实在性或现实存在,尤其必须要怀疑物体世界的存在;尽管他随后宣称,对于物体的现实存在,他已经获得了一个主观信念,但他始终认为,物体仅仅具有一种第二位的存在,仅仅具有一种间接的(亦即以上帝为中介的)存在。**既然如此**,要把认识者与存在割裂开来就是不可能的,如果谁企图作出这个尝试,就会不可避免地得出如下结论:首先,**不可**否认,认识者本身具有一种存在,与此同时,单纯的认识对象却不具有任何存在;其次,无论什么地方,除了认识者之外,没有任何东西存在着,精神性的东西和一切非精神性的东西都仅仅存在于心灵的表象之内——这些情况在唯心主义的各种体系里面已经大量出现了,比如在紧跟笛卡尔的马勒布朗士和后来的贝克莱那里就是如此。贝克莱认为,除了上帝和有限心灵之外,没有任何别的东西,只有通过上帝的作用,有限心灵里面才产生出形体事物的表象。

  然而人们必须承认,这种摆脱困境的方式(即否认物体世界的存在)是一种有悖协议和有悖约定的做法。因为在一位哲学教师和他的学生之间,有一个默认的协议,即前者应当为后者解释世界;但是,如果前者的解释从一开始就宣称世界的绝大部分是不存在的,这就损害了那个协议;好比一名外科医生,他不是努力医治患者肢体的病痛,而是一上来就采取截肢的办法,理由却是,这是一个最为简便的让患者摆脱肢体疼痛的方法。所幸的是,那些通过否认物体世界的存在来摆脱困境的主张,在我们这个时代根本找不到任何附和的声音,而这就以一种显著的方式证明,普遍的知性具有强大的力量,人类的精神经验也已经达到了某种**成熟度**。公正地说,在这个问题上,自然哲学尤其应当被看作是一个转折点:因为,**只要自然界和精神的内在同一性还没有被认识到,还没有被建立起来,那么唯心主义就会一直威胁着我们**,比如在我们这个时代的不久以前,唯心主义在费希特那里就达到了一个最终的爆发。

[X, 235]

  因此,如果人们想要以一种正直的方式开始哲学思考,那么他们必须承认,世界上的那个没有进行着认识的部分也具有一种存在;当然,这不是说,那个部分和认识者是在同样的意义上存在着,但无论如何,它绝不是完全不存在或根本不存在。对于那个不是在一种强调的意义上存在着的东西,也就是说,对于那个不是像**意识**那样存在着的东西,我希望使用这样一个表述:**相对于意识而言,或者说比较于意识而言,那个东西是"非存在者"**

（das nicht Seyende），但这始终只是一种相对的非存在，因此它同样可以包含着这样的意思，即那个东西就其自身而言或与自身比较而言并不是"无"，毋宁确实是某个东西——亦即确实存在着。**在这个意义上**，希腊哲学家以某种看起来自相矛盾的方式谈到了 μὴ ὄν [非存在]，也就是说，当他们谈到"非存在者"的时候，就跟谈论一个存在者一样。然而普鲁塔克已经解释了这个自相矛盾，他在某个地方说道：人们必须区分 μὴ εἶναι [非存在]和 μὴ ὂν εἶναι [非存在者]。在希腊人那里，"非存在者"仅仅意指这样一个东西，它虽然不是存在者，也就是说，它虽然不是那个在卓越的和优先的意义上存在着的东西，但它绝不是一个完全不存在或根本不存在的东西。在这个意义上，如果人们承认，"非存在者也存在着"，那么这就向着真正的认识迈出了第一个步伐。

古代的智术师已经发现，为了达到混淆真理和谬误的目的，必须预先设定一条公理，即"非存在者"无论如何都不存在；从这个公理出发，有些人推论到，既然谬误属于"非存在者"这个范畴，那么谬误无论如何都不存在。进而言之，如果谬误不存在，那么真理也不存在；如果谬误不是一种肯定的东西，那么同样不会有什么肯定的真理。有鉴于此，柏拉图在一篇以"非存在者"概念为讨论对象的对话录里面通过各种方式表明，"非存在者"也存在着，而且，如果不承认"非存在者"也具有一种存在，那么真理和谬误根本就没法区分开来。借此机会，我向在座各位听众优先推荐柏拉图的这篇对话录，即《智术师》。柏拉图的这部

[X, 236]

著作将会让你们确信:每一个人,在他打算在哲学里面提出某种**普遍的东西**之前,都必须坚守一种真正的哲学的基本信条,而这些基本信条之一,就是必须承认,那个较低类型的存在者同样也是一种独特的存在者。

如果这一点得到承认,那么接下来的要求就是去规定,这个较低类型的东西——为简便起见,我们暂且采用这个称呼——**以何种方式**存在着。因为,假若"非认识者的存在"或"不是认识者"这个规定被推进到一个极端程度,以至于我们自认为有理由作出一个宣言或**断言**,即绝不可能有**任何**先于认识原则的东西,以及认识原则与那种类型的存在绝不可能有任何关系,那么很显然,那个较低类型的东西无论如何绝不可能存在着,或者说它就绝不可能是一个存在者了。然而我们毕竟已经把它规定为一个存在者。但是,一方面说它是一个存在者,另一方面却说它缺乏一个规定和限制(惟有借助于这个规定和限制,存在才被设定在那个东西之内),这是不可想象的。限制和规定不可能来自于一个**受到**限制和**受到**规定的东西,因此这个东西在本性上就需要一个限制,或者说它本身是一个不受限制的东西,而这就意味着,限制不可能来自于**存在**,毋宁说,一切规范和界定——惟有通过它们,每一个东西才是一个存在者,才是可认识的——只能来自于那个与存在**相对立**、且正因如此限制着存在的本原。这个本原与那个本身不受限制的存在相对立,它在世界上的那个没有进行着认识的部分里面至少创造出了认识对象的形式,就此而言,它恰恰是认识对象的原因;不仅如此,它同时也是认识者的原因,确切地说,这个本原虽然不是认识者的实体上的原因,但却是认识者*之所以是*认识者的原因。同一个原因,在世界上的可认识部分里面产生出认识对象,在世界上的进行认识的部分里面产生出认识者。一切可认识的东西,尽管本身不是认识者,但却必须在自身内包含着认识者的印记,亦即包含着知性和理知的印记。反过来,认识者本身与单纯可认识的东西之间的区别仅仅在于,前者并不是像后者那样在自身内包含着知性的形式,毋宁说它就是知性,因此就是认识者本身。

对于以上所说的情况,我们也可以换作如下方式来表达:那在认识对象那里制造出知性的印记的东西,只能是知性本身。现在,如果知性在存在那里仅仅把这个印记或形式当作某种异于存在的东西制造出来,那么在这种情况下出现的,就是单纯的认识对象,但是,如果知性把存在完全吸纳在自身之内,那么在这种情况下出现的,就是认识者。在这个世界上,单纯的认识对象(亦即那个不是认识者的东西)既不是单纯的存在,也不是认识者,但是它本身必然也存在着。假若只有一个**单纯的**(亦即缺乏规范和限制的)存在,那么认识对象和认识者就会同时被取消。因此**二者**以完全**相同的方式**不但预设了一个本身不受限制、且恰恰因此缺乏知性的存在,而且预设了一个针对这个不受限制的东西发挥着相反作用的原因。

其实从笛卡尔开始,那个与存在相对立的东西就已经被规定为知性。斯宾诺沙从自己的概念出发,把那个本身不受限制的、无限的存在规定为一个无限的广延实体,与一个无限的思维

[X, 237]

相对立。本来,通过广延实体与思维实体的对立,斯宾诺莎已经获得了一个工具,可以用来解释广延实体的各种变异。然而他并没有利用这个工具。在他看来,思维和广延就跟在笛卡尔那里一样,完全是一种相互隔膜的东西。在斯宾诺莎看来,思维和广延实体的各种变异毫不相干,他没有注意到,如果没有思想,那么规定、限制、变异等等都是不可想象的。广延实体的存在是一种本身缺乏思想的东西——人们可以说,"广延"是那种离于自身之外、无力掌控自身的存在的一个形式,正因如此,这种存在不可能自己给予自己以限制,而在这种意义上,它的"无限性"就不是一个优点,而毋宁是一个缺陷。因此,如果广延实体其实是一个盲目的、缺乏思想的东西,那么我们可以认为,是无限思维(亦即那个与广延实体相对立的潜能阶次)扬弃了那种离于自身的存在,并且把那种离于自身的东西恢复到它原本的位置,亦即使其回到自身之内。但是,上述情况之所以会发生,只能以如下情形为前提,即必须制造出广延实体的各种变异,不仅制造出一般意义上的变异,而且制造出那些把外在性愈来愈加以内化的变异——简言之,制造出一种不断增强的内在性,直到那种完全的自身内化(亦即意识)通过这个方式得到解释和理解。可惜,正如我们已经指出的,斯宾诺莎并没有利用这个通过他所谓的属性的对立而呈现于面前的工具——在他看来,广延物不是通过无限思维**作用于**广延而产生出来的,而他之所以认为无限广延发生了各种变异,只因为事实上就存在着各种物。按照斯宾诺莎的原则,说什么世界上有一些通过其他方式产生出来的

[X, 238]

物，这是不可能的。

在莱布尼茨那里出现了一个进步，即他承认了一切变异的必然的主观性，也就是说，一切变异都必然依赖于认识原则；一切发生变异的、且正因如此可认识的东西都必然在自身内包含着认识原则。这个观点体现在他的那个独特的学说里面，即一切事物就其内核或就其本质而言都是单子、表象力、精神性本质。在莱布尼茨看来，形体本身仅仅是一个现象，或者说在根本上仅仅是一个假象，这个假象只是通过单子的模糊表象才产生出来的。因此莱布尼茨把广延物完全丢在一边，当然，他并没有像后来的唯心主义那样**否认**有在我之外存在着的广延物，而是认为，在我之外确实存在着广延物，只不过它们仅仅是一种精神性东西。每一个单子本身都是无形体的，然而许多单子一起构成了一个整体，在其中，某个单子相对于另一个单子居于从属地位，然后在所有单子之上，最终凸显出唯一的一个具有统治地位的单子。上帝在事物里面看到的仅仅是单子，但是我们并没有处在上帝所在的那个中心位置；通过这种方式的偏移，产生出了一个模糊表象，随之又产生出形体广延物的假象，就此而言，形体广延物并不比彩虹之类东西具有**更多的**基本实在性，毋宁说它们都仅仅是现象。在莱布尼茨看来，一切事物的内核都是**自我性**，只不过处于不同层次而已，比如所谓的僵死的或无机的自然界是一个沉睡着的单子，活物世界或动物世界是一个做梦的单子，而人则是一个清醒的单子。就此而言，莱布尼茨是一个纯粹的理智主义者，因为他根本不承认有什么非理性的、与理智相

[X, 239]

对立的本原，而且，由于他断定，一切事物原本都是**精神性的**和单子性的（亦即封闭的），所以他很难解释，既然在这个世界上，一切事物都仿佛是主体，那么为什么一个事物会相对于另一个事物成为客观的，亦即成为另一个事物的认识对象。因此莱布尼茨不得不把那样一个体系当作避难所，按照那个体系，没有任何单子会作用于另外的单子，毋宁说每一个单子都是仅仅借助于一个前定和谐来表象其他单子，表象那些在其他单子里面发生的变化。但这样一来，他的体系就掺杂了某种类似于狂热迷信的东西。

康德的贡献在于，他首次以清楚的意识宣称，一切应当成为认识对象的东西，如果要成为认识对象，都必须在自身内包含着知性的印记或规定。与此同时，康德把一切认识对象的 materia ultima [最终质料]设定为一个不可认识的东西，然而对于这个不可认识的东西，他事实上又使用了"自在之物"这一极为笨拙的说法。但是，要么这个自在之物**是**一个物，也就是说，要么它是一个存在者，而在这种情况下，它就必然是一个可认识的东西，随之不是**自在的**——在康德的意义上——因为康德所理解的"自在"是指摆脱了一切知性规定。要么这个自在之物确实是一个自在体（An-sich），亦即一个不可认识、不可表象的东西，而在这种情况下，它就不是一个**物**。同样，当康德又把自在之物称作 Noumenon [可思维的东西]，这仍然是一个很不合适的说法，因为按照康德自己的概念，毋宁说自在之物是 Anoumenon [不可思维的东西]，一个绝不可能通过知性而得到理解把握的东西，因为一切可以理解把握的东西都必须在自身内包含着知性的印记。关于康德,需要指出的第二点,就是他虽然把知性规定放置在客体里面,但却是仅仅放置在**我们的表象**的客体里面。至于那个不可认识的东西,即他所说的自在之物,虽然已经沾染上了这些规定,但却仅仅是在我们的表象之内——而不是在我们的表象之外——沾染上这些规定。因此这些规定是完全主观的,这里根本不能提出一个客观的、在事物自身之内存在着并且作用着的知性。那在我们之外的,并不是这些事物,而仅仅是所谓的自在之物,一个绝对不可认识的东西,这个东西只有在我们的表象里面才接受了那些对于认识对象的规定。但是,按照我们之前已经作出的解释,**我们**又不可能放弃知性规定的客观性,因为否则的话,我们将不得不同时放弃感官世界的实在性。**我们说**:确实存在着一个第一位的东西,一个就其自身而言不可认识的东西,一个就其自身而言缺乏规范和缺乏规定的存在,但是自**在之物**是不存在的。一切作为我们的客体的东西,本身就已经是一种沾染了主观性的东西,也就是说,是一种已经在某种程度上被设定为主观的东西,而在这种情况下,就是一种接近于我们所说的认识者的东西。那些出现在表象里面的东西,或者用康德的很难得到普遍理解的话语来说,那些出现在统觉的先验综合里面的东西,全都是以一种客观的、不依赖于我们的方式而出现的。恰恰通过这些主观的规定,物才是**真正的**物,因为假若人们拿走这些规定,那么就根本不会有任何物。

费希特作为康德的后继者,其首要的失误在于,他总是以不

[X, 241] 确定的方式谈论一般意义上的客体,而不是谈论一个现实的客体,而且他没有想到或没有看到,这个所谓的客体本身就已经包含着如此之多的主观东西。在康德那里,那个不可认识的东西尚且被看作是认识对象的基础,但在费希特这里,那个东西就被完全清除了。于是费希特把一切东西都转化为**单纯的**主观性,换句话说,他**仅仅**保留了认识者。但是这样一种极端的唯心主义是绝不可能长期坚持下来的。我们无须理睬康德哲学的所有这些非自然的因素(它们在费希特哲学那里的表现更是变本加厉),就会发现,认识对象和认识者之间的唯一差别就是刚才已经指出的那个差别,即认识对象本身仅仅包含着知性的印记,随之包含着一个对它而言陌生的知性——在这种情况下,那个本身就缺乏知性的东西,那个与知性相抵触的东西,虽然已经接纳了知性的形式,并因此从属于知性,但它作为一个本身就缺乏知性的东西毕竟不同于知性——在这种情况下,单纯的对象可以把知性当作一个对它而言陌生的东西区分开来,而我们首要所称的认识者本身已经完全转化为知性,而且这个转化在一种自然的方式下只能是逐步发生的。

尽管如此,在这个逐步发展的序列里,基体始终是同一个基体。在这里,我们希望和在自然哲学那里一样,用B来标示那个与主观性相对立的东西,亦即那个**单纯的**、且正因如此**盲目的**客观东西。在整个序列里,这个B越来越主观,越来越趋近A,但是,即便是最终的A或最高的主观东西,亦即我们首要所称的**认识者**,始终也还是B,只不过这是一个被设定为A、已经转化为A

的 B。也就是说,从**那个**单纯的认识对象(亦即那个几乎无法加以认识的东西)开始,到那个已经较多地接纳了认识规定的东西,最终**直到**认识者本身,在这整个过程中,实体,亦即 id quod substat [那个立于根基处的东西],始终是同一个东西。在整条直线里,我们始终只有 B,但是这个 B 在不同的程度上同时也是 A,或者说同时也是主观的。始终只有一个**转变者**,从未有一个**存在者**——在这个意义上,确实只有那个最终的东西(即完满的自我意识)才算得上是存在者。这是一个始终**飘移在**存在和非存在之间、肯定和否定之间的东西;因为"作为 A 而存在"对 B 而言意味着否定;在"作为 A 而存在"里,B 消失了,或者像德语所巧妙表述的那样,所谓的"消失"(geht unter)其实是指"走向根基"(geht zu Grunde)。但是,虽然有这种二重性,换言之,虽然在任何一个点那里都没有纯粹的 B,而是始终只有一个介于 B 和 A 之间的东西,但自在地看来,或从它自身出发来看,B 本身仅仅是 B。 [X, 242]

就此而言,现在我们必须以明确的、比迄今为止更为确定的方式区分开两个东西:一个是那个仅仅**接纳**了 B,仅仅被设定在 B 之内的主观性,另一个是主观性的真正意义上的**本原**。主观性的本原不是那个已经转化为 A 的客体,主观性的**本原**只能是 B 的原因——至少是 B 之所以发生转化的最近的、直接的原因。因此这里有两个本原:1)一个是 B,它逐步转变为 A,但在根本上始终保持为同一个东西,一个本身就盲目的、野性的、不受限制的存在,即柏拉图所说的 ἄπειρον [无定];2)另一个是 A,

这不是指那个被设定为 A 的 B,不是指那个通过 B 而产生出来的 A,而是指这样一种意义上的 A,它本身没有沾染 B,而是与 B 彻底相对立,而且它唯一的意愿就是要把 B 设定为 A,因此这就是一般意义上的 A,是 B 之所以转化为 A 的**原因**。

我想指出,即使在这里,我们仍然是始终立足于一种单纯的事实性的东西(das Faktische oder das Tatsächliche)。迄今为止,我们仅仅是通过经验而认识到,B 是通过另外那个与 B 相对立的本原的作用而转化为 A,但正因如此,我们还没有**理解把握**到这个作用。我们暂时还不知道,那个本原为什么以及**如何**作用于 B。简言之,通过一种持续的分析,我们被导向本原的二元性,被导向一种二元论,但这里我仅仅是在一种**最一般的意义**上使用"二元论"(Dualismus)这个词语,因为现在还完全无法确定,这两个相互对立的本原是否能够以及如何能够通过一个更高的统一体而重新达成和解,或者根本就不能达成和解。我们当前能做的事情仅仅是去研究,而不是去作出断言或提出一个最终的明确概念。简言之,我们暂且承认有两个本原:1) 一个盲目的、本身就不受限制的、因此也缺乏知性的存在——我们不妨称之为**实在**本原;2) 一个与前者相对立的东西,它是前者之所以获得限制、获得规范、且正因此而成为认识对象的原因,一言以蔽之,是前者的主观化的原因——我们不妨称之为**观念**本原。你们愈是以纯粹的方式思考这两个本原之间的对立,即每一方作为本原都是从一开始就把对方从自身那里排除开(而在后来的产物里面,二者当然已经交织在一起),你们就会愈是清

[X, 243]

楚地理解我接下去要说的东西。至于我们最终**通过何种方式**而理解把握到这个对立,并且将其重新消融在一个统一体里面,这里暂时不用去关心。我们尚且不能作出解释,我们暂时只能抓住这个有待解释的东西。

总体而言,我们在这里所处的立场和毕达哥拉斯学派早先所处的立场是完全一样的,后者教导到,一切事物都是从"无定"(ἄπειρον)和"规定者"(το περαῖνον)那里产生出来的,并且基于二者而存在。确切地说,正如该学派的一些更进一步的规定所表明的那样,他们是在一种和我们类似的意义上教导这个学说,比如他们同时也说道,"无定"并不是绝对不可**认识**的,由此出发,他们也把"规定者"称作 τὸ ειδοποιοῦν [创造形式者]——众所周知,"εἶδος"意指形式和形态,但同时也意指概念——也就是说,毕达哥拉斯学派认为,是"规定者"使得"无定"成为一种**可以理解把握的东西**,亦即使其能够获得一个概念。但毕达哥拉斯学派之所以和我们达成一致,首要的原因在于,他们把"规定者"和"无定"的对立表述为 μονάς [一]和 δυάς [二]的对立;确切地说,他们认为,"一"和"二"合在一起产生出万物,"二"是母亲,而"一"则是父亲;除此之外,他们在谈到"一"和"二"的关系的时候,其方式也和我们已经提出的那些概念相类似。

尽管如此,人们不可产生这样的想法,仿佛我们仅仅是从古人那里径直拿来这类概念。假若人们只需要从古人那里轻松借用这些概念就万事大吉,那么每一个人都会理解它们了,但经验表明,那些本身不进行哲学思考的人(比如**单纯的**古典语文学家)对于这些概念的解释是多么的不充分。人们必须通过亲自研究而回溯到这些概念,这样才能理解并且公正地评价它们在古人那里的意义,而不是像人们惯常的那样,把它们仅仅看作是一些结论。歌德说,如果一个人不能设身处地站在古人的立场来理解他们,那么绝不可能理解和享受任何一本好书。一个有见地的人能够比一个初学者在古人的著作那里看到多得多的东西。比如,毕达哥拉斯学派所说的 δυάς [二]——后来的著作家几乎总是给它补上 ἀόριστος [不定的]这个修饰语——究竟是什么意思呢?无论如何,ἀόριστος δυάς [不定的二]不是像近代某些人所解释的那样,仅仅意指一种单纯的经验杂多性,或者说仅仅意指事物的**一般意义上的**差异性。因为,哪里有差异性乃至杂多性,那里也就**有界限和认识对象**,而且不只是唯一的一个对象,而是许多千差万别的对象,也就是说,这里已经**预设**了那些本来应当通过 μονάς [一]和 δυάς [二]而加以解释的东西。假若δυάς [二]是事物本身的一种普遍杂多性,毕达哥拉斯学派如何可能会说,事物是从 μονάς [一]和 δυάς [二]那里**产生出来**的呢?

"二"不是某种**普遍的东西**,它是一个确定的、必须单独加以思考的本原;它只能是我们所说的 B,这个东西虽然本身**仅仅**是B,但却能够接受那个在它那里通过相反原因而进行创造的 A,也就是说,能够接受那个在它那里通过观念本原而进行创造的主观性;就此而言,δυάς [二]**尤其**可以被看作是一种阴性的东西——即一种接受性或可能性,能够本身就产生出主观性的各种规定。就其自身而言,或者说就其作为本原而言,纯粹状态

[X, 244]

下的B只能**接受**各种主观规定——但在现实中,它始终在某种程度上同时也是A,因此这是一个双重化的东西,这个东西作为B同时也是A,作为A同时始终也是B。这个不再纯粹的、受到侵袭的B恰恰就**是**那个不确定的、飘移在A和B之间的、因而无规定的东西,它始终是它自己,同时又不是它自己;甚至在精神性的顶点那里,人即使已经达到了精神性的极致,但在某种程度上总还是非精神性的,即使已经达到了自我意识的极致,但在某种程度上总还是无意识的——这不仅是指人在睡眠的时候,而是指人甚至在清醒的时候也是如此,因为就像某些哲学家(比如笛卡尔、莱布尼茨等等)所主张的那样,那些不清晰的、无意识的表象在分量上总是大于清晰的和有意识的表象,就此而言,根本没有任何人能够宣称自己始终具有同样清晰的意识。这就是一切有限者的宿命,即它们并不完全是它们所是的那个东西,而是能够在某种程度上**不**是那个东西,并在这个意义上飘移在存在和非存在之间——就像希波克拉底①所说的那样:"εἶναι καὶ μὴ εἶναι [既存在又不存在]乃是一切有限事物的特性。"以上所述就是毕达哥拉斯学派所说的 δυάς [二]的意思。

[X, 245]

与此相反,那个与"无定"相对立的本原却是现实的 μονάς [一]。因为它始终仅仅指向"一个东西"——它的始终一致的(至少从**它自己**那个方面来看是如此)、明确的、无可怀疑的作用**只有**一个目标,即为B划定界限,然而,除非它使得B同时在自

---

① 希波克拉底(Hippokrates von Kos,前460-前370),古希腊著名医生,被认为是西方医学的奠基人。——译者注

身内成为主观的,并在 B 那里制造出认识对象的各种形式,乃至最终(这是它的最终作用)把 B 转化为认识者本身,否则这个目标是无法实现的。但我们已经说过,我们尚且不知道这一切是怎么发生的,目前这仅仅是一个事实。因此**这个**本原始终是一种统一性,一种纯粹的自身一致性;与此相反,另一个本原亦即 B 始终是一种二元性或二重性,既不是纯粹的 B,也不是纯粹的 A,而是一个介于 A 和 B 之间的东西。惟有从这个认识出发,才可以解释那个就我所知迄今为止都还没有得到解释的问题,即毕达哥拉斯学派为什么会主张,δυάς [二]只有通过分有 μονάς [一]才成为 δυάς [二]。因为我们所说的 B,就其自身而言,实际上也是一种统一性——一种**纯粹的**同一性——确切地说,它是纯粹的 B,而且,假若没有一个与之相对立的本原,假若那个本原不去打扰它,那么它将始终保持为一个纯粹的 B;它仅仅是 δυάς [二],因为那个与之相对立的本原不允许它保持为纯粹的 B,而是把它设定为一个同时也是 A 的 B。

关于那两个相互对立的本原,即"无定"和"规定者",我们暂时就说这么多。

毫无疑问,正因为毕达哥拉斯本人和他的学生们用"一"和"二"来指称那两个最初本原,所以他们才会提出那样一种学说,即一切事物的最初本原乃是数,或者说最初本原相互之间的关系如同数与数之间的关系;但是,反过来不能说,数是一切事物的最初本原(而亚里士多德恰恰是这样来理解毕达哥拉斯学派的学说)——对于这个观点,亚里士多德当然可以提出许多完全合理的反对意见。但是柏拉图已经毫不犹豫地采纳了毕达哥拉

[X, 246]

斯学派关于最初本原的学说，采纳了该学派由此出发对于转变活动的解释，并且在这些学说的基础上创作了他的最重要的对话录之一，即《斐勒布》。

因此，通过对于"认识者"和"认识对象"这两个概念的简单分析，我们初步获得的结论是：**存在着两个相互对立的本原，通过它们的共同作用，才产生出认识对象和认识者**。我当然知道，一旦我宣称存在着这两个本原，立刻就会引发出一大堆问题。尽管如此，我们应当小心翼翼地不要急于回答这些问题，因为我们根本不确定我们是否已经完整地掌握了事实。通过迄今为止的探索，可知那个**纯粹的**事实是立足于如下情形：一切可认识的存在，就和认识者自身一样，都是通过一个演进过程而产生出来的，而如果不是存在着两个本原，那么这个演进过程是不可想象的；第一本原在演进过程里相当于质料或基质（即载体），虽然它本身是一个不受限制的存在，但是逐步成为主观的东西，并恰恰因此获得界限，成为一个可以被理解把握的东西；第二本原表现为原因，因此是它给予第一本原以规范，规定着第一本原，换言之，是它在第一本原那里制造出主观性。我们暂时可以假定（虽然我们还不能加以解释），这两个本原不是通过一个纯粹偶然的纽带而相互捆绑在一起的，不能摆脱彼此；我们对于这个情况是不确定的，**正如我们也不确定**，伴随着这两个目前已知的本原，我们是否已经认识到了转变活动的全部本原。如果你们仔细考虑下面的内容，就会清楚地意识到，我们确实有理由去怀疑这一点。

[X, 247] 　　在转变活动的演进过程中，就我们对于这个演进过程的了解而言，可以说第一本原是一个持续的有待克服的对象；在这个意义上，演进过程本身就表明，第一本原是一个不应当存在的东西（das nicht seyn Sollende），是一个没有资格存在的东西；这不是指它在任何地方都不应当存在，而是指它至少作为**这样一个**处于演进过程中的东西（即B）不应当存在。我承认，对第一本原来说，作为主体，作为A而存在，这是允许的；因为演进过程本身的目标就是要把第一本原设定为A。现在，既然第一本原作为B乃是一个不应当存在的东西（这里我们顺便指出，假若没有某种不应当存在的东西，或至少是，假若没有某种不应当像现在这样存在着的东西，那么也不会有任何演进过程），既然第一本原是整个演进过程的前提和ὑποκείμενον [载体]，那么从这里本身就已经可以得出一个结论，即它就其自身而言也是一个纯粹偶然的存在者，而不是一个有着自己的目的的存在者。

　　因此在第一本原那里，我们看到的是一个纯粹偶然的存在者。至于第二本原——现在我们把这个之前已经想到、但还没有陈述出来的概念陈述出来——很显然，它是一个否定着第一本原的潜能阶次，虽然它没有完全彻底地否定第一本原，但却否定了第一本原之作为B的存在。换言之，第二本原虽然没有完全彻底地扬弃和否定第一本原，但却扬弃和否定了作为B的第一本原。看起来，第二本原已经必然地、不可避免地被设定下来，就和B已经被设定下来一样，也就是说，**如果**B存在，那么第二本原就是一个必然存在者。然而这恰恰表明，第二本原仅仅是一个**有条件的**或**假定的**必然存在者——就此而言,它和第一本原一样,都不是一个**有着自己的目的的**存在者,都不是一个**自在的**必然存在者。看起来,它之所以**存在着**,并不是以**它自己**为目的,而**仅仅**是为了去否定第一本原,而这意味着,它仅仅是一个中介,或者说仅仅发挥着中介作用。但是,如果开端是一个不是有着自己的目的的存在者,而中介则是一个将其扬弃的东西,那么这里必然也会有一个作为目的的**终点**;尽管第一本原就其本性而言是一个不应当存在的东西,但除非有另一个东西**取代它**而存在,否则它并不是必然会遭到否定。假如没有某个**应当存在**的东西,那么我们根本不必去关心,那个不应当存在的东西是否存在着。那个不应当存在的东西之所以遭到否定,之所以必然遭到否定,只有一个原因,那就是它阻碍了一个应当存在的东西,而这个应当存在的东西不可能**先于**它而存在——顺带说一句,所谓"先于它"(vor ihm),用拉丁语来表述就是"prae eo",而德语的"vor"的多重含义在这里是值得注意的。如果我们已经确定,第一本原在演进过程中遭到否定,并被宣布为一个不应当存在的东西,那么我们同样可以确定,在演进过程中也有一个应当存在的东西(das seyn Sollende)。这个应当存在的东西不可能是**第二本原**,因为很显然,第二本原之所以**存在着**,仅仅是为了去否定第一本原,仅仅是为了发挥一种中介作用,以便作为一个潜能阶次,通过否定那个不应当存在的东西而为一个应当存在的东西作出铺垫。因此这个应当存在的东西**必然**是第三本原或第三个潜能阶次,一个同样隶属于演进过程的潜能阶次。

[X, 248]

如果说第一本原提供了**契机**，并因此表明自己是整个演进过程的开端，而第二本原则表现为中介，那么可以说第三本原就是目标或终点，而"目标"或"终点"与"应当存在的东西"完全是同样的意思。

因此如果我们没有认识到**第三**本原，那么还不能说我们已经完整地认识到各个本原——但是像现在这样仅仅一般地认识到第三本原，即知道它是目标或终点，是一个应当存在的东西，这仍然是不够的。因为在这种情况下我们始终都还不知道，第三本原**真正说来**或**就其自身而言**究竟是什么东西。

现在，为了规定这个第三本原，我们暂且可以做一些单纯的形式上的工作。刚才我们已经说到，第一本原是**开端**；而在这之前，我们已经把它规定为 ὑποκείμενον [载体]，规定为演进过程的基质或质料。我们也可以说，第一本原是演进过程中的真正的**实体**，即 id quod substat [那个立于根基处的东西]。关于第二本原，我们也已经指出，它在演进过程中表现为原因，亦即 B 之所以转化为 A 的原因。除此之外我们还指出，第二本原不是出于它自己的目的而存在着，而仅仅是为了去否定那个不应当存在的东西，并通过这个方式而为一个应当存在的东西作出铺垫。有鉴于此，我们可以说：第二本原在演进过程中始终只是作为**原因**而存在，而不是作为实体而存在，因此它对于自主存在和实体性没有任何诉求。总的说来，前面两个本原分别表现为实体和原因，前者仅仅是实体，后者仅仅是原因。既然如此，第三本原又能是什么东西呢？答案是：它只能是**一个既是实体**（自主

[X, 249]

存在者)也是原因的东西——**换言之**,同一个东西不只是原因,而且同样也是实体(自主存在者)。——顺带需要指出的是,你们可以看到,这里的推进过程和康德那里的推进过程是不一样的,虽然康德也把"实体"设定为第一个范畴,把"原因"设定为第二个范畴,然后把"交互作用"设定为第三个范畴,但真正说来,"交互作用"根本不能算作是一个范畴。与此同时,你们也可以发现,如果一个人仅仅依据一些现成的概念而勾勒出一个概念体系,那么他必然会走到康德的这个地步。但真正的推进过程应当是这样的:1)**实体**;2)**原因**;3)**实体和原因的统一**。

现在的问题是,这究竟是什么意思?

第二本原**仅仅**是原因,因为它不是出于它自己的目的而存在着,而仅仅是为了**发挥作用**而存在着——而且不是按照一种自由的方式,而是按照一种必然的方式去发挥作用——也就是说,一旦那个缺乏界限和不受限制的存在被设定下来,第二本原就**必须**发挥作用,就好像义无反顾地完全迷失在对于第一本原的否定中,因此它是完全不由自主的。但是第三本原就**不仅仅**是原因:1)因为它是一个有着自己的目的的存在者,而这又是因为,我们已经把它规定为一个应当存在的东西;2)因为它在发挥作用的时候并没有离开自身,而是同时也在自身**之内**,是一个自己掌控着自己的原因。诚然,第三本原也是原因,但却是一个停留在自身**之内**的原因,因此它同时也保持为**实体**;它就是**精神**,就此而言,我们也可以这样规定这三个本原:第一本原是非精神性东西,第二本原克服了非精神性东西,因此为精神作出铺垫；第三本原恰恰就是精神，虽然不是一个独立的精神（因为它仍然处于演进过程之中），但毕竟也是精神。

通过对于认识活动这一事实的简单分析，我们已经获得了转变活动的三个本原，只有从现在起，我们才能够去陈述那个真正的、包含在一个普遍的转变运动（亦即演进过程）中的事实。因为很显然，在这个演进过程中，观念本原总的说来占据着优势地位。（请你们回想一下，我们所说的"观念本原"是什么东西。）

[X, 250] 诸本原之一必须占据**某种**优势地位，因为假若这里处于一种完全的平衡状态当中，就不会有任何运动了。只有当某一方占据优势地位，才会出现运动。总的说来，现在是观念本原占据着优势地位。但事情的**关键**恰恰在于，我们要认识到这个优势地位是一个纯粹的**事实**，而我们确实可以想象，这个优势地位是不言而喻的、必然的、不能不如此的。或许我们可以通过如下方式来表明这一点。"无定"显然是一个不应当存在的东西，虽然人们不能直接把它等同于恶，但至少不可否认的是，相比"规定者"，它与恶更具有相似性。因为恶的本性就在于，既不能坚持规范，也认识不到界限。与此相反，"规定者"或"提供规范和界限者"显然更接近于善，与善更具有相似性。相对较好的东西（请容许我们暂时使用这个表述）统治相对不太好的东西，换言之，相对不太好的东西接受相对较好的东西的统治和限制，这是自然的，也是必然的。

以上论证包含着两个前提。第一个前提是："无定"是一个相对不太好的东西，而"规定者"是一个相对较好的东西。然而我们凭什么在这里就已经把"好"("善")和"相对较好"这两个概念搅和在一起呢？站在**我们人类的立场**上来看，不可否认，给予"无定"以规范和目标乃是一件**相对较好的**事情。从同样的立场出发，也可以说那个设定了目标的本原是一个相对较好的东西。假若有一个东西，离了它我们就不能存在，那么我们就说它是相对较好的，因为我们当然会认为，在"我们存在"和"我们不存在"之间，前者是一件相对较好的事情。但从根本上来说，这仅仅是一个门户之见。毫无疑问，就事情**现在**的样子而言，第一本原或"无定"表现为一个不应当存在的东西。但这个观点仍然只是表达了一个事实。诚然，在这个现在已经展开的演进过程中，第一本原或"无定"已经**作为**一个不应当存在的东西而被设定下来；但由此并不能得出，它**就其本性而言**就是一个不应当存在的东西，毋宁说，它仅仅在事实上是一个不应当存在的东西。[X, 251]
然而问题恰恰在于，为什么它在事实上被设定为这样一个东西呢？假若这两个本原的**本性**里面包含着一个根据，本身就使得第一本原从属于第二本原，那么这个根据只能是，第一本原在本性上相比第二本原而言具有较少的存在。而这是荒谬的。因为就自然的情况来看，只能说相对较弱的东西从属于相对较强的东西。如果在这个关系里确实有一个差别，那么人们可以说，对于存在，"无定"仿佛拥有最初的直接的权利，而"规定者"拥有接下来的权利。看起来，"无定"能够无需"规定者"而存在，反之后者离了前者却不能存在。后者是一个超越了前者、并且攀附在前者身上的东西（即 τὸ ἐπελθός [后来居上者]，这是阿那克萨戈拉对于努斯的称呼),但如果说到力量上的差别,那么看起来正好相反,即"无定"是相对较强的,因为它是一个直接出于自身、无须前提的存在者。现在,如果我们设身处地站在"无定"的位置来思考,就会觉得"规定者"对于它的约束和限制是一件完全不公正的事情。单纯从"无定"的立场来看,它反而有理由把"规定者"称作是恶,因为它感到**它的**存在遭到了后者的攻击和否定。由此可知,从**这个**立场来看,"善"和"恶"的概念完全是相对的,因此人们在使用这些概念之前,必须提升到一个更高的立场。

到目前为止,我们只能通过"**存在**"这一概念来作出判断。正如过去我们已经区分了相对而言的存在者和相对而言的**非存在者**,并且把世界的一部分(即那个没有进行认识的部分)放在 μὴ ὄν [非存在]一方(意指它不是真正意义或真实意义上的存在者),把世界的另一部分(即进行认识的部分)放在与之相对的一方,把它称作一种更高意义上的**存在者**;同样,由于我们在这里谈论的不是具体事物,而是本原,所以我们可以说,"无定"就是 μὴ ὄν [非存在],而"规定者"则是 ὄν [存在],或者说"无定"和"规定者"的关系就好比"非存在"与"存在"的关系。然而恰恰在这里,古人(尤其是柏拉图)的那个学说再度呈现出它的有效性(而且是最高意义上的有效性),即"非存在者"就存在而言绝不比我们通常所说的"**存在者**"更缺少哪怕一点点存在。对于这个立场,你们在我刚才提到的柏拉图的那篇对话录里面也会找到完全相同的观点。"无定"在演进过程中表现为 μὴ ὄν [非存在],因为它在演进过程中被当作单纯的基质,就好像被当作物质或质料来对待,但正因如此,它本身也是 μὴ ὄν [非存在]。它在演进过程中显现为一个不应当存在的东西,显现为一个不正确的东西,因此毕达哥拉斯学派在给予它许多名称的同时,也把它称作"左",而把它的对立面称作"右"①;但是它并非自在地就是"左",正如动物的**心脏**也不是自在地就位于左边,毋宁说,正如心脏是慢慢转移到左边的(通过比较解剖学我们得知,伴随着动物的越来越高的等级,心脏才逐渐转移到左边),同样,"无定",作为实在本原,也是在**演进过程**中才转变为"左"。不考虑这一点的话,虽然我们不能说"无定"和"规定者"是处于一种平衡状态之中(因为这是一个模糊的说法),但却可以说,二者是相互均衡的,处于一种势均力敌的状态之中。

之前的论证本来是希望表明,观念本原必然会取得一个优势地位。但现在看来,这个论证的第一个前提就是错误的。也就是说,它把第一本原称作一个相对不太好的东西,而把第二本原称作一个相对较好的东西,而这一点在演进过程之前和之外都是根本不成立的。

第二个前提是:"规定者"更像知性,而"无定"更像知性的对立面。但即便如此,也不能说前者因此就有权利取得优势地位。因为,首先,人们无论如何不能回避这样一个问题:为什么是理性**存在着**,为什么不是非理性存在着(warum *ist* denn Ver-

---

① 在德语(以及其他欧洲语言)里面,"正确"("公正""正当"等等)和"右"是同一个词,即"recht"。——译者注

nunft, warum ist nicht Unvernunft)？诚然，乍看之下，再没有比这更讨巧的做法了，即从一开始就把理性设定为普遍实体，设定为一个**必然存在者**。但实际上，理性的存在本身仅仅是某种有条件的东西，仅仅是某种肯定的东西。如果站在一个绝对的立场上，为什么不能说理性的对立面同样也是一个必然存在者呢？其次，从另一个方面来看，**从一开始**就把理性设定为一个普遍存在者，这反倒是一个很不讨巧的做法。因为，假若理性已经是这样一个东西，它还有什么必要**继续前进**呢？事情已经完结了嘛！在这种情况下，为了制造出一个运动和一个演进过程，我们必须断定，理性根本就不需要任何理由（虽然我们应当假定理性从一开始就包含着这些理由），而仅仅是为了打破它的单调的永恒性——真正说来，理性仅仅是为了**制造出时间**（pour faire du temps, Zeit zu machen），才过渡到它的对立面；而且，理性仅仅是为了享受一种满足感，才过渡到非理性，过渡到它的对立面，然后返回到自身之内，重建自身。

[X, 253]

  这样看来，观念本原的那个优势地位只是作为一个单纯的事实而得到承认。于是我们就得到了第四个概念，即"**绝对原因**"（Ursache κατ' ἐξοχήν）。所谓"绝对原因"，就是指这个原因本身不能再被看作是一个本原，也就是说，它不再是作为本性，不再是仅仅按照一种内在的必然性来行动。诚然，一个本原也可以叫做"原因"，这是指它按照其本性而言就是某个东西的原因，比如"规定者"就是一切事物里面的界限或规定的原因。但反过来，那个首要意义上的原因，那个自由的原因——在这个意义上，毕达哥拉斯学派也称之为 causa causarum [原因之原因]——却不能被称作是"本原"。在达到"绝对原因"的这条道路上,毕达哥拉斯学派始终都是我们的同路人,至于这方面的证据,部分体现在毕达哥拉斯学派的真实残篇里面,部分体现在柏拉图的《斐勒布》这篇对话录关于"绝对原因"概念的时不时的讨论里面。很显然,柏拉图的那些讨论完完全全是毕达哥拉斯式的,因为他把那个与 ἄπειρον [无定]相对立的"规定者"称作 πάρας [规定],把二者的共同产物称作第三个东西(这个东西在毕达哥拉斯学派那里被称作 πέπερασμένον [到达边界者]),然后把第四个概念——之所以是"第四",恰恰因为他把前面二者的那个共同产物也算了进来——设定为原因,并且称之为 νοῦς [努斯]。①(这确实是一件值得惊叹的事情,即我们从近代哲学的最深根基出发而得出的结论,竟然与那些最古老的、而且是受到一切人们最为崇敬的哲学家的结论完全契合,就好像他们的这个结论在近代重新获得了生命一般。)

柏拉图把原因称之为 νοῦς [努斯]——对于这个词,单凭我们德语的"知性"一词是无法充分翻译出来的,因为它还包含着一个特定的概念,亦即意指一个**有着意愿的**知性或一个有着知性的**意志**。至于"理性"这个词,则是一个更加不合适的译法。就此看来,柏拉图著作的那位德译者②虽然无愧于一切赞誉,但

[X, 254]

---

① 参阅柏拉图《斐勒布》(*Phil.* 23c-e)。——译者注
② 指德国神学家和哲学家施莱尔马赫(Friedrich Daniel Ernst Schleiermacher, 1768-1834),他翻译的《柏拉图全集》(1804年至1828年陆续出版,不包括《蒂迈欧》《克里提亚》《法律篇》和《书信》)迄今一直被誉为柏拉图著作的最经典的德译本。——译者注

令人遗憾的是,他在任何地方都把"νοῦς"翻译为"理性",甚至在那个著名的谈到宙斯的"νοῦς βασιλικός"的地方,也是将其翻译为"君王理性"。然而理性是一种平民化的东西,与卓越性或君王没有任何关系;单就理性而言,君王相比任何其他人都没有什么卓越之处——反之,如果我们将其翻译为"君王知性",那么每个人都会理解到其中的卓越意味。理性是人类的"普遍平等性"的本原,而知性则是人类的"不平等性"的本原。所以理性属于人民群众一方。人民群众能够展示出许多理性,但人民群众作为人民群众却从来不能展示出任何知性。所以知性首要地属于另一方,属于君王一方。正是在这个意义上,柏拉图说,知性归属于"原因"这个种属,也就是说,知性归属于"原因"这一普遍的种属概念。而这无非意味着:知性不是一个单纯的本原(而理性确实是这样一个本原),毋宁说它是"**并非必然存在者**"的原因;只有对于"**并非必然存在者**",才有一个真实的原因,才有一个真正意义上的原因;反之,只有对于"必然存在者",才有一个本原。"原因"概念是"实体"概念的对立面。但理性完完全全只是一个实体性本原。关于这一点,我们已经说得足够充分。

现在,通过那个纯粹事实——这当然不是指通常意识以为的那种事实,而是指哲学意识所认识到的事实,它本身仅仅是一个从科学经验里面提炼出来的结果——我们已经得到了"绝对原因"概念。**这个**原因不可能是不为人知的,因为显而易见,它乃是一切现实存在的真实原因。因此它必定在每一种语言里面都拥有一个名称。在我们看来,在各种语言里面,现成地就有唯一的一个名称，它本身就意味着**主观东西**之超越于客观东西的优势地位，因此是与"绝对原因"概念相契合的。这个名称就是"**上帝**"。只要在"绝对原因"概念的进一步的展开过程中，没有什么东西与"上帝"这个名称相抵触，我们就有权利使用这个名称。我们并不用"上帝"这个名称来衡量任何东西，我们并不预先假定任何东西；我们仅仅把"上帝"称作是一个原因，是它以一种普遍的方式赋予主观性以超越于客观性的优势地位，至于这个原因的事实上的存在，我们已经通过唯一可能方式予以证明。因此在使用"上帝"概念的时候，我们既没有引入一个新的概念，也没有引入一个未经证明的概念；我们所说的"上帝"仅仅是我们通过一个必然的秩序而已经认识到的那个东西，即这样一个原因，它以一种普遍的方式、而且在整个世界演进过程中，首先保障了主观东西相对于客观东西的胜利，进而保障了观念相对于实在的胜利。

[X, 255]

无疑，我们对于"上帝"这个词语的界定比一切普通的界定都更为可靠，而且包含着更为丰富的内容。在这里，我们和柏拉图再度达成共识，因为他说：上帝不是"好"的原因，而是"更好"的原因。我们既然已经认识到了那个凌驾于一切事物之上的原因，那么站在当前的立场上——站在人类的立场上——我们可以认为，所谓"更好"就是指精神性东西相对于非精神性东西的优势地位；只不过我们不可以以一种抽象的方式（亦即在演进过程之前和之外）断定，各个本原本身就是相互对立的。无论如何，柏拉图的那个界定的独特之处，不是在于他把上帝创造出的东西**笼统地**称作"更好",而是在于他特意区分了"好"和"更好"这两种情况,而后面这种情况包含着一个已经得到克服的对立面。也就是说,如果人们宣称上帝仅仅是"好"的原因,那么一切事情都完结了,人们就无事可做了——或更确切地说,甚至上帝都无事可做了。

  通过这个解释(虽然这始终只是一个暂时性的、亦即远远没有全面展开的解释),我们同时能够认识到,究竟在什么意义上,我们也可以把上帝称作是主观和客观的绝对同一性或观念与实在的绝对同一性。也就是说,上帝不是那个单纯实体性的东西,不是那个不确定的、作为 αόριστος δύας [不定的二]而飘移在主体和客体之间的东西;毋宁说上帝作为主观东西和客观东西的统一体乃是一个**原因**,而且这个原因同时具有一个明确的规定,即上帝必须确保这个统一体里面的一个本原相对于另一个本原取得优势地位。无限和有限的同一性也是同样的意思,只要人们把无限理解为 ἄπειρον [无定],把有限理解为一个**设定**有限性和界限的东西,就像柏拉图所理解的 πέρας [规定]那样。这里所指的**不是**无限与有限的那种实体性同一性(这种同一性仅仅出现在两个本原的共同产物里面),而仅仅是指一种作为原因的同一性。但是,只有当我们把无限和有限的同一性规定为一个**设定着两个本原**的原因——它不但设定着存在的"无定",而且设定着存在的"规定"——我们才能理解这种作为**原因**的同一性。

[X, 256]

  这样一来,过去那两个本原之间的对立就被设定在原因自身之内。同一个原因设定了**二者**,设定了"无定"和"规定"。——这样一来,我们才上升到一个最高立场,但这个立场在当前的这个研究里面同时也是一个最为值得谨慎对待的立场。

任何一个人,如果他有能力以一种不拘一格的眼光来观察存在,那么他一早就会发现,一切有限事物的存在都是基于一个对立,都是处于无规定的客观性和有规定的主观性的正中间。人们必然也会立即认识到,在一切存在里面,"无定"(或者说肯定的东西)和"规定"(或者说否定的东西)总是以某种方式凝聚或联系在一起。这是一个先行于**事物**、作为**事物**的前提的统一体,而事物本身则是这个统一体的单纯变形或具体呈现。现在,人们可以要么把这个统一体看作是一个单纯实体性的、亦即否定的统一体,要么把它看作是一个现实的、因果性的、亦即肯定的统一体。一个单纯否定的统一体大概是通过如下方式产生出来的:当"无定"作为这样一个东西出现之后,它确实和"规定"形成对立,反过来,"规定"也和**它**形成对立,二者之间是肯定和否定的关系,或者说是"是"和"否"的关系;因为"规定"乃是对于"无定"本身的否定。但是,如果人们把"无定"看作是一个尚且处于非现实状态,尚且处于可能性状态或潜能状态的东西,那么在"无定"和"规定"之间是没有矛盾的;二者尚且交织在一起,并通过它们的这种交织存在产生出纯粹的无,而这个无就好像是一切现实存在的零数(Null)。

[X, 257]

现在,假若这个先行于现实存在的统一体意味着对立的纯粹非存在或纯粹零数(在这种情况下,你们可以把它称作是一个否定的统一体),那么我们就不知道,对立是通过何种方式产生出来,并且成为一个现实的对立。在这种情况下,在对立的非存在和对立的存在中间就没有一个中介,因此这个对立是没法解释的,而这个过渡也将是一个绝对偶然的过渡了。或许人们可以尝试把事情反转过来,并说到,其实统一体才是一个偶然的东西——我们仅仅在某一瞬间需要统一体,以便通过这个必要条件,使对立**产生出来**;说到对立的产生,总是以对立的非存在为前提。但是,如果这个先行于对立的统一体意味着对立的纯粹非存在,那么在**随后的**一个现实的对立里,这个统一体就不可能再保留下来,毋宁说它完全消失在对立里面,变得无影无踪。因此对立一旦**产生出来**,就是一个完全缺乏统一体的对立。这又分为两种情况。要么人们根本不知道,那两个本原如何还能够相互扶持,而不是脱离彼此并完全分道扬镳。要么人们想说(尽管人们还不能解释这一点,而只是想**说**),那两个相互对立的本原是被强迫着厮守在一起,而在这种情况下,对立就是一个缺乏统一体的对立,亦即这样一个对立,它没有能力去重新规定或限制它自己——作为这样一个对立,它本身就重新成为一个缺乏规定、不受限制的对立,因为"无定"恰恰只是想要作为"无定"而存在,而"规定"同样也是无条件地只想要提供规定;这是一个完全盲目的、不服从任何知性引导的斗争,由此产生出来的东西是完全偶然和随机的。人们很容易在某种类型的自然哲学里面发现这个观点,这种自然哲学公开地把零数当作是本原,然后让"正"(肯定的东西)和"负"(否定的东西)从零数那里产生出来;

[X, 258]

因此这个观点导致一个充斥着盲目的、完全无意义的产生活动的体系。或许人们还想说,那两个本原相互之间是一种轮流坐庄的关系,就好像在波斯的宗教体系里,奥穆德和阿利曼达成了一个协议,前3000年由前者来统治,随后的3000年由后者来统治;①在这种情况下,如果人们不希望某一方的统治会导致另一方的完全毁灭,那么就必须表明,有两种完全不同的创造活动处于不断的更替之中;当其中一方进行统治的时候,另一方的创造活动必须消失。由此可见,把否定的统一体当作是一个纽带来思考,这是毫无意义的;统一体**必须**是一个肯定的统一体。

虽然"无定"在演进过程中是一个**不应当存**在的东西,但是它毕竟已经存在着;如果它的使命不是在于**就这样**存在着,而仅仅是在于被克服,那么很显然,"无定"只能是通过这样一个原因而被设定的,这个原因能够意愿某个东西是一个单纯的手段(正如**在这里**,"无定"显然只是一个手段)。没有什么东西能够意愿**自己**仅仅是一个手段。一切东西都意愿自己尽可能是一个目的。假若"无定"是一个独立的本原,并且在出现的时候消灭了任何先行的统一体,那么它不会容许自己被当作一个手段来对待。但实际上,"无定"在演进过程中仅仅是一个手段,亦即一个相对而言的非存在者,同时毕竟又存在着——**这件事情**表明,"无定"是通过这样一个原因而被设定的,这个原因掌握着全部手段和目的,它能够意愿它真正说来**不**意愿的东西(这个东西是

---

① 在波斯宗教(琐罗亚斯德宗教)的神话里,光明之神奥穆德(Ormusd,即 Ahura Mazda)和黑暗之神阿利曼(Ahriman,即 Angra Mainyu)以3000年为界,轮流掌管世界。——译者注

一个手段),并且能够忍受这个矛盾(即意愿它真正说来不意愿的东西)——简言之,它是一个自由的、按着目标来行动的原因,且正因此是那两个本原的**肯定**的统一体,这个统一体在两个本原的对立和矛盾**之中**坚持着自身,始终保持为两个本原的主宰。同一个原因,既是存在的无规定性的原因,也是存在的规定性的原因。我们**不得不**把这个矛盾放到那个最高原因里面,单是这个矛盾就已经表明,最高原因不可能是一个单纯**实体性的**本原。因为一个单纯实体性的本原只能做一些适合自己的本性的事情,它不能做**别的**事情,不能意愿那些事情的对立面——比如,"无定"只能意愿自己作为"无定"而存在。至于那个既能够意愿规定,也能够意愿这个规定的对立面的原因,只能是一个超实体性的原因或一个绝对自由的原因。

[X, 259]

我们既然已经达到这个认识,就必须推进到一个新的反思。

原因是自由的,也就是说,它既可以把存在设定为无规定的,也可以把存在设定为有规定的。因此在演进过程中,原因首先**设定**存在的无规定性,然后在进一步的发展中**设定**存在的规定性。我们说,原因首先设定了存在的无规定性。我们没有说(请你们注意这一点),原因设定了一般意义上的存在,而只是说,原因首先设定了一个无规定的存在。但是,为了设定一个无规定的存在,并且把它当作自己的手段,原因**必须**原本就占有这样一个存在,这个存在虽然**尚未获得规定**,而且不能通过自身而获得规定,但却能够**通过**原因本身而获得规定。——但是,我们不能认为这个存在是通过原因的一个行动或**行为**而获得规定,因为真正说来,如果原因有什么行动或行为,那么这个行为只能是让存在**摆脱**限制,把存在设定为一个无规定的东西。原因仅仅被规定为**演进过程**的原因,而演进过程的开端恰恰是这个无规定的存在本身。因此原因的**第一个行为**乃是设定这个无规定的东西,就此而言,原因不是通过一个行为,**而是基于自己的本性**原本就占有存在——因为行为的对立面恰恰就是**本性**。

因此原因(亦即上帝)基于自己的本性就占有并且规定着存在。除此之外,他什么都**不是**。到目前为止,我们还没有任何理由继续前进或假定更多的东西。在使用这个方法的时候,我们必须提醒自己不要忽略或跳过任何一个可能性——我们是在哲学经验论的领域里面运动,而哲学经验论的本质完全是在于观察,而不是在于玄想。无论如何,当我们认识到,上帝基于自己的本性原本就是**存在的主宰**(Herr des Seyns),原本就占有并且规定着存在,除此之外什么都不是,那么这个概念本身就已经是一个巨大的收获。关于上帝,"存在的主宰"这个概念要高于另一个概念,即认为上帝仅仅是**存在本身**(τὸ Ὄν),仅仅是一个普遍的本质;无论如何,上帝按照这个概念乃是 ὁ ὄντως ὤν [存在之存在],在这个意义上,上帝不是一个单纯的存在者,而是一个"超存在者"(überseyend)。

[X, 260]

但是,如果我们认为,上帝原本就和一个存在有关,而且上帝的自由在于他既可以使这个存在获得**限制**,也可以使它摆脱限制(这是第一个呈现在我们面前的可能性),如果上帝原本只能被规定为存在的主宰,那么我们同时也就承认,这个存在是上帝的一个**必然的**关联物,因为上帝看起来只有作为这个存在的主宰才能够存在。"**主宰**"概念必然包含着某个东西,这样才可以说,上帝是**这个东西**的主宰,而这个东西就是他的必然的关联物。按照这个观点,恐怕上帝就不是一个自在的东西,而仅仅是一个与存在相关联的东西了。这样一来,上帝本身似乎也被规定为一个单纯的关联物,只能在一个关联中——哪怕这是一个永恒的关联——得到思考,但通常说来,我们所思考的上帝是一个绝对独立的上帝,是一个完全的绝对者,亦即一个摆脱了任何关联的自由者。对于这个指责,我们不妨作出以下回应。

人们或许会说:**自在地看来**,上帝真的不是任何东西;**他是一种关系,且完全是一种关系,仅此而已**,因为他仅仅是一个主宰;除此之外,我们附加在他身上的任何东西,都只会让他成为一个单纯的实体。也就是说,上帝真的只能作为存在的主宰而存在着,仅此而已。上帝是唯一的一个不是与自身打交道的本性,毋宁说他是一个摆脱了自身、因而绝对自由的本性;与此相反,一切实体性的东西都仅仅与自己打交道,完全束缚在自身之内。惟有上帝才不是与自身打交道,他是 sui securus [对自己毫不操心],亦即一个对于自身有确定的把握、因而摆脱了自身的东西,所以他**只能**与其他东西打交道——也可以说,上帝完全**出离了自身**,亦即摆脱了自身,而正因如此,他才能够解放一切别的东西。上帝是我们这些被束缚和被挤压的人类所寻求的东西,是一个促成普遍解放的本原,这就好比一个民族把一个个体摆在自己的顶端位置,这个个体不会为他自己谋求任何东西,他

[X, 261]

不是为了他自己,而完完全全是为了他的民族而存在。

　　对此我只想指出一点,在一切关于"神性本质"(这是人们采用的称呼)的惯常定义里,《圣经》不会单单认可其中的一个,毋宁说,关于"上帝",《圣经》(以及基督教)唯一认可的一个概念,就是作为主宰的上帝。正因如此,令人尊敬的牛顿爵士——如果我们拿他的哲学与他的英国追随者的哲学,甚至与莱布尼茨的哲学来比较,那么公正地说,他的哲学要比他的物理学理论的某个部分(比如他的光学理论)高出一个档次——在他的《自然哲学的数学原理》的那个著名的总释里,勇敢地宣称道:Deus est vox relativa et ad servos refertur [上帝是一个有所关联的声音,是对于仆人的回应]——关于"对于仆人的回应",我后面还会谈到这一点。牛顿接着说:Deitas est domonatio Dei [神性就是上帝的统治权]——也就是说,上帝之所以是上帝,乃是基于他自身内的**神性**,而神性就是我们通常所说的上帝的**本质**,这个神性不是表现为上帝的实体,而是表现为上帝的统治权,表现为上帝的统治行动。随后牛顿补充道:Deitas est dominatio Dei non in corpus proprium, sed in subditios [神性作为上帝的统治权,不是针对单纯的物体,而是针对那些不公正的人]——这就与另一个观点相对立,在后面这个观点看来,上帝仅仅作为世界灵魂而与世界发生关系,而如果联系到另外一些体系,我们也可以说,上帝的统治权不可能表现为他仅仅是这样一个主宰,即能够亲自把自己输入到一个存在之中,或亲自给予自己一个存在,因为假若这样的话,他就是一个与自身打交道的本性,而不是一个摆脱了自身的本性。最后,牛顿以这句斩钉截铁的话作为结尾:Deus sine dominio, providentia et causisi finalibus nihil aliud est quam Fatum et Natura [一个缺乏统治权、预见和目的因的上帝不是别的,仅仅是命运和本性]。所谓"预见"[①]和"目的因",就是那些在自然界里面得到实施的意图,而它们全都是统治权带来的后果。一个缺乏统治权的上帝,或者说一个缺乏荣耀的上帝——"荣耀"(Herrlichkeit)是我以后会使用的一个表述,因为这个词表达出了"统治权"的真正的和原本的意思[②]——就是单纯的命运或单纯的本性。至于牛顿所说的"仆人",有可能仅仅指灵魂,但很有可能也指物体,但无论如何,**这个统治权显然已经以一个被创造出来的世界为前提**。但是,既然一个**缺乏荣耀的上帝只能是命运**,那么上帝不可能在创造世界之后才是主宰,毋宁说,**只要上帝存在着,他必定已经是主宰**,也就是说,他必定已经在某个关系中作为主宰而存在着。**这个**命题在任何情况下都是确定无疑的,而为了接下来进一步规定这个问题,我们必须断定,只要上帝存在着,他就是作为主宰而存在着。

我们既然到达这个地步,恐怕很难回避人们的一个评价,说我们的这个观点是一种二元论,或至少会导致一种二元论。但如果你们仔细考虑一下,就会立即发现一个更具体的规定,即我们所说的上帝不是一个脱离了存在的上帝,而恰恰是一个作为存在的主宰的上帝,也就是说,就上帝包含着存在而言,亦即绝

---

① "预见"(providentia, Vorsehung)通常亦翻译为"神意"或"天命"。——译者注
② "荣耀"(Herrlichkeit)的词根就是"主宰"(Herr),这个在中文翻译里面很难反映出来。——译者注

对地看来,上帝仅仅是"存在的主宰"与"**存在本身**"的统一,因此他是一个完全封闭在自身内、终结在自身内的东西,并在这个意义上就是绝对者(不再是一个相对的东西),尽管"存在的主宰"和"存在本身"不可能因此就是同一个东西。因此这不是一种单纯的二元性,而是一种包含在统一体之内的二元性,而且这个统一体是一个活生生的、必然运动着的统一体。总的说来,这里的最大困难不是在于上帝一方,而是在于存在一方,而存在也不是无,而确实是某个东西,是一个存在者。但很显然,它仅仅是我们已经指出的那种在"μὴ ὄν"意义上的"非存在者"。

这里又出现了一个立场,我们在这个立场上认识到,必须承认"**非存在者**"的存在,因为假若没有这个东西,那么我们也不可能认识到存在者。确切地说,这个立场是柏拉图赞誉有加的那种知识的最高立场。因为那个**单纯**本质性的存在者恰恰不是一个肯定的存在者,而仅仅是一个不能不存在的东西,是我们虽然不想设定,但却不得不设定下来的一个东西,换言之,我们不是把它当作我们所意愿的对象而有意识地设定下来,而仅仅是不情不愿地、无意识地把它设定下来。也就是说,我们有意识地设定下来的仅仅是存在的主宰,但在这种情况下,我们必须也设定存在本身,只不过我们对此是不情不愿的,并且意识到这是一个不能不设定下来的、并在**这个**意义上必然的东西,而这个必然的东西和那种纯粹偶然的、以他者为契机、而不是为着自身的缘故而存在着的东西是一回事。既然这个存在并不是无,而是存在的一个根基,那么我们可以把它重新规定为一种纯粹的"能够存

[X, 263]

在"(Seynkönnen)。

但"能够存在"就其本性而言却是模棱两可的或语义双关的。当它保持在自身内,没有过渡到存在,它是"能够存在";但如果它过渡到存在,它就不再是"能够存在",不再是本质;现在,它是一个**曾经能够**存在和**曾经能够**不存在的东西。在那个单纯的本质里面,有一个可能性,亦即潜伏着一个仅仅尚未出现的他者存在。因此那个原初地受到上帝的限制的东西就是**最高**意义上的"二"。在早先的阐述中,我们仅仅认识到"二"是"无定",亦即一个通过它自身而设定下来的B,但与此同时,它始终是被规定或被设定为一个主观的东西,亦即A。作为B,它同时也是A,就此而言,它是 natura anceps [一个模棱两可的本性],是"二";同理,作为A,它同时**能够作为B而存在**,因此这同样也是一个模棱两可的、不确定的、可疑的本性。之前我们已经通过另外一些概念(比如"μὴ ὄν")把握到了这个本性,并且发现它在各个层次的观察里面始终伴随着我们,总是通过一个更高的形态一再地呈现出来;"二"这个概念也是同样的情形。那个单纯实体性的存在在自身内包含着另一个存在的可能性——所谓"另一个存在",不是对于它自己而言(因为它是一个不认识自己、不知道自己、因而单纯实体性的存在),而是对于上帝而言。因此在它和上帝的关系中,它对于上帝而言是"二",而上帝本身则是最高意义上的"一"。

按照以上的两个规定,"能够存在"相对于上帝而言是"**非存在者**"或"二"。但即便如此,关于这个东西与上帝的原初的关系或**联系**,我们始终还没有获得一个真正意义上的、肯定的概念。如果说它相对于上帝而言是一个"**非存在者**",那么在这种情况下,它恰恰就是上帝的**主体**。这个身份仿佛是它的一个荣誉,当然这个荣誉不是来自于它自己,而仅仅是来自于它与上帝的关系。如果一个东西在与存在者的关系中是"**非存在者**"和主体,那么它对于存在者而言就是一个认知者。认知者在其自身也是一个存在者,但在与那个真正意义上的存在者的关系中,它表现为一个不能与之相提并论的存在者。我们曾经说过,这个东西不是一个为了它自己而存在着的东西,因此它也不是认知着**它自己**。但由于它只能是一个认知者,所以它就是上帝的认知者——但在这种情况下,它也完全只是**这样一个**认知者,就好像一个完全失去自控的东西,或更形象地说,就像一个完全沉迷于上帝的东西(根本没有考虑到它自己),就此而言,它不是一个认知着认知的东西,而仅仅是一个不动的、实体性的认知着上帝的东西。如果它应当有意识地去认知上帝——这是可以预料的——那么它必须首先从上帝出发,这样才能够在返回到上帝之内的时候成为一个现实地认知着上帝的东西。

因此在这种情况下,这个认知着上帝的东西表现为上帝的主体。"主体"在这里显现出它的真正意思,即 subjectum [载体]。我们还能够**再进一步**;对于这个完全缺乏自主性的存在者(它**仅仅**是上帝的主体,此外不是任何别的东西),我们可以在某种意义上说,它是上帝。因为,按照系词(copula)的真正意思,说"它是上帝"就等于说"它是上帝的主体"。当我们说,"A 是

B",意思是指:A 本身不是什么东西,它仅仅是 B 的承载者,亦即 B 的主体。在阿拉伯语里,"**是**"(ist)是通过"**能够**"(kun)这个动词表述出来的,如果人们考虑到另外那些(尤其是在各种方言里面)与这个词语联系在一起的意思,那么可以说,它和我们德语的"**能够**"(Können)是完全契合的——类似地,这个词在希伯来语里写作"kun",而我们德语的"Können"原本写作"kunnen"。这不仅仅是**读音**上的相同,因为我们知道,这个词也意味着"本质"或"实体",意味着 ejus quod substat [一个立于根基处的东西],所以它也意味着"固定者""根基"等等。正如我们已经指出的,存在就其**单纯的**本质而言就是那个"**能够存在**",反过来,一切"**能够**"在本性上都是一个本质性的东西,而不是一个现实的东西。除此之外,在阿拉伯语里,当那个词语被当作"**是**"来使用的时候,它的用法和所有别的语言里的用法都相反,即是说它的后面是第四格。这就表明,那个词语就是我们德语的"**能够**",而在所有语言里面,"**能够**"这个词的后面都是第四格,比如人们说:posse aliquid [能够某个东西]。

[X, 265]

  在这个意义上,关于那个单纯本质性的存在,说"它**是**上帝"就是指"它**能够**上帝"(es *vermag* Gott; *potest Deum*; *est Dei potens*)——它是一种潜能,或者说是一种权力——如果我们允许自己更进一步的话,我们甚至可以说,它是上帝的魔力;众所周知,"魔力"(Magie)这个词来源于波斯语,但它本身不再包含着一个可以由之推导出来的动词,所以它的词根是保留在德语的"**可能**"(Mögen)这个词里面。在这些问题上,我们不需要进行任何辩解,因为每一个人都知道,德语和那个如今仅仅支离破碎地存在着的波斯语有着巨大的亲缘关系。也就是说,"魔力"和德语的"**权力**"(Macht)根本就是同一个词语。至于德语的"可能"这个词,它在许多习惯用法以及德国的一些方言里几乎都是既意味着"**能够**",也意味着"**意愿**"(Wollen)。现在,既然我已经作出这番语言学的评论,我在这里也想请大家注意到"能够"和"**知识**"(Wissen)这两个概念的同一性。原本说来,"**认识**"(Kennen; nosse)这个词只是通过后来的一种区分才在发音上不同于"**能够**"(Können)。当人们说"能够某个东西",也包含着"知道或理解某个东西"的意思。既然如此,如果人们更进一步的话,也可以说,那个单纯实体性的存在,作为一个实体性的东西,就好像是一种吸引并束缚着上帝的魔法(Zauber),在这种情况下,假若上帝不能摆脱这种魔法,那么他就不再是上帝,不再是存在的**主宰**——不再是一个独立于存在的东西。通过这样的方式,以上观念同时也提供了一条直接过渡到行为、过渡到现实事件的途径。

通过这样的方式,我们几乎已经规定了存在与上帝的关系。存在的原初规定恰恰在于,相对于上帝而言,它是一个"非存在者",是一个单纯的实体、单纯的本质、单纯的主体;它不是认知着它自己,而是仅仅认知着上帝;它不是一个独立的存在者,而仅仅是上帝的存在。 [X, 266]

如果说我们必须超越这个首先呈现出来的观念,那么原因仅仅在于,我们已经不可能从这个观念出发更进一步或继续向前推进。但我们刚才已经表明,按照这个观念,假若上帝不能独立于存在(尽管我们必须坚持认为他在本质上是一个独立于存在的东西),假若上帝不能重新消除存在的那种魔法,随之让这个存在发生转变,那么这个观念本身就意味着,上帝必须走向超越(我们不可能像某些古人以及最近的某些人一样,假定存在自身发生了一种堕落,因为在这种情况下,上帝恰恰就不再是存在的主宰了)。诚然,人们可能反驳道,假若存在发生了堕落,那么上帝会亲自剥夺它的原初极乐,让它品尝那种异化的(亦即脱离了上帝的)存在的一切痛苦,让它忍受那种循环往复的煎熬,而通过这个方式,存在必定会重新回到**上帝**那里,因为它不可能始终位于上帝之外,始终与上帝相分离。要**答复**这个反驳是不难的。也就是说,一方面,我们不能认为一种无意识的乃至绝对无意识的"极乐"是一种极乐,另一方面,我们可以说,对于那个并非上帝的东西来说只有两种情况;**要么**它根本就不能分享上帝的欢乐,**要么**它只能通过痛苦而走向欢乐,通过磨难而走向辉煌。

诚然,那个本质(且不管它现在是什么情况,以及应当如何称呼)所经历的是一条痛苦之路,它活在自然界里面,贯穿着整个自然界。对此的证据就是痛苦在整个自然界的面貌上、在动物的脸庞上留下的痕迹。但是,如果说生命的伟大肇始者的全部目的在于通过极乐而把那个异化的东西带回到自身之内,那么相比这个极乐,那些磨难又算什么呢?当那个异化的东西回归的时候,它不再是一个无意识的认知者,而是一个有意识的认知者，因此它不再是盲目的，就像受控于一种单纯的神性宿命（θεία μοίρα）一般，而是自由地、有意识地和心甘情愿地在生命的肇始者之内存在着，同时发出这样一个胜利的宣言：现在我认识到了我曾经被认识到的情况。因为，刚开始的时候，作为一个从上帝那里外化（异化）出来的东西，它在和上帝的关系中不是表现为一个认识者，而是仅仅表现为一个被认识者；但现在它已经重新转向内核并走向上帝，因此它不再是一个**被认识者**或一个**纯粹客观**的东西，不再是一个非现实的、单纯实体性的东西，而是成为一个现实的东西；现在，它是一个现实的东西，同时也是一个认知者，在存在**之内**非存在着，在非存在**之内**存在着——这是一种最高程度的极乐，能做到这一点的，只能是一个并非从本性出发就存在着的本质。在这个无可辩驳的意义上，一位机智的著作家曾经说到，被造物的真正极乐在于一种围绕着存在的自由，在于一种交织着存在和非存在的双重狂喜，也就是说，一方面享受存在中的**非存在**的狂喜，另一方面享受非存在中的存在的狂喜，而反过来，一方面的痛苦也在另一方面的痛苦里遭到扬弃：存在的痛苦在非存在里面遭到扬弃，非存在的痛苦在存在里面遭到扬弃。总的说来，无论存在还是不存在，无论承担还是不承担存在的各种束缚，这两种情况都是痛苦的，尽管绝大多数人更难理解前一种情况。

[X, 267]

在五十多年前的法国，人们曾经嘲笑哲学家达朗贝[①]，因为

[①] 达朗贝（Jean-Baptiste le Rond d'Alembert, 1717-1783），法国数学家和物理学家，法国启蒙运动的领袖之一，和狄德罗一起主编《百科全书》。——译者注

他谈到了 malheur de l'Existence [存在之不幸]，但达朗贝在说这句话的时候，或许真的有着一种深刻的感受。我只想提醒大家注意，印度人也有类似的关于"一切存在的不幸"的观念。但是，当存在作为非存在而被人们感受到，存在的这种不幸就恰恰因此遭到扬弃，因为人们努力追求一种尽可能摆脱存在的自由。这就是真正的哲学所展示出来的那种真正的自由。站在另一个立场上来看，有限性的这个宿命——即无论如何只能在非存在中享受存在——恰恰显现为一种更高程度的、但也更高贵的悲伤情感的对象；这种悲伤情感就是"沉郁"（Schwermut），通过沉郁，艺术在它的那些最高作品里为它的创造活动加冕。这种崇高的沉郁的根据和真实意义在于，它把古典造型艺术的那些最高贵的作品——比如我们的巴伐利亚国王收藏的一座还不太为人所知的琉克忒娅①雕像——重新提升到有死的人类的宿命之上，因为这些作品仿佛把有死的人类的存在和非存在都同样活生生地呈现在人们眼前。古典艺术绝不是像最近某些孤陋寡闻的浪漫主义者所鼓吹的那样，是一种完全开朗和完全乐观的东西。包含在古典艺术中的痛苦比那些日常生活中的泪水要深刻得多，后者只能激发起一些无关痛痒的感伤。就此而言，亚里士多德关于悲剧的一个观点——即悲剧把人们从普通的畏惧和普通的痛苦那里解放出来②——尤其也适用于造型艺术。而且这个观点也适用于哲学，因为，如果一个人已经理解把握到了

---

① 琉克忒娅（Leukothea），古希腊神话中的海洋女神。——译者注
② 参阅亚里士多德《诗学》第六章（1449b24 ff.）。——译者注

普遍生存的痛苦和整体的伟大命运,他怎么可能对于飘忽不定的一生中的那些普通的和屡见不鲜的不幸事件感到烦闷呢?

关于我们应当如何思考那个永恒的、必然的关联物与上帝的原初关系,就说这么多。这里有一个前提,即我们必须止步于这个首先呈现在我们面前的观念。看起来,温和的柏拉图,甚至在他之前的毕达哥拉斯,都是在这里驻足不前。很显然,关于那个问题(即那个关联物与上帝的原初关系),我们迄今都不知道,在古代哲学家里面,甚至在那些在整个古代都受到最高尊重的哲学家里面,有谁提供了一个可靠的答案。

现在只需要表明,**演进过程**的哪一个形态能够从那个观念里面推演出来,换言之,按照那个关系,应当如何理解演进过程的三个本原。假如我们认为上帝与一个存在有着原初的关联,那么不难看出,这个存在与上帝之间有可能是一种三重的关系。也就是说,存在首先呈现为一个在上帝之内存在着、包含在上帝之内、受到上帝限制的东西——但这个限制并未排除一个可能性,即存在有可能被设定为一个不受限制的东西;就此而言,我们可以把存在规定为一个尚未现实地受到限制的东西,一个能够不受限制的东西。但正因如此,我们必须承认存在与上帝的第二种关系,在这种关系里,存在是一个现实地不受限制的东西。但我们除此之外已经预先规定,存在将会通过演进过程本身而摆脱起初的不受限制的状态,重新返回到原初的界限之内。既然如此,我们在这里就必须思考存在与上帝的第三种关系,即存在不再作为一个单纯受到限制的东西,而是作为一个从不受限制的状态返回到限制状态的东西,在上帝**之内**存在着。

[X, 269]

如果我们把限制看作是存在的一个否定状态，把不受限制看作是存在的一个肯定状态，那么站在一个绝对的立场上看，存在就是一个无差别状态，而且是三个状态的共同主体。如果我们把存在称作"A"，那么它在那个原初的限制状态下是"-A"，在不受限制的状态下是"+A"，在回归的状态下是"+-A"。也就是说，在第三个状态下，它不再是纯粹的或单纯的"-A"，而是一个以"+A"为根据的"-A"。

对于存在的这种情况，我想把它叫作"三形一体"（Trimorphie）。正是通过这个三形一体，通过这三个形态（存在是它们的共同可能性），存在成了上帝之内的三重差别的设定者。存在本身能够呈现出三个形态，而这又与上帝之内的三个面貌相契合。当我说"存在是上帝之内的三重差别的设定者"，我希望大家不要误解我的意思，仿佛我把设定者看作是一个原因；实际上，我所说的设定者是指那个作为上帝的主体、从属于上帝的东西。就此而言，我们可以一般地把存在称作"设定上帝者"，因为存在是上帝的基础，就好像是上帝的基座，是一个抬高和拔高上帝的东西。既然我们必须认定，存在是上帝的设定者（亦即上帝的基座），同时处于那三个环节或状态之下，那么我们也必须认定，在上帝自身之内有一个三重差别，而这个三重差别当然只有在演进过程中才会出现。也就是说，如果我们认为上帝真的拥有一种独立于存在的自由，那么上帝无疑是最初的（primo loco）主宰，即是说他能够把存在设定在界限之外。尽管如此，虽然上帝作为主宰能够把存在设定为一个不受限制的东西——其实更好的说法是，上帝在存在之内设定了一个不受限制的东西（因为存在就其自身而言既不是不受限制的,也不是受限制的)——但由此并不能得出,上帝仍然是这个如此**设定下来的东西**的主宰。存在一旦被设定在界限之外,也就脱离了上帝的掌控(因为按照我们的规定,上帝作为主宰暂时只能设定一个不受限制的东西),正如人虽然在行动之前是他的行为的主宰,但一旦作出一个行为,他就不再是这个行为的掌控者。

当然,人们可能会说,**既然**上帝是主宰,**那么**他始终都有权力把那个设定下来的东西重新收回。然而上帝不会做任何反悔的事情,他不像人那样,经常想要撤回这个或那个行为。在上帝那里没有任何反悔的事情,上帝也没有反悔的自由,毋宁说上帝的行事方式就是有能力把已经开始的东西贯彻到底。人们也许会说,假若上帝不是同时掌控着一个被设定为不受限制的东西和一个尚未受到限制的东西,那么上帝就不是存在的绝对主宰,上帝就不能自由地去设定或不去设定存在。但实际上,上帝不可能**以同样一个方式**既是一个不受限制的东西的主宰,也是一个原初地受到限制的东西的主宰。因为他之所以是后面这个东西的主宰,就是为了把它设定为一个不受限制的东西,而他之所以是一个不受限制的东西的主宰,却仅仅是为了把它重新纳入到界限之内。**这个**设定了不受限制的东西的上帝,和**那个**对这个东西加以限制的上帝,不可能是同一个上帝(亦即不可能是同一个主宰)。因此这种情况下的上帝不同于那种情况下的上帝,这个把存在设定在界限之外的上帝不同于那个把存在重新纳入到界限之内的上帝。

不过我们必须立即补充道,上帝在两种不同的情况下不可能成为另一个**上帝**。上帝之所以是上帝,仅仅因为他是存在的**绝对**主宰。而如今,假若他作为主宰只能够把存在设定在界限之外,却没有能力把它重新纳入到界限之内,那么他就不是存在的绝对主宰。我们很容易发现,**这种情况下**的上帝和**那种情况下**的上帝不是同一个东西,而只能是另一个东西。但我们不能因此竟然得出一个结论,认为那种情况下的上帝是另一个**上帝**。因为假若是这样的话,那么就会有两个上帝了,而且这两个上帝都不是存在的**绝对**主宰,毋宁说,其中一个上帝作为主宰只能够把存在设定在界限之外,另一个上帝作为主宰只能够把存在重新纳入到界限之内。也就是说,这两个上帝其实都不是真正上帝,因为我们从头到尾都认定,"上帝"概念是和"存在的绝对主宰"这个概念联系在一起的。

[X, 271]

因此,如果说第一个主宰(他在存在之内设定了一个不受限制的东西)是**上帝**,那么这并不是指他作为**这个**主宰就其自身而言就是上帝,不是指他单凭设定了 B 就是上帝,就是存在的绝对主宰,毋宁说,只有当他重新把 B 设定为 A,他才是上帝;换言之,只有当他和另一个主宰**在一起**,与其**形影不离**,他才是上帝。但是,如果第二个主宰作出了自己的行为,如果那个最终东西——B 在它那里完全复制自身并升华为 A——已经出现,这个如此设定下来的存在就脱离了上帝的掌控吗?换言之,谁是这个被重新收回的东西的主宰呢?那个设定了 B 的主宰只能无休止地设定 B,他**必须**永恒地设定 B。恰恰**因为**他仅仅设定了

B，所以当B升华为A，他就不可能是现在的这个B的主宰。同样，那个把B重新纳入到A之内的主宰也永远只能是这样一个主宰，他不能做别的事情。因此那个最终东西的统治者既不是第一个主宰，也不是第二个主宰，而只能是第三个主宰，但最后这个主宰同样不能说是第三个**上帝**，因为"上帝"仅仅指那个作为存在的**绝对**主宰的上帝。假若他不是那个脱离异化而重新返回的存在的主宰，他就算不上是存在的绝对主宰。这样看来，无论第一个主宰还是第二个主宰，单单就其自身而言（亦即就其离开第二个主宰而言），都不是上帝。

由此可见，相应于存在的那三个形态，我们必须在上帝之内设定一个三重差别，就好像我们必须认为，唯一的一个神性具有三个面貌。现在你们已经看到，那三个原因（我们首先或最初仅仅认识到它们是一切派生事物的三个本原）相互之间是什么关系，这些本原与绝对原因自身之内的三个差别又是什么关系，以及它们在何种情况下完全合理地捍卫了"原因"这个名称。第一个原因设定了存在，以便把它转交给第二个原因，而第二个原因是提供限制的，所以，除非它获得了一个不受限制的东西，否则它不会产生作用。第二个原因又把这个东西转交给第三个原因。我们简直可以说，存在是在三个原因之间手把手地传递下来的，就好像是希腊人的那个著名的圣火传递神话①里的火炬，

[X, 272]

---

① 圣火传递（Fackellauf）是一个起源于雅典的宗教仪式，人们为了祭拜灶神赫斯提亚（Hestia），点起火炬，在夜间进行长跑竞赛，优胜者就是那最先到达终点并且保持火炬不熄灭的人。这项活动后来扩大到所有对于奥林波斯山诸神的祭拜和节庆之中。古希腊的奥林匹克竞赛本身并未包含圣火传递的活动。从1936年的柏林奥林匹克运动会开始，人们才把圣火传递当作是奥运会的一个必要组成部分。——译者注

至于这个神话的真正意义,在我们看来,就连哲学家卢克莱修都已经不怎么了解了(按照罗马时代的诗人的解释,圣火传递象征着生命之火在人类的不同种族之间传承,而且种族之间的传承是直线式无限延伸下去的,并没有回归到开端;按照这个解释,那些火炬就必然是以直线的方式手把手地传递下去,而我认为这是不可能的,因为这样一种未完成的东西,这样一种 processus in infinitum [无限推进过程],并不符合希腊人的观念。因此我推断,无论如何,如果那个圣火传递不是一个循环式的过程,那么它至少是一个有着特定目标和终点的过程)。存在按着顺序充当那三个统治者的基座,而在那三个统治者里面,每一个都把存在当作基座让渡给后来者(比如第一个统治者把存在当作基座让渡给第二个统治者,如此等等)。但最终说来,存在是所有统治者的共同的基座,因为在最终的统一体里,三个统治者再也不分彼此。

  三个原因或三个统治者的辉煌应当在最终的被造物那里显现为一个完全相同的、共同的辉煌,正因如此,这个最终的被造物——不消说,它就是人,但或许不是现在这个样子的人,而是那种立足于自己的原初本质的人——不应当像所有别的被造物那样,仅仅存在于一种实体性的神性之内,而是应当存在于**真正意义上的**神性之内。人类和其他被造物之间没有什么特殊的统治关系,毋宁说它仅仅和真正意义上的神性之间有这样一种关系,而真正意义上的神性恰恰是一个统一体。正因如此,**只有人类才应能够把上帝当作上帝来加以认识。正因为神性仅仅在人**

类里面才会达到自己的目标,并且安静下来,所以神性在人类身上耗费了如此之多的心血,为人类做了如此之多的事情,而如果我们看看神性施加于人类的恩惠,看看神性是**如何**照料着人类(这是整个历史已经证明了的),我们就会知道,神性对于人类的责任心将会保留下来,而且人类绝不可能完全脱离上帝。如果有谁真实并且全面地考虑到这些情况,那么他肯定会赞成一个法国人曾经大胆作出的宣言:Dieu est fou de l'homme [上帝痴迷于人类]——当然,这句话再用德语来复述一遍就没什么意思了。上帝为人类倾注了全部心血,他**不能**放弃人类,因为人类是神性统一体的纽带,而在**这个**意义上,说真正意义上的上帝不是存在于整个世界之内,而是仅仅存在于人类之内——确切地说,仅仅存在于那个真实的、处于其原初状态中的人类的内核之内——这就是完全正确的。同样,当拉兰德①宣称,他在整个宇宙架构里都找不到上帝,这也是完全可以理解的。因为真正意义上的上帝不是存在于世界上的各个紧张对立的力里面,而是仅仅存在于这样一个东西里面,在这个东西那里,一切紧张关系都被扬弃了,三个原因共享一个完全相同的、共同的辉煌。

[X, 273]

只有当人类本质与真正意义上的神性处于这种至为亲密的、仿佛交融在一起的关系之中,我们才能够解释某些持续出现的、普遍的人类观念。比如,所有宗教都坚定不移地认为(这个看法即使在一个最蒙昧的宗教里面也是有迹可循的),**祈祷**是有效的——荷马笔下的那些英雄也会祈祷,比如阿咯琉斯在极为

---

① 拉兰德(Jerome Lalande, 1732-1807),法国天文学家和数学家。——译者注

困窘的处境中就发出了那个著名的叫喊:Ζεῦ ἄνα Δωδωναῖε [噢高高在上的多多那的宙斯]。①祈祷,确切地说,一种内在的祈祷,不是一种通过嘴唇而说出来的东西,不是一种人们能够看见的东西。一位使徒曾经这样劝诫人们:为了达到目标,你们应当不停地祈祷,因为内在的祈祷无非就是不断地去重新确证那种关系,凭借那种关系,人类成为神性本身的纽带,而在这种情况下,一个心无杂念的人**确实**会获得一种甚至凌驾于神性之上的力量(当然,最后这一点在通常的观念看来是很困难的,甚至是不可能的)。

现在,在这个迄今已经勾勒出来的观念里,如果我们进行一番更为细致的考虑,难道不能找到某种虽然有可能存在、但毕竟甚为遥远的东西吗?我们提出的这个理论最终说来是基于一个假定,即上帝与存在之间有一个关系,这个存在虽然在永恒性和独立性方面不能和上帝**相提并论**,但毕竟同样也是一个永恒的和独立的东西。也就是说,诚然,惟有存在的主宰才是自在地、[X, 274] 并且通过他自己就永恒存在着;但由于我们不能想象这个主宰与存在没有任何关系,所以我们必须把存在一同设定下来。虽然存在不是**自在地**就永恒存在着,但它至少是一个和上帝一样永恒的东西,或者说它至少具有一种第二位的永恒性。同样,虽然它不是一个有着自己的目的的存在者(这样一个存在者只能是存在的主宰),但假如我们不同时设定存在,那么我们也不能

---

① 见《伊利亚特》第16卷,第233行。"多多那"(Dodona)是宙斯的神庙所在地,宙斯在这里颁布的神谕和阿波罗在德尔菲神庙颁布的神谕是整个古代希腊世界最具有影响力的神谕。——译者注

设定存在的主宰。诚然,存在仅仅是和上帝一同被设定下来的,换言之,只有当上帝存在着,存在才存在着;就上帝存在着而言,存在乃是一个不能不存在的东西,但正因如此,存在毕竟也以某种方式存在着,而在这种情况下,存在就拥有一个独特的、不同于上帝的存在的存在。

然而我们想要的"上帝"概念是一个绝对独立的、不以自身之外的任何东西(nihil praeter se)为前提的概念。正是在这里,经验论里面掺杂进来了唯理论的一个旨趣,因为唯理论有权利要求一个**最高的**、绝对独立的概念。①不管我们怎样规定那个关联物,至少有一点是确定的,即它始终是一个不依赖于最高原因本身的存在。这并不是说,它能够**无须**上帝或"在上帝外面"

---

① 人们可以从一个双重的视角出发来考察那个观念:1)考察这个观念与通常的、亦即普遍的宗教情感之间的关系;2)考察这个观念与科学认识的关系。普遍的宗教观点之所以会抵触这个观念,原因在于,这个观念至少在某种意义上为一种二元论打开了后门。当然,这并不是指这个观念在上帝**之外**——这里的"之外"是在拉丁文的"extra"亦即"外面"的意义上来理解的——设定了一个他者。普遍的宗教情感已经习惯于这样一个信念,即不管是"**在上帝的外面**"(extra Deum)还是"**除了上帝之外**"(paeter Deum),都没有什么原初地存在着的东西。然而那个存在——或按人们的简单称呼,那个他者——毕竟是"除上帝之外"的另一个东西,它尽管不能与上帝相提并论,但毕竟在某种意义上存在着。我之所以说"宗教情感已经习惯于这样一个信念",乃是因为这个流行的观点仅仅起源于一个传统记载,而不是起源于一种反思;其实在这个问题上的第一个反思就给宗教情感带来了混乱,因为,一方面,宗教情感认为,上帝必然与一个**在某种意义上**独立于他的东西完全没有关系,另一方面,当宗教情感坚持这个观点的时候,它就必然把上帝实体化了。正因如此,人们经常从一种经历了科学反思的普遍宗教情感那里过渡到泛神论,而泛神论乃是一切以超越那种二元论为目标的神秘学体系或神智学体系的不可抗拒的归宿(虽然这些**体系试图**对此加以抗拒)。现在,当我们置身于那种(虽然不是实在层面上的,但却是观念层面上的)二元论和那种与之相抗衡的宗教情感之间,就会认识到,对于上帝之内的**任何原初关联**——这里谈论的仅仅是原初关联——的扬弃都会导致上帝的实体化,而这种扬弃(转下页)

[X, 275]

(extra ipsum)真正存在着——它当然不是在这个意义上不依赖于上帝。但是,鉴于它就其纯粹实体而言不是通过神性因果性的一个行为而被设定下来的,在这个意义上,确实可以说它不依赖于上帝,尽管除了实体之外,它身上的一切规定都仅仅以上帝为原因。是上帝把存在设定为一个原初地受到限制的东西,是上帝把它设定为一个不受限制的东西,是上帝让它摆脱不受限制的状态,并把它重新纳入到界限之内(让它获得它的第三个形态)。存在就好像是一个中心,一切事物都围绕着它旋转,正因如此,它就不依赖于神性因果性,而在这个意义上,它是一个真正的无,因为它所获得的全部规定——通过这些规定,它才是**某个东西**,比如一个受到限制的东西或一个不受限制的东西——都是仅仅来自于神性因果性;它就好像是一种质料,虽然能够接纳任何规定,但本身却缺乏或者说被剥夺了这些规定,因此可以说它是神性自由的一个纯粹的游戏。不管怎样,我们已经断定,根本没有什么不依赖于神性因果性的东西。按照我们的意愿,

---

(接上页)就其自身而言不但违背了我们的科学概念,而且同样也违背了宗教情感。**只要那个最初的情感是有效的**,我们就不可能作出决断,因为在这里有一个点,人们在这里清楚地看到,只要宗教情感在某种程度上陷入到科学反思之中,它**本身**就不可能到达终点,而是必然要面临一个令人窘迫的两难选择,要么选择一种二元论,要么选择一种泛神论,而这个情况在雅各比那里尤其突出。因此我们暂时只能把目标对准那个观念里面违背了科学意义的东西,而且我们必须努力澄清这个要点,因为通常说来,只要我们对于一个观念的缺陷具有了正确的和基本的认识,就会直接过渡到一个更好的观念。也就是说,那个观念的错误只能包含在一个缺陷或一个不完整的发展过程里面,而一切在这个发展过程里面明确无误显现为真理的东西,都必须在一个更高的发展过程里面重新呈现出来。(来自一份较早的写于1827年的手稿。)——原编者注

上帝既是他的行动的质料，也是他的行动的形式或形态。但早先的分析已经表明，我们迫切需要一个不受限制的存在，需要 ἄπειρον [无定]，这样才能理解把握一个处于演进过程中的转变活动。我们唯一剩下的办法，就是去设想，上帝在那个本原之内——在那个不受限制的存在之内——使自己成为 B，成为 ὑποκείμενον [载体]。因为只有通过这个方式，上帝才同时把他的行动的**质料**给予自己。当然，在通常的观念看来，这是一个极为强硬的设想。但我们不得不如此设想。如果上帝使自己成为 B，随之成为质料，成为一切存在的基础，那么自在地看来，上帝早在他的一切行动之前就已经是这个不受限制的存在的潜能阶次。通过这个方式，上帝不仅一般地能够成为一个盲目的存在，而且能够在现实中（即存在的演进过程中）成为一个现实的盲目存在者——成为一个宇宙论本原，这个本原是万物的基础，万物都是从它那里（ex quo）转变而来的。那么，还有什么比这个观念更令人抵触的东西吗？

[X, 276]

尽管如此，我还是请求大家仔细考虑如下内容，而这些内容是从早先的观点里面推导出来的。如果说上帝是一个盲目的存在或 B，那么他的目的并不是要作为这样一个东西存在着，而是要克服这个东西，把它重新纳入到界限之内（亦即纳入到他自身之内），并通过这个否定而把他自己设定为精神。于是我们在这里获得了神性存在的三个形式：1）上帝是 B 或一个盲目的存在；2）上帝是这个盲目的存在的否定者；3）上帝是一个被设定为精神的东西。当然，上帝并非**仅仅**或**专门**是这三个形式中的某一个，而与另外两个形式毫无关系——毋宁说，上帝仅仅是一个贯穿着这三个形式的行为，是那个贯穿着这三个形式的演进过程的坚定不移的统一体。反过来，由此也可以得出，B 或宇宙论本原无论如何不能被称作是"上帝"，因为上帝仅仅是一个在三个形式中发挥着作用、坚定不移地持存着的统一体。无论 B、B 的否定者、还是那个被设定为精神的东西，都不是上帝，毋宁说这三个形式里面的那个坚定不移的生命才是上帝。

在这种情况下，就主要事务而言，我们就回到了之前的那个发展过程的结果——我们仅仅排除了一个作为上帝的永恒的和必然的关联物的存在（在这个关联物这里，我们首先发展出了神性本性的三位一体），我们仅仅排除了这个存在。现在我们要讨论的，既不是"**在上帝的外面**"的任何东西，也不是"**除了上帝之外**"的任何东西，而仅仅是**上帝**。按照这个观点（它其实只是早先观点的一个**更高阶段**），演进过程在整体上仍然是我们之前曾经呈现出来的那个样子。在这里，只有一个问题变得更加清晰。也就是说，我们还没有解释（本来这就很难给出一个清楚明白的解释），上帝既然在自身之内包含着一个原初地受到限制的存在，他又是以何种方式把这个存在设定为一个不受限制的东西？在这里，困难消除了，在这里，上帝本身作为一个不受限制的存在出现，而为了做到这一点，无疑他只需要他的**意愿**，此外不需要任何别的东西。如果不受限制的存在是神性存在本身的一个形态，那么上帝在作出一切行为之前（同样也在他的一切**意愿**之前）就是表现为这样一个东西，这个东西能够直接成为一个

[X, 277]

不受限制的存在。也就是说，上帝作为这样一个东西，作为不受限制的存在的**直接的**潜能阶次，为了成为一个现实的存在者，除了他的**意愿**之外不需要任何别的东西；反过来，那个不受限制的存在就是一个通过上帝的单纯意愿而被设定的东西。请你们回想一下，即使在那些通俗流行的创世理论里面，也以某个通过上帝的单纯意志就存在着的东西为前提——这个东西就是一切转变活动的最初质料或最初物质。不受限制的存在是通过一个意志而被设定的，但这个意志在这里并不是像人们最初想象的那样是一个超越性的意志，一个推动着自身之外的存在的意志，毋宁说它是一个内在性的意志，一个仅仅**推动着它自身**的意志。

无论是按照早先的观点，还是按照现在这个已经达到更高阶段的观点（这个观点已经摆脱了存在，亦即摆脱了上帝的那个必然的关联物），我们都可以很好地理解把握**演进过程**。是的，当前的这个观点甚至具有一个决定性的优点。因为，如果人们断定，第一本原在演进过程中是一个将会被第二本原克服的对象，那么他们还没有解释清楚，为什么第一本原会有这个遭遇？第一本原在演进过程中所获得的限制，绝不仅仅是一个量的限制，而是一个质的限制。这个限制的根据在于，那个曾经是盲目客体的东西如今部分地成为主体，就此而言，也可以说那个东西在某种程度上成为了一个包含着自身和占有着自身的东西。在某种意义上，就连一个无生命的物体也是一个包含着自身的东西——因为否则的话，它根本就不能作为这样一个东西保存下来。但是，只有当我们把那个盲目的存在者作为一个意志来思

[X, 278] 考,我们才能完全清楚地理解,为什么这个盲目的存在者在被克服之后就成为主体。正如惟有意志才真正能够进行抵抗,同样,惟有意志才真正能够遭到克服。如果一个意志能够从自身出发,作为一个意愿表现出来,那么它同样能够重新回到一种无意愿的状态,甚至可以说,它能够最终被设定为一个**纯粹的**无意愿——亦即**重新**被设定为一个安宁的意志或一个纯粹的潜能阶次。

也就是说,通过当前的这个观点,我们甚至能够更好地理解把握演进过程。尽管如此,早先的观点至少**在一般的意义上**也完全能够解释演进过程。但早先的观点所关注的是演进过程,而当前的这个观点所关注的是**概念**。早先的观点的缺陷不是在于它对演进过程作出的那些解释,而是在于它缺乏一个概念。但我们还不能满足于这个概念,因为按照这个概念,最高原因仍然包含着某个虽然不是"**在它的外面**"(extra se),但毕竟是"**除了它之外**"(praeter se)——我们说的"之外"是在**后面**这个意义上来理解——的东西,而在这种情况下,它就立即不再是一个不以自身之外的任何东西为前提的绝对原因。诚然,我们现在已经把上帝理解为绝对原因,我们几乎可以说已经达到了我们的目标。但恰恰在这里,正如当达到一个最近的目标之后,总是产生出一个新的任务,同样这里也产生出一个新的问题:"绝对原因"这个概念是否自在地、而且**通过**它自身就是一个最高概念?假若它是一个最高概念,那么人们就可以在这里停顿下来,并把这个概念当作是一个绝对的**开端**——而我们的最终目标,就是通过这整个研究而始终指向并获得这个概念,以便能够由之出发开启一种绝对的科学。

现在请你们仔细考虑"原因"这一概念,而且你们必然会注意到,这个概念始终包含着一个关联或一个关系——它虽然不是与某个已经现实存在着或某个被设定下来的东西相关(就像我们在存在的第一个观念里已经想到的那样),但毕竟是和一个**可能的东西**相关。正因为"原因"最终说来是一个相对的概念,一个包含着关系的概念,所以这就表明,"绝对原因"概念也不是一个绝对的最高概念。诚然,当初我们在展开第一个观念的时候曾经说过:"上帝最终说来仅仅是一个与他者相关联的上帝",而且我们也赞成牛顿的那个说法:Deus est vox relativa [上帝是一个有所关联的声音]。但是由此首先只能得出,"上帝"这个**名称**标示着一个本质,而且站在某个立场上来看,我们已经把上帝思考为一个处于关联中的东西;当然,这里的意思既不是指我们无论如何**只能**把上帝思考为一个处于关联中的东西,也不是指对于那个本质没有一个更高的概念。**对我们而言**,只有当上帝被思考为处于一个关联之中,被思考为造物主、万物的主宰,上帝才是上帝。然而"造物主"这个概念本身同样已经包含着一个关联。无疑,任何一个概念,如果我们**不能够**借助于它而把上帝思考为造物主,那么它就是错误的。但反过来,"造物主"概念本身并不因此就是一个最高的可能概念。上帝的更高概念,进而言之一般意义上的更高概念,并不是**因果**概念,虽然我们已经把上帝规定为一个绝对的(不以自身之外的任何东西为前提的)原

[X, 279]

因。换言之,即使是一个绝对的原因,其本身也总是已经包含着一个关联。上帝的最高概念,进而言之一般意义上的最高概念,只能是这样一个概念,上帝通过它而被规定为一个绝对独立的东西。而这就是"**实体**"**概念**,通过这个概念,上帝被规定为一个完全基于自身而存在着的上帝,一个已经返回到自身之内的上帝。

现在我们要问,通过这个最终的展开过程(亦即通过第二个观念的展开过程),我们是否已经掌握了上帝的这样一个概念,借助于这个概念,上帝也可以被规定为一个**实体**?

为了回答这个问题,我们必须首先知道,通过那个最终的(最后展开的)观念,我们获得了怎样一个关于上帝的概念。

用最为直截了当的话来说,我们现在已经获得的概念是这样的:上帝在本质上,或者说上帝就其本性而言能够作为一个不受限制的东西(B)而存在——如果我们把这一点从上帝那里排除出去,就必然会剥夺他的一切作出**自身开端**的权力和能力;因为正如我们已经看到的,一切开端都是包含在 B 之内。然而"不能作出任何开端"乃是一种最高程度的无能,这一点甚至在日常语言里面也有所暗示,比如,当人们说一个人"不能作出任何开端[做不了任何事情]",这要么暗指他在任何事情上都是完全无能的,要么暗指他在某一件事情上是无能的。那种唯理论的或有神论的纯粹主义,最终就是导致这种完全的无能。但我们不可以受到这种错误观点的误导,而是必须勇敢地宣称:上帝也能够直接地作为 B(这里的 B 是在这个概念的完整意义上来理解

[X, 280]

的)而存在。上帝在本质上**能够**作为 B 而存在,但正因如此,他就不是作为 B 而**存在着**。上帝绝不可能在本质上作为 B 而存在着——当前这个观点与那种粗糙的泛神论的差别就在于此;比如在斯宾诺莎看来,上帝在本质上就作为一个广延实体而存在着。上帝绝不可能在本质上作为 B 而存在着,他只能**现实地**作为 B 而存在着,也就是说,他只能**通过意愿**才作为 B 而存在着。就上帝能够作为 B 而存在而言,我们可以说,他仍然是 A,仍然是一个纯粹精神。然而上帝并不是**只能**作为 B 而存在,别无选择,毋宁说他在本质上同样也是对于这个 B 的否定。"他**能够**作为 B 而存在,但不是作为 B 而**存在着**"和"他是对于 B 的否定"这两个说法并不矛盾,因为只有当 B 被设定为一个现实的东西,上帝才能够在现实中否定 B,才能够表明自己是对于 B 的否定。也就是说,上帝在本质上同样也是对于 B 的否定,而这句话仅仅意味着:他是"B 之否定"这一潜能阶次(因为这里还没有谈到现实)。但是,上帝之所以会否定作为 B 的自己,只是为了把自己设定为 A,随之**作为 A** 或**作为**精神而存在着。但在目前的情况下,上帝仅仅是在本质上被设定为精神,也就是说,它仅仅是"设定自身为精神"这一潜能阶次,随之也是"作为 A 或作为精神而存在着"这一潜能阶次。只要那个**最初的** A(那个能够作为 B 而存在的东西)仍然是 A,还不是一个现实的 B,那么它本身也仍然是**精神**——也就是说,在此**之前**(prae hoc),第三个东西不可能**作为**精神而被设定。为了作为精神而被设定,它必须首先和最初的 A 区别开来,将其排除出去,但这种情况直到现在都还没有发生，因为最初的 A 本身也仍然是精神，而不是一个"非精神"（Ungeist），或者说它只有作为 B 才是一个"非精神"。

现在我们还有什么答复呢？看起来，现在我们已经知道，那些通过经验分析而找到的本原是上帝之内的一些**潜能阶次**。但即使是这样，我们对于上帝本身始终还缺乏任何概念。我们说，上帝在本质上能够作为 B 而存在，如此等等。但这个"本质"是什么东西呢？上帝究竟是借助于怎样一个本质，既能够作为 B 而存在，也能够对 B 加以否定？假若我们能够说出这个本质，那么我们也就能够说出上帝本身。只要我们是单凭那些潜能阶次来规定上帝，上帝就始终只是获得一个相对的（即处于关联中的）规定。现在我请求你们更仔细地关注这件事情。我们并没有说：上帝仅仅是"作为 B 而**存在**"这一潜能阶次；我们也没有说：上帝仅仅是"B 之否定"这一潜能阶次；我们说的是：他**在本质上**是所有这一切。然而"在本质上"是什么意思呢？当我们说"在本质上"的时候，是把这与"**现实地**"对立起来的。因此按照最后这个概念，真正说来，上帝不是**现实地**能够作为 B 而存在，不是**现实地**作为 B 的潜能阶次而存在。他仅仅在本质上是一个潜能阶次，也就是说，他仅仅**能够**作为某一个潜能阶次而**存在**。但是，除了认为他的**这种**"能够"是依赖于他的意志之外，人们还能思考别的什么情况呢？因此，说"上帝**在本质上能够**作为 B 而**存在**"，意思仅仅是：**如果上帝愿意作为 B 而存在**，那么他能够作为 B 而存在。我们绝不能认为，虽然上帝**不愿意**作为 B 而存在，但他还是能够作为 B 而存在。换句话说，真实的情况应该是：上

[X, 281]

帝亲自把自己**设定**为一个能够作为 B 而存在的东西。

现在让我们更仔细地考察那个最后建立起来的概念,那个能够与经验论衔接起来的概念,至于另一个概念亦即"关联物"概念(这是我采用的一个简明称呼),则是在此之前就已经被我们掌握了。现在,我们发现,即使**按照这个最后的概念**,那些潜能阶次同样不可能**作为**潜能阶次而在上帝之内**存在着**——它们当然能够存在于上帝之内,但却不是**作为**潜能阶次(亦即不是作为一些实体性的、本身就存在着的、**无须最高原因的意志**就**自在地**存在着的东西)而存在于上帝之内。从另一方面来说,这件事情也是很清楚的。如果我们把未来的(尚未存在着的)存在的本原作为一些**潜能阶次**(作为未来的存在的可能性)设定在上帝之内,那么通过这些潜能阶次,上帝已经与一个未来的(一个暂时还只是**可能的**,但毕竟已经是**可能的**)存在有所关联。但是,即使我们首先根本不去考虑那个基于实体概念而提出的要求(即我们**仅仅**想要一个作为造物主的上帝),但对于一个最高概念,我们还是必须提出这样一个要求,即它应该是这样一个概念,其本身就能表明,上帝在创造世界的时候具有一个**绝对的**自由。然而我们只能在一种情况下认为这个自由是一个绝对的、无条件的自由,即上帝不是直接借助于他的**概念**就已经是一位造物主,毋宁说,应当有另外一个关于上帝的概念,这个概念根本没有包含着任何与一个可能的创世相关联的东西。假如上帝在自身之内**拥有**另一个存在(而且这是一个不依赖于他的意愿的存在)的潜能阶次,那么在这种情况下,因为他无论如何不能闲置

[X, 282]

这些潜能阶次,而是必须利用它们来作出某种开端,所以——我是这么认为的——在某种意义上可以说,他是不得不使用这些本原来创造一个不同于他的存在。除非上帝之内的另一个存在的**可能性**仅仅是一个由他设定、并且他所意愿的可能性,否则我们不会认为上帝是绝对自由的,不会认为他完全不依赖于世界并且摆脱了世界。创造世界或是不创造世界,这是上帝的绝对自由,但这里有一个前提,即上帝的行动不是仅仅限于把那些预先已经存在着的、并且呈现在他面前的潜能阶次转化为一种现实的东西(使其发挥作用)——假若那些潜能阶次已经作为**潜能阶次**存在于上帝之内,那么上帝的行动就会限定在这个方面了。上帝只有在这种情况下是绝对自由的,即他不仅使那些本原(亦即潜能阶次)发挥作用,而且把那些潜能阶次作为潜能阶次而加以设定,以至于它们不再是一些与他的意志无关的潜能阶次(亦即另一个存在的可能性)。——现在你们看到了一个新的提升!既然我们已经摆脱了一种作为永恒必然的关联物的存在,那么那些作为潜能阶次的潜能阶次至少也应当消失。

如果你们回想一下,公开的宗教实际上也在教导一种"出自于**无**的创世",那么你们就会清楚地认识到上述提升的价值和意义。与这个概念相对立的,不仅有那个关联物理论,而且还有第二个理论(这个理论把转变活动的本原作为潜能阶次设定在上帝之内)。无论如何,"出自于无的创世"(creatio ex nihilo)只能是这样的意思,即 creatio absque omni praeexistente potentia [无须一切预先存在着的潜能阶次的创世]——也就是说,这个创世不需要任何预先已经存在着的、不是通过造物主本身的意志而被设定的潜能阶次。诚然,对于"出自于无的创世"这个概念,人们可以提出不同的反对意见。或许人们首先会说:"虽然'出自于无的创世'是一个得到普遍信仰、且唯一得到公开教导的观点,但由此并不能得出,这个观点对于哲学的立场来说也是一个真理。"这是对的。但这个观点的存在本身就已经表明,除了那两个人们迄今认为唯二可能的立场之外,还有第三种可能性,也就是说,我们能够摆脱一个在某种意义上预先存在着的潜能阶次的概念——至于这个潜能阶次的**类型**,在这里是完全无关紧要的。无论如何,人们对于这第三种可能性至少不应当完全置之不理。诚然,人们也可以寻找另外一些答案,并且指出,我们的整个学说最终说来不过是立足于"非存在者"这个术语的模棱两可性——但这种模棱两可性是我们本来就反复指出了的,也就是说,当人们公开教导说,上帝从"无"创造出一切,这里的"无"既可能指"**不存在的东西**",也可能指"**非存在者**",既可能指 μὴ ὄν [非存在],也可能指 οὐκ ὄν [不存在]。

关于这两个否定小词的区别,语法学家们看起来并不具有完全清楚的认识。而我为了搞清楚这个差别,最终还是得求助于我的哲学概念。**以下就是我按照我的哲学概念作出的解释。**"μὴ ὄν"是一个仅仅不是作为存在者而存在着、但毕竟**存在着**的东西,在它那里遭到否定的,仅仅是一种现实存在着的**存在**,尽管如此,它仍然包含着一个可能性(即能够作为存在者而**存在**),也就是说,因为它仍然把存在当作一个可能性,所以它虽然不是

[X, 283]

存在者,但这并不意味着它不可能作为存在者而存在。与此相反,"οὐκ ὄν"是一个在任何意义上都完完全全**不存在**的东西,换言之,在它那里遭到否定的,不仅是存在的**现实性**,而且包括存在的可能性,在它那里,任何存在都被否定了。在前一个意义上,或者说通过"μὴ ὄν"这个术语,仅仅是存在的**肯定**或现实设定遭到否定;而在后一个意义上,或者说通过"οὐκ ὄν"这个术语,却是存在的否定得到**肯定**和设定。这就是那两个否定小词

[X, 284] 的真正区别和普遍区别,对此我还可以拿出最后一个证据,即在各种命令式里面,人们总是使用"μή"这个词,比如当人们谈到一件不确定的、仅仅尚未发生(因而未被设定)、但却可能发生的事情的时候,就是如此。当我说"不要这样做"的时候,我的意思仅仅是:不要让那个行为得到肯定;也就是说,我仅仅否定了对方灵魂里的那个行为的肯定或现实性,但同时又以那个行为的可能性为前提,否则我不会对他提出这一禁令。再举一个例子!如果某个人打算作出一个危害别人的行为,但还没有实施这个计划,那么我可以用古希腊语简单地断言:μὴ ἐποίησε [他还没有做],因为他只不过**还没有做**这件事情,因此我所否定的,仅仅是行为的实施和肯定,仅仅是一个现实的事件。但是,如果一个罪行已经发生了,人们虽然不知道是谁干的,但对于一个在这方面根本没有嫌疑的人,人们必然会说:οὐκ ἐποίησε [他没有做],因为在他这里,人们**也**否定了事情的可能性。

人们或许会认为,所谓的"出自于无的创世"其实是通过误解古希腊语的"μὴ ὄν"一词而产生的,因为这个词不是意指"无"

（亦即一个真正**不存在**的东西），而是仅仅意指一个**非存在者**。即使这个看法是可以接受的，我也不能表示**认同**。因为，1）按照人们在主张"出自于无的创世"时所依据的文本，那里确实写着"οὐκ ὄν"，而不是"μὴ ὄν"；2）我并不认为，这个概念（还有另外一些基本的基督教概念）仅仅是从某些个别的文本那里推导出来的；假若这个概念不是属于基督教思维方式的**整体**，那么它根本就不是从那些通常得到认可的文本那里推导出来的。即使我们承认，这个概念归根结底是通过一个错误的对于"μὴ ὄν"的翻译而产生的，但这里的关键问题不是在于概念的最初起源，而是在于概念本身，而这个概念所带来的决定性的后果，就是这样一个观点，即一个完全自由的创世根本就不应当以任何东西为前提，甚至不应当以那个"μὴ ὄν"（即那个**非存在者**）为前提，不应当以任何**潜能阶次**为前提，正如我们不应当把一个位于造物主**之内**的潜能阶次看作是一个位于他**之外**的潜能阶次。

人们或许还会补充道，比如在法语里面，**真正意义上的**"无" [X, 285]（亦即"οὐκ ὄν"）是通过一个特殊的词语"rien"来表达的，而单纯的"非存在者"则是通过另一个词语"le Néant"来表达的。但如果人们因此就认为，"出自于无的创世"的意思是含混不清的，那么我的答复是，这里的意思并不是含混不清的，因为"上帝从无（de rien）创造了世界"和"上帝从非存在者（de Néant）创造了世界"这两种情况都有可能是正确的。甚至可以说，按照通常的观念，这两个意思**都是**正确的。因为，即使是那些捍卫"出自于无的创世"的人也断定，世界是出于一种直接的质料而被创造出来的,而这种质料就是 materia informis [无形式的物质],是那些经过塑造而获得形式的被造物的基础,而这恰恰就是"Néant"。我们可以把这个"Néant"称作"无有"(das Unseyende),它同时意指一个不应当存在的东西,因为恰恰是这个盲目的、不受限制的存在应当通过创世而遭到持续不断的驱逐。

通过这个方式,我们得到三个概念:1)"οὐκ ὄν",即一个**不存在**的东西,真正意义上的"无";2)"μὴ ὄν",即单纯的"**非存在者**";3)一个虽然存在着、但却**不应当**存在的东西,亦即一个应当遭到否定或已经遭到否定的东西,这个东西在德语里面可以称作"无有"——这个"无有"就是我们所说的 B,我们仅仅怀疑,它究竟能否被看作是上帝之内的一个潜能阶次,但我们并不怀疑,它作为质料(随之作为一个物质性的潜能阶次)必须服务于一种现实的创造活动。无论如何,作为现实的创世的单纯的**前提**或 ὑποκείμενον [载体],这个盲目的存在尚且不是**某个东西**,它不是一个特定的、受到限制的东西,不是一个真正的**存在者**,而是一个没有自控能力的存在;它仅仅通过它的对立面才获得**持存**,只有当它持续地得到克服,并在这个过程中受到限制或者说被重新导向内部,它才是**某个东西**。就此而言,真正的关于"出自于无的创世"的学说当然也认识到了这个"非存在者"(Néant),但是这个学说把"非存在者"看作是一个从"无"(de rien)产生出来的东西;这个学说认为,"非存在者"是现实的存在的直接的可能性,但它并不认为,这个潜能阶次预先就以某种方式实际存在着。

[X, 286] 就此而言,我们很难拒斥那个"出自于无的创世"的观念。

只不过它必须得到**解释**。如果我们接受了"出自于无的创世",那么潜能阶次就不可能是上帝的**概念**所产生出来的后果,而只能是上帝的意志所产生出来的后果。即便如此,这也只是表明,那些**潜能阶次**不是作为一些原初地就不依赖于上帝的意愿的潜能阶次而存在于上帝之内。反之另一种情况则是可能的,即它们作为非潜能阶次,作为一般意义上的**差别**而存在于上帝之内,只是因为上帝乐意如此,所以上帝才心甘情愿地把它们看作是潜能阶次(亦即另一个存在的可能性),并把它们当作潜能阶次来对待。是上帝把它们**造成**潜能阶次,它们本身并**不是**潜能阶次。

如果我们承认,它们仅仅不是作为**潜能阶次**而存在于上帝之内,那么就会出现一个问题:它们究竟是**如何**存在于上帝之内?现在的问题是,经验论是否还能对此提供一个答案。无论如何,经验论只能告诉我们:反正它们不是作为潜能阶次,不是作为**另一个**存在(亦即一个位于上帝之外的存在)的可能性而存在于上帝之内,因为只有另一个存在的可能性才可以被称之为潜能阶次。现在,由于那另一个存在只能被思考为一个处于转变中的存在,所以我们也可以说:既然它们不能作为一种**转变活动**的潜能阶次而存在于上帝之内,那么它们只能作为一个**存在**的规定而存在于上帝之内,确切地说,这个存在是一个当下的存在,是上帝自己的存在,因此它们只能作为一些纯粹内在性的(与上帝自身相关联的)规定,而不是作为一些**超越性的**(与上帝之外的某个东西相关联的)规定而存在于上帝之内。假若是这样的话，我们就会扬弃上帝与外界的一切关联了，上帝也就会是一个绝对地仅仅在自身之内存在着的东西了，而这个完全退回到自身之内的东西，作为最高意义上的实体，乃是一个完全缺乏关联的东西。但是当我们把这些规定看作是一些纯粹内在性的、与上帝之外的任何东西都毫无关联的规定，就会面临一个要求，即我们应当从**上帝**出发来理解这些规定，也就是说，把上帝理解为它们的前提，随之在一般的意义上理解为绝对前提。因此在这种情况下，经验论本身的最终结果就把我们推向那种超越经验的东西。

人名索引

（说明：条目后面的页码是指德文版《谢林全集》的页码，即本书正文中的边码。）

A

d'Alembert 达朗贝 X, 267
Anaxagoras 阿那克萨戈拉 X, 251
Anselm von Canterbury 安瑟尔谟 X, 14, 20
Aquin, Thomas von 阿奎那 X, 14, 66
Aristoteles 亚里士多德 X, 66, 68, 83, 155, 246, 268

B

Baco, Francis 培根 X, 29-32
Baumgarten, Alexander 鲍姆伽登 X, 86
Berkeley, George 贝克莱 X, 81, 234
Bileam 先知巴兰 X, 182
Biran, Maine de 比朗 X, 206, 207
Böhme, Jakob 波墨 X, 153, 187, 189-190
Burnouf, Eugen 布尔努夫 X, 224

C

Columbus, Christoforo 哥伦布 X, 183
Condillac, Etienne Bonnot de 孔狄亚克 X, 197, 206
Cousin, Vicror 库桑 X, 203-224
Cuvier, Georges 居维叶 X, 200

D

Descartes, Rene (Cartesius, Renatus) 笛卡尔 X, 4-32, 33, 38, 52, 53, 55, 59, 60, 64, 71, 91, 92, 106, 177, 178, 195, 213, 227, 233-234, 237, 244

E

Epikur 伊壁鸠鲁 X, 198
Eugen von Savoyen 欧根亲王 X, 54
Euklid 欧几里德 X, 183

F

Fichte, Johann Gottlieb 费希特 X, 73, 90-93, 95-97, 99, 105-107, 120, 129, 147-149, 167, 207, 231, 235, 240-241

G

Goethe, Johann Wolfgang von 歌德 X, 35, 122, 177, 190, 243
Guizot, Francois 基佐 X, 204

H

Hamman, Johann Georg 哈曼 X, 170-172
Hegel, Georg Wilhelm Friedrich 黑格尔 X, 66, 96, 126-164, 212-213, 223
Herder, Johann Gottfried 赫尔德 X, 123
Hippokrates 希波克拉底 X, 245
Homer 荷马 X, 119, 273
Hume, David 休谟 X, 75-77, 198, 220-221

J

Jacobi, Friedrich Heinrich 雅各比 X, 152, 167-183, 189, 192, 208, 209, 220, 222, 223, 275

K

Kant, Immanuel 康德 X, 13, 14, 21, 59-62, 73-92, 95-96, 114, 123, 128, 136, 142, 147, 162, 167, 176, 177, 196-197, 198, 199, 204, 209, 210, 221, 229, 232, 239-240, 241, 249

L

Lalande 拉兰德 X, 273
Lavater, Johann Caspar 拉瓦特尔 X, 169
Leibniz, Gottfried Wilhelm 莱布尼茨 48-62, 71, 74, 117, 170, 194, 238-239, 244, 261
Locke, John 洛克 X, 75, 197
Lucretius 卢克莱修 X, 35, 272

M

Mallebranche, Nicolas de 马勒布朗士 X, 14, 195, 234
Moses 摩西 X, 182
Müller, Johannes von 缪勒 X, 122, 190

N

Netwon, Isaac 牛顿 X, 261, 279

P

Pascal, Blaise 帕斯卡 X, 170, 195
Paulus 保罗 X, 187
Platon 柏拉图 X, 119, 214, 236, 242, 246, 252, 253-254, 255, 256, 262, 268
Plutarch 普鲁塔克 X, 235
Pythagoras 毕达哥拉斯 X, 214, 243-246, 252, 253, 268

S

Sage, Georges-Louis Le 萨奇 X, 177
Saint-Martin, Louis Claude de 圣马丁 X, 190
Saint-Simon, Henri de 圣西门 X, 223
Schlosser, Johann Georg 施罗瑟尔 X, 168, 169
Simonides von Keos 西蒙尼德 X, 172
Sophie von Braunschweig-Lüneburg 索菲公主 X, 55
Spinoza, Baruch 斯宾诺莎 X, 2, 28, 33-59, 70-71, 86, 88, 89, 99, 105-106, 123, 159, 168, 170, 211, 212, 222, 227, 237, 238, 280
Stoa 斯多亚 X, 198

T

Tennemann, Wilhelm Gottlieb 腾尼曼 X, 222

Thales 泰勒士 X, 4

Tycho de Brahe 布拉赫的第谷 X, 8

W

Wolff, Christian 沃尔夫 X, 60-61, 85, 139, 212